RINGEL · DIE ÖSTERREICHISCHE SEELE

ERWIN RINGEL
DIE ÖSTERREICHISCHE SEELE

10 Reden über Medizin, Politik, Kunst und Religion

Lizenzausgabe mit Genehmigung des Böhlau Verlages, Wien,
für die Buchgemeinschaft Donauland Kremayr & Scheriau, Wien,
die Bertelsmann Club GmbH, Gütersloh,
die Buch- und Schallplattenfreunde GmbH, Zug/Schweiz,
und die Europäische Bildungsgemeinschaft Verlags-GmbH, Stuttgart.
Diese Lizenz gilt auch für die Deutsche Buch-Gemeinschaft
C. A. Koch's Verlag Nachf., Berlin–Darmstadt–Wien.
© 1984 Hermann Böhlaus Nachf. Ges.m.b.H. Graz · Wien,
erschienen als Band 5 der Reihe „Dokumente zu Alltag, Politik und Zeitgeschichte"
herausgegeben von Franz Richard Reiter.
Schutzumschlag: Kurt Rendl, Wien
Satz: ABC'S, Wien
Druck und Bindung: Wiener Verlag, Himberg bei Wien
Bestellnummer: 04107 9

Inhaltsverzeichnis

Eine neue Rede über Österreich 7

Wege der Selbstverwirklichung in unserer Zeit 46

Der selbstmordgefährdete Mensch und seine Umwelt,
   dargestellt mit Liedern Georg Kreislers 76

Torbergs „Schüler Gerber" und seine Bedeutung für
   die moderne Selbstmordverhütung 109

Die Rolle der Sexualität im menschlichen Leben 146

Von der Krankheit zum kranken Menschen 171

Was kränkt, macht krank – Psychosomatik und
   Arbeitsklima 199

Der Friede im Lichte der Tiefenpsychologie, dargestellt
   an Beispielen aus der Oper 228

Das Problem der Todesbewältigung
   am Beispiel Gustav Mahlers 271

Gott ist tot – ist Gott tot? Über die Gottesverdrängung
   in unserer Zeit 320

1.

Eine neue Rede über Österreich

Anton Wildgans' Rede über Österreich ist das Schönste, was bisher über Österreich gesagt wurde. Frage: Stimmt sie auch? Ich möchte Anton Wildgans gegen Anton Wildgans zitieren, eine Stelle aus seinem Drama „Armut": „Ich hab' einmal eine Geschichte gelesen von zweien, die arm und glücklich gewesen, doch die Geschichte – ist nicht wahr." Vergessen wir nicht, Anton Wildgans hat diese Rede für das Ausland konzipiert, sie sollte in Stockholm gehalten werden (die Krankheit des Dichters hat es verhindert), war als Visitkarte unseres Landes gedacht, das ist Grund und Entschuldigung genug dafür, daß Kritik in ihr kaum zu Wort kam. Ich hingegen bin aus zwingenden Gründen, die ich noch erläutern werde, entschlossen, meine „neue Rede über Österreich" vor allem der Kritik des Österreichers zu widmen, woraus schon klar hervorgeht, daß ich nicht bereit wäre, sie in dieser Form auch im Ausland zu halten. Aber *hier* muß ich so sprechen, um der Wahrheit willen – und noch aus einem anderen Grund: ist doch vor wenigen Wochen einer der letzten Wissenden, Propheten und Mahner dieses Landes, ist doch Friedrich Heer gestorben, seine warnende Stimme für immer verstummt: Ich grüße meinen Freund über das Grab hinaus, widme ihm diese Ansprache und kann nur hoffen, daß sie von seinem Geiste getragen ist.

Am 16. 5. 1945 – ein interessantes Datum – notiert Heimito von Doderer in sein Notizbuch: „Nationalismus, eine von Sammelnamen besoffene Welt. Daß ich zum Beispiel Österreicher bin, ist mir mit einer solchen Fülle widerwärtigster Individuen gemein, daß ich es mir verbitten möchte, lediglich mit Hilfe jenes Begriffes bestimmt zu werden. Darauf läuft's aber bestimmt hinaus, je mehr die Anschaulichkeit der Person ins Unbestimmte der Nation verdunstet." Dazu zwei Bemerkungen: Liebe Freunde haben für mich einen kleinen Film gedreht, in dem junge Mädchen fröhlich und ausgelassen auf der Strudlhofstiege tanzen (man hat sie während der Dreharbeiten – typisch für Österreich, siehe später – für verrückt gehalten). Dieser Film soll als Symbol dafür erwähnt sein, daß Sie hier gleichsam einen gemilderten Doderer vorfinden werden, keine feindliche Aggression gegen Österreich (im übrigen hat kein geringerer als Friedrich Torberg Doderer als den österreichischsten aller österreichischen Dichter bezeichnet). Ich liebe dieses Land, ich möchte nirgendwo anders leben als hier, dementsprechend wird es eine liebevolle Kritik sein. Aber gerade aus Liebe zu diesem Land müssen wir uns der Wirklichkeit stellen, müssen eine ehrliche Diagnose machen, um Heilung zu ermöglichen, und natürlich, da ich Psychotherapeut und Tiefenpsychologe bin, muß ich diese Diagnose vom Standpunkt meines Berufes abgeben. Noch etwas Zweites: Wenn ich hier vom Österreicher spreche, ist dies nicht verallgemeinernd gemeint. Ich werde Phänomene beschreiben, die hier zwar weit verbreitet, deswegen aber nicht unbedingt ubiquitär sind. Es ist für den einzelnen nicht leicht, sich ihrem Einfluß zu entziehen, aber doch durchaus möglich, dies gebe ich gerne zu, muß aber im Zusammenhang damit gleich die Sorge äußern, daß nun *jeder* Leser annehmen wird, *er* sei eben die (gerne) zugestandene Ausnahme von der Regel. Jedenfalls: ich möchte nicht, daß im Guten und im Bösen die Anschaulichkeit der Person im Dunstkreis der „Bestimmtheit" des Österreichers, wie ich sie hier versuche, verschwindet.

Erste These: Dieses Land ist eine Brutstätte der Neurose (doppelt treffendes Wort, weil diese Krankheit ja in der Kindheit „ausgebrütet" wird). Neurosen gibt es selbstverständlich überall, aber kaum ein Land, in dem sie so „blüht" wie hier. Ich will das Verdienst Freuds, dieses einmaligen Genies, wahrlich nicht schmälern, aber es war nicht schwer, in diesem Land die Neurose zu entdecken; ja, bei uns mußte es geschehen, wo denn sonst, weil es hier einem sozusagen in die Augen sprang und man es auf die Dauer nicht übersehen konnte.

Ich weilte gestern in Rom, durfte in der Mittagsstunde diese wunderbare Sonne Italiens genießen, die mich fast zärtlich wärmte und noch heute wärmt. Am Nachmittag hatte ich mit einer Italienerin ein Gespräch: „Das ist ein herrliches Land, euer schönes Italien mit dieser wohltuenden Sommersonne mitten im Herbst." Sie antwortete: „Das ist ein herrliches Land, euer schönes Österreich mit seiner großen Ruhe." – Und da fiel mir mit Erschrecken gleich ein: „Die Ruhe eines Kirchhofs?" Wenn man die Kinder in Italien betrachtet, so erkennt man, wie frei sie aufwachsen, wie fröhlich und laut sie sind, so laut sie nur sein können! Niemand fühlt sich dadurch gestört, niemand ruft: „Ich will meine Ruhe haben!" im Gegenteil, alle wären beunruhigt, würden die Kinder plötzlich verstummen! Die drei Zauberworte regieren – und ich wähle sie hier absichtlich wegen ihrer eigentlichen sprachlichen Bedeutung: unbefangen, ungezwungen, ausgelassen. Bei uns ist das Gegenteil der Fall: die Kinder sind still, gefangen, gezwungen, man „läßt sie nicht aus". Wiederholte Umfragen haben ergeben, daß die drei wichtigsten Erziehungsziele des Österreichers lauten: Gehorsam, Höflichkeit, Sparsamkeit – von da kommt die Bereitschaft des Österreichers zu „devotem Dienen", mehr noch zu „vorauseilendem Gehorsam", d. h. Befehle, noch ehe sie ausgesprochen, zu erahnen und zu erfüllen – das Wort „Glücklich-Sein" scheint gar nicht auf. Kinder werden eingeschränkt, eingeengt, dürfen keine Eigenexistenz führen, sind Werkzeuge, mit denen die Eltern ihre eigenen Ziele erreichen wollen. Vergeblich das Wort unseres großen Anton Wildgans: „Wer bist Du, daß Du nicht das Knie zu beugen brauchtest vor dem neuen Menschen?" Es ereignete sich in diesem Lande, daß Kafka die sogenannte Elternliebe als Eigennutz bezeichnete, in diesem Lande auch hat Franz Innerhofer die Situation des Kindes als „Leibeigenschaft" klassifiziert und hinzugefügt, daß die kindlichen Abhängigkeitsverhältnisse hier von zeitloser Archaik bestimmt seien. In weiten Teilen unseres Landes wird bis zum heutigen Tage nach dem Familiennamen eines Kindes mit den Worten gefragt: „Wem gehörst denn du?" Allein im vergangenen Jahr ist die Mißhandlung von 75.000 Kindern so intensiv gewesen, daß sie nicht verheimlicht werden konnte. 100 sind an den Folgen einer solchen „Behandlung" gestorben, ein Beweis dafür, daß die Eltern den Körper des Kindes als ihren Besitz betrachten, über den sie nach „Belieben" (ein schreckliches Wort in diesem Zusammenhang) verfügen können. Man möchte an dieser Stelle am liebsten auch das Wort „Seeleneigenschaft" erfinden, weil ja in diesem Prozeß nicht nur der Leib, sondern auch die Seele des Kindes als Besitz der Eltern aufgefaßt wird. Und, um die Bedeutung des neuen Begriffes ganz auszuloten: Wenn die Seele einem anderen gehört, kann sie sich nicht nach eigenen Gesetzen entwikkeln, sondern muß von anderen gewünschte Eigenschaften annehmen und daher Schaden nehmen. Selbst dann noch, wenn Eltern dieses krankmachende Verhalten aufgeben, geschieht gewöhnlich Unglück: denn dann verfallen sie ins gegenteilige Extrem, kümmern sich überhaupt nicht mehr seelisch um ihre Kinder und überlassen sie damit konzeptlos und angsterfüllt ihrem Schicksal.

So wird die Kindheit, von der Turrini gesagt hat, daß sie ein schreckliches Reich sei, hier zur Geburtsstunde der Neurose; zur Liebe, mit der sich das kleine Lebewesen in den Schutz des großen zu begeben versucht, gesellt sich der Haß, die Einheit des Gefühlslebens ist zerstört, ein Riß geht mitten durch die Person, das gleichzeitige Bestehen von Ja und Nein, das wir Ambivalenz nennen und als erstes schreckliches Symptom der Krankheit Neurose bezeichnen müssen.

Nun höre ich schon den Einwand, der immer laut wird, wenn ich versuche, die Wahrheit zu sagen: Der Ringel übertreibt wieder maßlos. Sicher, es wachsen hier auch gesunde Kinder heran, es wäre ja entsetzlich, wenn es das gar nicht mehr gäbe! Aber die *Mehrzahl* wird in der Lebensentfaltung und -gestaltung behindert, ja oft zerstört, es resultieren gequälte, gedemütigte, gebrochene Menschen, deren Lebensfreude erlischt. Und wenn Sie's nicht glauben, so will ich es Ihnen an einem Punkt beweisen: der Österreicher ist durch nichts so leicht zu fangen, als wenn man ihm sagt: ,,Du bist ein ungerecht Behandelter, ein Getretener und Unterdrückter, ich aber werde kommen und dich aus dieser Not und aus diesem Elend befreien!" Da fühlen sich alle mit einem Male angesprochen, weil sie dieses Gefühl seit der Kindheit – bewußt oder unbewußt – mit sich schleppen. Mit dieser ,,Masche" hat es schon der

Hitler geschafft: der kleine, unbekannte Gefreite, von allen verkannt und verstoßen, das ideale Identifikationsobjekt für den gedemütigten und sich getreten fühlenden Österreicher; so war er imstande, wie der Rattenfänger von Hameln die Leute hinter sich zu versammeln. So war es aber auch mit Karl Schranz: Wir haben ja mit diesem Schimatador noch einmal eine Massenhysterie erlebt – wieder am Heldenplatz. Um sie auszulösen, genügte die Annahme, daß ihm mit dem Ausschluß von den olympischen Spielen in Japan ein schweres Unrecht geschehen sei. Die Menge rottete sich zusammen, aus vernünftigen Menschen formte sich eine Masse, die blindlings den Gesetzen der Irrationalität erlag. Man weigerte sich Mautners Senf zu kaufen, weil dieser mit dem Präsidenten des olympischen Komitees sympathisierte, verfolgte und verprügelte Andersdenkende. Von der aus dem Boden gestampften Schallplatte: „Vom Bodensee bis Wien stehen wir alle ‚im Geist' auf den Schiern" (von mir deswegen als neues „Horst-Wessel-Lied" bezeichnet), einem lächerlichen Machwerk, wurden in einer Woche weit mehr als 50.000 Exemplare (!) verkauft. Ich werde im Verlaufe meiner Ausführungen noch weitere Beweise für meine Feststellungen erbringen, ich befürchte alles in allem, daß die Dinge vielfach noch schlimmer liegen, als selbst ich sie sehe.

Zweite These: Der durch die Neurotisierung entstandene Haß gegen die Eltern darf nicht ausgedrückt werden. Die Kinder sind ja von ihnen abhängig, und das Gewissen verbietet andere kindliche Gefühle als Liebe. Die Eltern ihrerseits neurotisieren nicht nur, sondern sie wünschen auch, daß die Kinder mit ihrem Schicksal zufrieden sind, alles akzeptieren und kein Symptom des Protestes zeigen. Da haben wir also eine Fülle von Gründen dafür, warum das

Kind lernt, die negativen Erlebnisse und die daraus resultierende Erbitterung ins Unbewußte zu verdrängen. So verläßt sein Nein als devotes Ja den Bereich des Mundes, so wird es ihm unmöglich, die Wahrheit zu sagen, wenn es gelernt hat, mit der Höflichkeit zu überleben (um nochmals Peter Turrini zu zitieren). Alice Miller hat ihren zwei grundlegenden Werken „Die Tragödie des begabten Kindes" und „Im Anfang war Erziehung" ein nicht minder bedeutendes drittes unter dem Titel „Du sollst nicht merken" folgen lassen. Die Parole der Eltern lautet: „Vergiß alles Unangenehme, das dir widerfahren ist solange, bis du überzeugt bist, eine wunderbare, eine ‚märchenhafte' (sind Märchen nicht Lügen?) Kindheit gehabt zu haben." Mir fällt das Lied aus der Fledermaus ein: „Glücklich ist, wer vergißt, was doch nicht zu ändern ist." Man könte dies als die heimliche Hymne des Österreichers bezeichnen. (Ich darf bei dieser Gelegenheit mein tiefes Bedauern darüber äußern, daß uns die ehrwürdige Haydn-Melodie, die selbst das Jahr 1918 überstanden hat, 1945 „abhanden" gekommen ist, nur weil sie von Deutschland jahrzehntelang mit einem aggressiven Text mißbraucht worden war!) Vergessen, verdrängen bedeutet aber resignieren; nur Bewußtes kann verändert werden, Unbewußtes natürlich nicht. Und so werden durchaus revidierbare Dinge erst durch Verdrängung unveränderbar, wir müßten also singen: „Unglücklich ist, wer vergißt, was dann nicht zu ändern ist!"

Was wir nun in der Kindheit so „gut" und intensiv gelernt haben, nämlich das Verdrängen, das setzen wir später konsequent fort, so daß man uns geradezu eine „Verdrängungsgesellschaft" nennen könnte. Bevor ich aber darauf näher eingehe, möchte ich gerade jetzt nochmals darauf hinweisen, daß ich diesen Vortrag keineswegs aus einer anklagenden Position halte, sondern vielmehr aus einer klagenden. Ich versuche ja zu verstehen, wieso es mit den Österreichern „so weit" gekommen ist, was freilich nicht bedeuten kann, alles zu verzeihen, aber doch von einer pauschalen Verurteilung abhält. Ich brauche nur an mich selber zu denken: Wenn ich in manchen Punkten das Glück hatte, mich nicht so zu entwickeln, wie ich es hier als typisch „österreichisch" schildere, so verdanke ich das einer einmalig schönen, wunderbaren Kindheit, die in mir noch bis zu dem heutigen Tage nachwirkt; weil ich damals Liebe erfahren durfte, konnte ich dem Prinzip der Liebe treu bleiben, Unmenschlichkeit zurückweisen, Zuwendung ausstrahlen, als was ich meine Existenz bis zum heutigen Tage auffasse. Wer kann garantieren, daß es mit mir unter anderen Umständen nicht auch ganz anders hätte kommen können?

Wie dem auch sei, ich komme zu unserer Vorliebe für die Verdrängung zurück und behaupte, daß wir uns größtenteils nicht kennen, nicht kennen wollen. Nicht zufällig war es ein Österreicher, Ferdinand Raimund, der in seinem „Alpenkönig und Menschenfeind" formulierte „Du begehst die größte Sünde, die es gibt: du kennst dich selber nicht!". – Viele Beispiele ließen sich dafür anführen, keines aber liegt mir so sehr am Herzen, wie die Art, mit der wir die Zeit zwischen 1938 und 1945 behandeln. Was haben wir gemacht in diesen sieben Jahren, die heute plötzlich im Geschichtsunterricht gar nicht mehr existieren, weil sie uns peinlich sind? Ja sicher, politisch gesehen sind wir das erste Opfer Hitlers gewesen, so wie es die Moskauer Deklaration lehrt. Aber wie war es denn menschlich? Haben wir uns da wirklich als Opfer gefühlt? Ich erinnere mich der Stunde, als der damalige Unterrichtsminister und heutige Bundeskanzler Fred Sinowatz bei der Ehrung, die dieser ganz großartigen Dorothea Neff im Akademietheater dafür zuteil wurde, daß sie viele Jahre eine Jüdin in ihrer Wohnung versteckt hatte, folgende Sätze formulierte: „Nachher haben alle gesagt, ‚ich habe ja nichts getan!' Und Sie wissen gar nicht, welche Selbstanklage in diesem Satz eigentlich enthalten ist! Wir haben nichts getan, wo Menschen verfolgt worden sind, wir haben nicht geholfen, haben weggeschaut, haben es geduldet, sind still geblieben." Ich zitiere Friedrich Torberg: „Bruder, hättest manche können retten, und nun sind sie tot, Bruder, ach, du hättest müssen wachen, und du hast geträumt, hättest müssen rasche Schritte machen, und du hast gesäumt." – Ja, wir haben vieles nicht getan, was wir hätten tun müssen. Aber es ist damit noch nicht abgetan. Wir haben vieles getan, ganz aktiv getan, was wir niemals hätten tun dürfen. Der Herr Vizekanzler Steger hat vor kurzem gesagt, Mauthausen sei eigentlich gar kein so schlimmes Konzentrationslager gewesen, eine Art österreichische, d.h. bescheidenere Dimension des Unheils, gemessen an Auschwitz. Ich muß leider entgegnen, daß man bei den entscheidenden Männern des nationalsozialistischen Reiches, vom „Führer" angefangen bis hin zu Schreckensnamen wie Eichmann, Kaltenbrunner, Seyß-Inquart usw., in einer erschütternden Weise immer wieder auf Österreich stößt. Wir haben uns also keineswegs in einer kleinen Dimension beteiligt, sondern mitunter sogar in einer wesentlich größeren Dimension als die im sogenannten „Altreich". – Das muß endlich einmal ehrlich ausgesprochen werden. Auch damit aber noch nicht genug: Die Österreicher haben vielfach in Hitlers Heer nicht nur gezwungen gedient, sondern mit einer Leidenschaft – und ich zögere gar nicht, das auszusprechen –, mit einer Tapferkeit, die einer besseren Sache würdig gewesen wären. Wir haben damit einen Beitrag dazu geleistet, daß dieses Regime sich über weite Teile Europas ausbreiten, seinen Untergang um Jahre hinausschieben und in all diesen Ländern und in dieser ganzen Zeit ungezählte unschuldige Opfer vernichten konnte! Das war mit unser Werk, daran haben wir außer Zweifel teilgehabt. So weit, so schlecht. Aber wie sehen wir die Sache heute? Viele sagen: Wir sind auf der falschen Seite gestanden; damit ist aber nicht gemeint, daß wir auf der moralisch falschen Seite, sondern auf der Seite gekämpft haben, die den Krieg verloren hat. – Ich erinnere mich an eine Diskussion über Stalingrad im Club 2, wo eine Dame gesagt hat: „Ja bei Stalingrad, da habe ich zum ersten Mal begriffen, daß es ein böser Krieg ist." Und auf die Frage des Tass-Korrespondenten: „Früher haben Sie das nicht entdeckt?" antwortete sie: „Nein, damals haben wir ja gewonnen, da hat sich der Krieg in fremdem Land abgespielt, aber jetzt kam er unbarmherzig zu uns, und da hab' ich auf einmal verstanden, daß das ein schlechter, ein böser Krieg ist." Viele Österreicher werfen bis heute Hitler vor allem vor, daß er sich auf längere Sicht nicht als größter Feldherr aller Zeiten erwiesen und den Krieg verloren hat. Ich will gar nicht darüber nachdenken, was die Österreicher heute sagen würden, wenn Hitler den Krieg gewonnen hätte – das wage ich nicht mir auszumalen, ich muß es der Phantasie jedes einzelnen überlassen.

Alexander Mitscherlich hat das große Buch geschrieben: „Die Unfähigkeit zu trauern." Betrifft die Unfähigkeit, die eigene Schuld einzugestehen und sie damit zu verarbeiten (Trauerarbeit), wirklich nur die Bundesrepublik, betrifft sie nicht ganz genauso auch Österreich? Als ich zum 60. Geburtstag von Mitscherlich die Laudatio im Rundfunk halten durfte und törichterweise bereit war, sie schon vorher auf Band aufnehmen zu lassen, mußte ich zu meinem Entsetzen feststellen, daß gerade die Passage, wo ich auf die Mitschuld Österreichs hingewiesen hatte, einer Streichung zum Opfer gefallen war. Zufall war dies wohl kaum, vielmehr ein Beweis mehr dafür, wie intensiv der Verdrängungswunsch ist und daß er sich (heute mehr denn je) auch auf Menschen in sehr einflußreicher Position stützen kann, auf die ,,Verlaß" ist.

Noch eine Bemerkung: Kann man im Begriff der Kollektivschuld untertauchen, der persönlichen Verantwortung damit entkommen? Wenn man bereit ist, sich einem Kollektiv einzuordnen, welches dem Gesetz der Massenpsychologie unterliegt, wo man also andere für sich selber denken läßt und nur Befehle ausführt, so bleibt man doch verantwortlich dafür, daß man sich zu einem Mitglied einer solchen Pseudogemeinschaft hat machen lassen. Es gibt also keine Kollektivschuld, sondern nur eine Schuld einzelner, die das Kollektiv bildeten.

Ich sage das alles nicht zum Anklagen, nicht, um Gerichte zu konstituieren, Schuldsprüche und Rache zu verlangen, Menschen aufzufordern als Büßer in Sack und Asche herumzugehen! Das kann niemand wollen, dem an Österreichs Zukunft etwas gelegen ist. Was wir wollen, ist vielmehr echte Versöhnung! Vor einiger Zeit hat ein Politiker der Freiheitlichen Partei Österreichs die Ansicht vertreten, es sei Beweis genug für die Versöhnungsgesinnung dieser Partei, wenn nun eines ihrer prominentesten Mitglieder bereit sei, den Posten eines dritten Nationalratspräsidenten anzunehmen, es enthalte ja ein Bekenntnis zu Österreich. Dies ist – ich möchte es mit größtem Nachdruck betonen – nicht die Art der Versöhnung, die ich mir vorstelle. Ich sprach von einer Versöhnung, die auf Einsicht beruht, auf einer Erkenntnis, auf dem Bekenntnis:

Das habe ich falsch gemacht. Der schon zitierte Mitscherlich hat einmal gesagt: „Identität haben, d.h. die tausend Irrtümer einzugestehen, die man im Verlauf seines Lebens durchgemacht hat, da, dort und dann; denn unser Leben ist eine Kette, eine Aneinanderreihung von Irrtümern, von Fehlern." Errare humanum est. Das Menschliche ist das Irren, aber es hat nur dann einen Sinn, wenn wir unsere Irrtümer erkennen, nur so können wir durch Schaden klug werden und nur so kann es uns helfen, unsere Identität zu finden. Und da bin ich bei der Feststellung, daß natürlich unsere Vergangenheitsbewältigung entscheidend ist für die Beziehung der älteren Generation zu der Jugend, um die es mir ganz besonders geht. Wenn auf die schicksalhafte Frage: „Wie war eine solche Unmenschlichkeit möglich?", die Eltern antworten: „Ja, wir haben das falsch gemacht", dann würden sie in den Augen der Jugend sicher nicht verlieren, sondern ganz im Gegenteil gewinnen. Vor einigen Tagen wurde im Fernsehen ein Portrait von Hilde Krahl, der berühmten Schauspielerin, gezeigt. Ganz vorsichtig und behutsam hat der Reporter sich vorgetastet: „Gnädige Frau, Sie haben doch Karriere gemacht in diesen sieben Jahren, in dieser schrecklichen Zeit. Sie waren mit so vielen Juden befreundet, haben den Nationalsozialismus sicherlich abgelehnt, haben Sie da nicht mitunter bei dieser Karriere ein schlechtes Gefühl gehabt?" Und ohne jedes Zögern antwortete Hilde Krahl mit jener Aufrichtigkeit, die uns allen gut anstünde und die uns weiter brächte: „Ja, sehen Sie, das war wirklich schrecklich. Ich hab' nur immer gedacht, mach den nächsten Film und wieder den nächsten, dann bekommst du Geld und kannst mit deinen Angehörigen der sozialen Enge entkommen. Und dafür, daß ich das damals gedacht habe, daß ich nicht das einzige getan habe, was ich hätte tun müssen, nämlich wegzugehen, dafür schäme ich mich heute noch immer aufs neue." Ich zögere nicht zu bekennen, daß ich da am liebsten aufgesprungen wäre, um diese wunderbare Frau zu umarmen, und möchte, dieses Thema abschließend, noch darauf hinweisen, daß uns nicht mehr viel Zeit bleibt, die notwendige Vergangenheitsbewältigung durchzuführen. Über kurz oder lang wird die betroffene Generation nicht mehr am Leben sein, und aus der psychotherapeutischen Erfahrung wissen wir, daß der Tod ein schlechter Löser von Problemen ist.

Ich möchte in diesem Zusammenhang noch etwas über die Sprache des Österreichers sagen: Er hat sie zunehmend in den Dienst der Verdrängung gestellt, und insofern ist die Feststellung Helmut Eisendles: „Österreich ist seine Sprache", zutreffend. Der Außenminister Frankreichs, Talleyrand, ein großartiger Diplomat, hat einmal gesagt: „Worte sind dazu da, die Gedanken zu verbergen." Was in der Politik sinnvoll sein mag, ist aber für das menschliche Zusammenleben eine Katastrophe. Trotzdem haben wir uns eine Sprache angewöhnt, die aus Phrasen und Formeln besteht und die Perpetuierung des spanischen Hofzeremoniells im Rhetorischen bedeutet (es gibt namhafte Forscher, welche die bis zum heutigen Tage anhaltend hohen Suizidraten in den ehemaligen Teilen der österreich-ungarischen Monarchie damit in Zusammenhang bringen – Sprachverarmung ist immer mit erhöhter Selbstmordgefahr verbunden!). Jedenfalls haben wir zu reden gelernt, ohne Gefühle äußern zu dürfen (zu müssen), und damit verlernt, sie ausdrücken zu können, wir verstecken uns also vor den anderen. Sprachnot hat in diesem Sinne Entfremdung und Isolation zur Folge. Nach neuesten Ergebnissen treffen vier von zehn Erwachsenen in Österreich nur ein bis drei Bekannte pro Monat! 1,4 Millionen Österreicher haben in normalen Monaten (außerhalb der Arbeit) praktisch gar keinen Kontakt zu Freunden. Ehepaare sprechen im Durchschnitt 7 Minuten pro Tag miteinander (!). Vielen Betroffenen bleibt nichts anders übrig als zu „verstummen", „alles in sich hineinzufressen", wie sie sagen, was vor allem psychosomatische Erkrankungen zur Folge hat, manche ersticken im übertragenen Sinn an ihrem unbewältigten, nicht entäußerbaren Gefühl. Es darf in diesem Zusammenhang nicht der fast übermenschliche Versuch von Karl Kraus vergessen werden, der österreichischen Sprache – ich darf diesen Ausdruck gerade im Zeichen dieses großen Verkünders verwenden, der gesagt hat: „die gleiche Sprache ist es, die den Österreicher von den Deutschen unterscheidet" – wieder ihren Wert zurückzugeben und sie zur Grundlage einer aufrichtigen und wahrhaft menschlichen Kommunikation zu machen: Er wurde in der Umgangssprache ebenso zu Fall gebracht, wie sein Schöpfer ein typisches österreichisches „Mahner-Schicksal" erlitten hat.

Dritte These: Damit sind wir bei einem wichtigen Punkt: die Verdränger haben vor niemandem so große Angst wie vor denjenigen, die kommen und versuchen, diese Verdrängung aufzuheben. Darum sind die Mahner, die Aufdecker, die Wahrheitssucher, die Propheten in diesem Lande nicht erwünscht. Ich komme zurück auf die Rede von Anton Wildgans: Dort zählt er eine Reihe großer Namen auf, die den Ruhm unseres Vaterlandes ausmachen. Man darf aber nicht fragen, unter welchen Bedingungen die meisten von ihnen hier leben mußten, unter welchen Umständen sie gestorben sind. Man wird unwillkürlich an den Mahlerschen Ausspruch erinnert: „Muß man denn hier immer erst tot sein, damit sie einen leben lassen?" Die gute Nachrede setzt jedenfalls immer erst nach dem Tode ein, zu Lebzeiten erscheint die Größe, nach dem Ausspruch Grillparzers – der es am eigenen Leibe erfuhr – gefährlich und wird erbittert bekämpft. Es ließe sich ein Schattenzug zusammenstellen tragischer Art, um dies zu beweisen. Ich will nur ein paar Beispiele bringen, die mir so besonders wichtig sind in unseren Tagen. Zuerst einmal Gustav Mahler, den man mit Intrigen aus der Staatsoper verjagt hat, als deren Direktor er durch zehn Jahre Maßstäbe gesetzt hat, die bis zum heutigen Tage nicht erreicht worden sind – er mußte die Flucht in die Fremde antreten. ,,Leb wohl!" – die Worte, die er so oft auf die Partitur seiner ,,Zehnten" geschrieben hat, in Verzweiflung – es stellte sich für ihn und viele andere Bedeutende heraus: Man kann hier nicht wohlleben, wenn man ein Prophet ist. Das ,,Leb wohl!" bekommt dann die andere Bedeutung ,,Adieu, weg, fort mit dir!". Und ein Prophet war er; seine Musik erschaute den bevorstehenden Untergang, während die anderen nichts ahnend blind in den Abgrund tanzten.

Es ist von unheimlich logischer Konsequenz, daß die Großverdränger in Österreich diejenigen am intensivsten ablehnen, welche zuerst den Mechanismus der Verdrängung durchschauten und bis heute und wohl zeitlos gültige Wege zu ihrer Aufhebung gewiesen haben: Sigmund Freud und Alfred Adler. Wohin kämen wir, wenn wir die Wahrheit über uns zuließen? Das darf unter keinen Umständen geschehen. Und deshalb werden den beiden Ansichten unterstellt, die sie nie gehabt haben (Wille zur Lust, Wille zur Macht), die dann aber ihre Negation geradezu zur selbstverständlichen Pflicht machen. Wildgans in der Rede über Österreich wörtlich: ,,Der Österreicher ist von Geburt Psychologe, und Psychologie ist alles." Frage: Ist der Österreicher wirklich Psychologe? Ist ihm die Psychologie alles? Welche Aufnahme ließ dieser Österreicher Sigmund Freud und Alfred Adler zuteil werden, wie hat er die Gnade, solche Genies der Psychologie Mitbürger nennen zu dürfen, zu schätzen gewußt? Als Freud von Amerika triumphierend zurückkam, meinte er: „Drüben verstehen sie mich falsch", – ein prophetisches Wort – „aber hier lehnen sie mich aus tiefster Seele ab." So ist es im Grunde bis zum heutigen Tage geblieben. Es existiert in Wien z.B. zweimal eine Hansi-Niese-Gasse – ich bin ein Opfer davon, weil ich in der einen wohne, und viele Menschen verirren sich zuerst in den 13. Bezirk, um dann nach einer Stunde mühsam bei mir zu landen – derselben Hansi Niese gewidmet, der Karl Kraus in den „letzten Tagen der Menschheit" als Kriegsverherrlicherin ein so unrühmliches Denkmal gesetzt hat. Vergeblich wird man aber in der Stadt eine Straße, einen Platz suchen, der nach Freud oder nach Adler benannt ist. Mühsam müssen sich Amerikaner zur Berggasse 19 durchfragen, oft ist es ihr wichtigstes Ziel in Wien und sie können es nicht fassen, daß der große Mann hier totgeschwiegen wird. Aber lassen wir jetzt die Spielereien mit den Straßen, denn das sind ja nur Kleinigkeiten, freilich symbolträchtige. Schlimm ist schon, daß ein Denkmal, das im Hotel Bellevue daran erinnert, daß dort dem „Doktor Freud sich das Geheimnis des menschlichen Traumes enthüllte", verwüstet wurde, am schlimmsten aber, daß man hier heute so lebt, als hätte Freud nie gelebt! Das ist das Entscheidende: Man kehrt in die vorfreudsche Zeit zurück, man verdrängt, huldigt einer Oberflächenpsychologie, betreibt jene Bewußtseinsverengung, von der gerade Freud gesagt hat, daß sie eine Vorstufe des Unterganges ist. Und Alfred Adler? Man hat das Wort „Minderwertigkeitskomplex" von Adler losgetrennt, es gehört der Allgemeinheit, ist gleichsam zum Volkslied geworden. Man könnte das begrüßen, es als Zeichen großer Popularität werten, wenn nicht eine Absicht dahinterstünde, die man merkt und einen mehr als verstimmt, nämlich den Erfinder in der Versenkung des Vergessens verschwinden zu lassen. Und das in einem Lande, dessen Bewohner ständig zwischen rührseliger Unterschätzung und grenzenlosen Grandiositätsgefühlen hin und her schwanken! Zu Lebzeiten ist Freud niemals Ordinarius in Österreich geworden (Stefan Zweig: „Nun sind Sie ein außerordentlicher Professor unter so vielen ordentlichen!"), Adler hat man gar die Habilitation verweigert. Und heute? Nur mit Mühe und unter besonderem Druck ist endlich ein Lehrstuhl für Tiefenpsychologie geschaffen worden. Bis zum heutigen Tage wird Psychotherapie von den Krankenkassen kaum bezahlt, gibt es in weiten Landstrichen Österreichs keine Möglichkeit, diese Behandlung zu erhalten. Mit Recht hat Julia Schmidt die Vermutung geäußert, die meisten Österreicher wüßten gar nicht, was Psychotherapie ist, nicht zuletzt deswegen, weil es sich um eine „österreichische Erfindung" handelt. Noch jetzt gehen Menschen, die eine Psychotherapie benötigen, möglichst heimlich zu ihrem Therapeuten. Es gilt als Zeichen der Schwäche, wenn man in seelischen Schwierigkeiten Hilfe benötigt, bei Christen wird es als Symptom mangelnden Glaubens gewertet, denn wer auf Gott vertraut, kann die Behandlung des Seelenarztes leicht entbehren! An dieser Stelle muß einbekannt werden, daß das „natürlich" auch ganz wesentlich mit dem heute hier immer noch lebendigen Antisemitismus zu tun hat, der geradezu als ein Charakteristikum des Österreichers zu bezeichnen ist: Nicht zufällig fällt die Verschärfung der nationalsozialistischen antisemitischen Maßnahmen genau mit dem „Eintritt Österreichs in das großdeutsche Reich" zusammen.

Mahler, Kraus, Freud, Adler, die Liste ließe sich endlos fortsetzen – ja es ist nun einmal so, daß aus diesem Volk ganz besondere Entdecker, Pioniere und Mahner hervorgingen und noch hervorgehen. Und es ist eben so, daß das Neid erzeugt: „Warum sind die und nicht wir die erste Liebe Gottes gewesen?" Und es ist eben so, daß bis zum heutigen Tag der christliche Antisemitismus, der die Wurzel des Hitlerschen Antisemitismus war – wie Heer nachgewiesen hat –, nicht überwunden erscheint. Das geht so weit, daß, wenn einer für die Juden eintritt, man sofort sagt – ich weiß davon ein Lied zu singen – „Der muß selber ein Jud' sein, sicher, den einen oder anderen Tropfen jüdischen Blutes wird er schon in sich haben." Ich habe bei einer Gelegenheit einmal geantwortet: „Ich kann nicht damit dienen, aber ich wäre sehr stolz, diesem Stamme anzugehören, aus dem so viele große Menschen gekommen sind."

Darf ich zum Abschluß dieser These noch einmal auf Friedrich Heer zurückkommen. Wenn man ihn in der letzten Zeit besucht hat, konnte man ihn sagen hören: „Schaut mich an, ich bin ein Sterbender, ich sterbe schon seit Monaten, vielleicht schon seit Jahren. Erschreckt nicht, mein Sterben ist ein Teil des Lebens. Ich genieße dieses Sterben! Und seid nicht traurig, denn es gehört zu mir." Und manchmal fügte er hinzu: „Und wenn ihr wissen wollt, woran ich sterbe, dann sage ich euch, ich sterbe an Österreich, wir alle sterben an Österreich", und verstummte. Wir alle sterben an Österreich. Ich glaube, es ziemt sich hier, wo wir an diesem Abend ganz besonders natürlich auch an Anton Wildgans denken, zu sagen, daß auch Anton Wildgans zweifellos an Österreich gestorben ist. Er hat genau dieses österreichische Schicksal erlitten, das er so präzise beschrieben hat. „Dieses Schicksal bedeutet, zu viel Energie aufwenden müssen, um eine Sache durchzusetzen, sie als notwendig den Maßgeblichen begreiflich zu machen, so daß Müdigkeit eingetreten ist, bevor die endlich durchgesetzte Sache durchgeführt werden darf."

Wie intensiv sind die autobiographischen Züge im folgenden Gedicht:

> *Vieles magst Du an uns verschwenden*
> *Alles verweht*
> *Immer kommst Du mit Deinen Spenden*
> *Leben, zu spät.*
>
> *Nahmen wir doch in schaffenden Träumen*
> *Alles bereits*
> *Längst vorweg deinem kleinlichen Säumen*
> *und deinem Geiz.*
>
> *Müde sind wir, eh wir gefunden*
> *Spuren des Lichtes*
> *Außer jenen träumenden Stunden*
> *Haben wir nichts.*

Es scheint mir für viele Österreicher geschrieben zu sein.

Vierte These: Ich habe gesprochen über die Neurotisierung, über die Verdrängung, über die Unterdrückung und Abschiebung der Aufdecker. Ich möchte jetzt über ein Symptom sprechen, das ich schon als Symptom jeder Neurose erwähnte, nämlich die Ambivalenz. Neurotisiert werden heißt, einen Menschen zugleich zu lieben und zu hassen, eine unheimliche Strukturierung des menschlichen Gefühlslebens. Es gibt in Holland einen Komponisten, Bernard van Beurden, der zur Eröffnung des Steirischen Herbstes 1979 eine Symphonie geschrieben und bei dieser Gelegenheit etwas sehr Interessantes über die Bewohner unseres Landes gesagt hat: „Der Österreicher hat eine

Zweizimmerwohnung. Das eine Zimmer ist hell, freundlich, die ‚schöne Stube', gut eingerichtet, dort empfängt er die Gäste. Das andere Zimmer ist abgedunkelt, finster, verriegelt, unzugänglich, völlig unergründlich."

Ich verdanke Wendelin Schmidt-Dengler den Hinweis auf zwei ähnliche Stellen in der österreichischen Literatur.

In Grillparzers „Der arme Spielmann" (1848) beschreibt der Erzähler den Raum des unglücklichen Geigers, den dieser mit einem Handwerker teilen muß. „Der arme Spielmann hat seinen Teil von dem des Mitbewohners durch einen Kreidestrich getrennt, wodurch auf seiner Seite Ordnung, ja Pedanterie, auf der anderen Seite Unordnung und Chaos sichtbar werden." Die Hauptfigur in Wolfgrubers Roman „Verlauf eines Sommers" (1981), Martin Lenau, erinnert sich an seine Kindheit: „Den ordentlich verwalteten Teil seines Zimmers hat er von dem Durcheinander seines Bruders durch einen Kreidestrich getrennt." In beiden Fällen der „Äquator einer Welt im kleinen" (Grillparzer).

Schmidt-Dengler meint, daß damit Ordnung und Anarchie einander gegenübergestellt seien – ich finde damit jedenfalls das Bild Beurdens bestätigt, das mich fasziniert und von dem ich überzeugt bin, daß es die Ambivalenz ebenso ausdrückt wie den Gegensatz zwischen Bewußt und Unbewußt. Da ist auf der einen Seite die Höflichkeit, diese Freundlichkeit, die zur Scheinfreundlichkeit, oder, wenn ich dieses Wort verwenden darf, zur Scheißfreundlichkeit wird, ein „Entgegenkommen", das sich als ungedeckter Wechsel entpuppt. Hier wird dir alles versprochen, du betrittst das (erste) Zimmer, Hoffnungen werden genährt, aber wenn du weg bist, bist du nicht mehr vorhanden, denkt der Mensch nicht daran, auch nur den kleinen Finger für dich zu rühren. „Groß ist das Wort und klein ist der Sinn", sagt mein Freund Georg Kreisler, auch ein Vertriebener, nicht gewünscht in Österreich, weil er die Menschen ihr eigenes Bild im Spiegel sehen ließ, ein schweres Vergehen; heute will er hier nicht mehr auftreten. Und Peter Handke, der im „Wunschlosen Unglück" den tragischen Weg seiner Mutter in den Selbstmord beschreibt, kommentiert: „Es brauchte nur jemand mit dem kleinen Finger zu winken, und sie wäre auf den richtigen Gedanken gekommen." Und fügte resignierend hinzu: „hätte, wäre, würde.".

Ich glaube, daß für die hohe Suizidrate des Österreichers dieses Wechselbad, dieses (wenn man ahnungslos ist) Glauben und Vertrauen und alles Erwarten, und dann in einen umso schrecklicheren, tieferen Abgrund Fallen, in dieses finstere Loch der Enttäuschung und des Im-Stiche-gelassen-Werdens, wenn Sie so wollen, in das zweite Zimmer, wesentlich mitverantwortlich ist. Und auch die Sprache des Österreichers kennt diese zwei Zimmer. Wenn es im österreichischen Lied von Wildgans heißt „einfach und echt von Wort, wohnen die Menschen dort", so bekommt das heute für mich einen ganz anderen Sinn. „Echt von Wort" heißt: „Es ist uns echt nicht zu trauen." Nicht zufällig bekommt hier der Satz: „Ich werde Dir schon helfen" eine zweite Bedeutung – nämlich eine drohende. Und „einfach wohnen die Menschen dort" erinnert eben an „die Zweizimmerwohnung, die wir haben". In den unterdrückten, frustrierten Menschen, in denen diese Verzweiflung in der Kindheit erzeugt wurde, da lauert natürlich ein Haß. Er wird lange Zeit im zweiten Zimmer sorgfältig eingeschlossen und versteckt, aber er kann bei irgendeinem Anlaß verhängnisvoll ausbrechen. Wie oft erschrecken dann Menschen über sich selber und sagen: „Ich habe gar nicht geahnt, daß solche böse Dinge in mir drinnen sind." Da tritt zum Beispiel dieser Neid hervor, wenn dem anderen irgend etwas gelingt: „... da ist der allerärmste Mann dem andern viel zu reich". Wenn einer irgendeine Entdeckung macht, ist der erste Gedanke „Wieso ist das nicht mir eingefallen?" und „Wenn's einem anderen gelungen ist, dann darf das einfach nichts wert sein." Die erste Herzoperation wird in Österreich erfolgreich durchgeführt – da steht schon am Tag vorher in der Zeitung, daß sie unüberlegt, viel zu früh aufs Programm gesetzt wurde, die Neidgenossenschaft tritt voll in Aktion.

Im „zweiten Zimmer" finden sich aber nicht nur Neid und Haß, sondern auch Unsicherheit und Angst. Es ist ganz unfaßbar – selbst der Psychiater, der an vieles gewöhnt ist, vermag es kaum zu glauben –, welche Ängste hier weitverbreitet sind. Jeder fürchtet jeden, hält ihn für einen Konkurrenten, einen potentiellen Feind, man beobachtet einander mißtrauisch, stellt gleichsam schon weit draußen, im Vorfeld der Begegnung, Horchposten aus, jedes Gerücht über angeblich böse Absichten des anderen, und sei es auch noch so abstrus, wird geglaubt. Im Grunde sind das alles Folgen der mißglückten Eltern-Kind-Beziehung: eine Welt bricht zusammen, wenn das Vertrauen zu den Eltern verlorengeht. Und weil ich bei der Angst bin, so möchte ich daran erinnern, wie leicht diese Angst wiederum zum Haß wird, z.B. zum Haß gegen alles Fremde. – Ja, die Österreicher verlangen in Südtirol zweisprachige Ortstafeln und Gleichberechtigung für die Minderheit. Aber was tun denn wir mit unseren Minderheiten? Dort stürmen und zerstören wir zuerst einmal die zweisprachigen Ortsbezeichnungen. Nun stehen sie zwar, aber verlangen Sie in Südkärnten auf slowenisch eine Fahrkarte, dann bekommen Sie keine und stattdessen die Antwort: „Kannst das net deutsch sagen?!" – eine demütigendsadistische Szene, die an faschistische Zeiten erinnert. Als mir die Auszeichnung zuteil wurde, für die Slowenen psychohygienische Vorträge halten zu dürfen, wurde mir folgende Geschichte erzählt: Slowenische Eltern hatten alles getan, um ihre Tochter deutschsprachig zu erziehen. Als sie einen Slowenen heiratete und damit für sich und ihre Kinder die slowenische Sprache an die erste Stelle setzte, klagten die Eltern: ,,Wir haben versucht, aus dir einen Staatsbürger erster Klasse zu machen und nun zerstörst du mit einem Schlage unsere Bemühungen und machst dich wieder zu einem Menschen zweiter Klasse." Das heißt also: in Österreich muß man dem Slowenentum abschwören (ich glaube, die Situation der Kroaten im Burgenland ist besser), um ein ,,ordentlicher" Staatsbürger zu werden. So gehen wir mit Anderssprachigen um, die wir bis zum heutigen Tage mit dem Odium der ,,Verräter" umgeben, obwohl wir nachweisbar die Volksabstimmung nach dem Ersten Weltkrieg ohne die slowenischen Stimmen niemals hätten gewinnen können! Nein, unter diesen Umständen hat der österreichische Unterrichtsminister Zilk vollkommen recht, wenn er sagt: ,,Hört auf von Südtirol zu sprechen, bevor ihr nicht begonnen habt, in Österreich einwandfreie Verhältnisse zu schaffen."

Und jetzt bin ich bei Wildgans, bei seinem Satz aus der Rede über Österreich: ,,Psychologie ist Pflicht im Zusammenleben der Völker!" – Erfüllen wir diese Pflicht? – Ich muß es leider bestreiten. – Wir haben sehr lange eine einmalige Chance gehabt im Herzen Europas, eine ,,vorwegnehmende Zukunft" zu gestalten, wenn wir bereit gewesen wären zur Verständigung und Partnerschaft, zu Gleichberechtigung und Achtung. Es hätte ein Experiment sein können, das den Weg gewiesen hätte zu den ,,Vereinigten Staaten von Europa". Wir haben aber diese Chance – und das muß man doch einbekennen, statt larmoyant über den Untergang „des großen Reiches" zu klagen – nicht wahrgenommen: Wir haben uns als Herrschende aufgespielt und ab 1867 hat es zwei Herrenvölker gegeben, die Österreicher und die Ungarn, die noch bis zum heutigen Tage dran schwer zu tragen haben, daß sie bei dieser Sache mitgemacht haben. Das ist wieder eine Wahrheit, die wir nicht „wahrhaben" wollen! Sicher, wir waren relativ menschlich. Wenn Sie nach Polen gehen, das unglückliche Land war zwischen Rußland, Deutschland und Österreich aufgeteilt, können Sie noch heute hören: die Österreicher waren die mildesten Herrscher. Sicher – aber eben doch Herrscher. Und so haben wir eigentlich die Psychologie des gegenseitigen Verständnisses, die Wildgans zu Recht als Pflichtgegenstand bezeichnet, haben wir die eben *nicht* beherrscht! Und darum sind wir als Vielvölkerstaat im Zeitalter des Nationalismus zugrunde gegangen; es wird vielleicht Jahrhunderte dauern, bis diese Chance von damals wiederkommt.

Fünfte These: Es wurde schon darauf hingewiesen, daß als erstes Symptom der Neurotisierung im Kind Haßgefühle gegen die Eltern entstehen. Dafür kann das Kind gar nichts, es kommt schuldlos in diese Situation (oft sind auch die Eltern schuldlos, weil sie selbst in ihrer Kindheit neurotisiert worden sind und nur in einer verhängnisvollen Staffette diese Neurotisierung weitergeben). Aber da sich Haßgefühle in ihm regen, und weil diese Haßgefühle mit seinem Gewissen nicht vereinbar sind, fühlt es sich schuldig. Ist unschuldig und fühlt sich schuldig – man kann gar nicht genug Zeit aufwenden, um sich in diesen tragischen Tatbestand einzufühlen und zu begreifen, was es bedeutet! Dieses Schuldgefühl nun erzeugt ein unersättliches Bedürfnis – dieser in dem Zusammenhang ausgezeichnete Ausdruck stammt von Karl Stern – nach Sühne und Strafe! So wird der Neurotiker zu seinem eigenen Feind, er verfolgt sich selbst mehr, als jeder Außenstehende es könnte. Der österreichische Dichter Lenau sagt: „Mich regiert eine Art Gravitation nach dem Unglück!" Die Patienten drücken es so aus: „Glück ist für mich ein Fremdwort", „ich bin ein totaler Versager", „das Schicksal hat mich in den Abfallkorb des Lebens geworfen", „mein Leben ist auf Sparflamme gestellt", „ich inszeniere alles vortrefflich, aber ich inszeniere es so, daß es nicht gelingen kann", „alle meine Enttäuschungen sind in Erfüllung gegangen."

Diese Feindschaft auch gegen die eigene Person ist in Österreich, ich möchte sagen, allgegenwärtig, ein Beweis für die weite Verbreitung der Neurose. Viel zu viele Menschen hier werden beherrscht von Lebensverunstaltung, Selbstschädigung, Selbstzerstörung, Selbstvernichtung. Nicht zufällig stammt das Wort: „Die wichtigste Aufgabe ist es, den Menschen vor sich selber zu beschützen", von einem Österreicher, von Franz Theodor Csokor.

Es ist ganz unmöglich, hier alle Formen der Selbstschädigung, die der Österreicher ersonnen hat, aufzuzählen, nur ein paar ausgewählte Beispiele kann ich bringen. Fangen wir mit etwas Harmlosen, mit unserer Fußballmannschaft an: Sie gewinnt fast immer, nur wenn man ihr sagt: Heute geht es um alles – dann verliert sie garantiert. Sie kann den Druck, der dabei vom (Vater) Staat ausgeht, nicht aushalten, dabei entsteht, in Erinnerung an die Eltern in der Kindheit, unbewußter Protest: „Jetzt erst recht nicht." Treffen doch auch viele Kinder ihre Eltern in unbewußtem Protest durch nicht bestandene Prüfungen und mißglücktes Leben nach der Devise: „Recht geschieht meinem Vater, wenn ich mir die Finger erfriere" und übersehen dabei beharrlich, daß ja sie selbst es sind, die die Rechnung vorwiegend bezahlen!

In diesem Lande blüht die Kriminalität, und Verbrechen ist oft nicht nur Aggression gegen andere (die ja begreiflicherweise immer bemerkt wird), sondern auch gegen die eigene Person (was gerne übersehen wird). Zerstört der Täter in der Mehrzahl der Fälle nicht auch sein Leben, seine sozialen Chancen, ist es ein ,,Vergnügen" für Jahre Gefangener zu sein? Auch die Zahl von Verkehrsunfällen und Verkehrstoten ist in unserem Lande überdurchschnittlich hoch. Hier ist der Entgegenkommende sehr oft nicht ein Entgegenkommender in der anderen Bedeutung des Wortes. Vielmehr huldigt er einem Fahrstil, den man mit Stengel als ein Gottesurteil über Leben und Tod bezeichnen könnte: ,,Geht's gut, soll es mir recht sein, geht's schlecht, ist es auch gut." Und sehr oft werden natürlich auch andere, Unschuldige, zu Opfern dieser besonderen Form der Selbstzerstörung.

Das nächste Beispiel sind die psychosomatischen Erkrankungen, die in Österreich wie kaum in einem anderen Land grassieren. Daß sie durch Internalisierung chronischer Konflikte entstehen, habe ich bereits erwähnt. Es erübrigt sich, die umfangreiche Literatur über dieses Gebiet zu studieren, man muß nur eines verstehen: Unbewältigte Gefühle schädigen den Körper, was kränkt, macht krank, wie es der Wiener Internist Max Herz so treffend ausgedrückt hat. Wir aber haben nirgendwo gelernt, nicht im Elternhaus, nicht in der Schule und auch später nicht im Berufsleben, mit unseren Gefühlen zurechtzukommen, wir sind damit alleingelassen worden, haben keine Solidarität, keine Hilfe erfahren, sind, um es mit Ingmar Bergmann zu sagen, Analphabeten des Gefühls geblieben. Für dieses Heer von psychosomatisch Kranken gibt es in Wien ganze 16 Betten. „Was brauch ma denn des alles, net, is eh gnua da", hätte Weinheber vielleicht auch darauf gedichtet. Wie dem auch sei, jedenfalls ist es ein gutes Beispiel für das Mißverhältnis, welches hier zwischen Selbstzerstörung und dem, was wir dagegen tun, herrscht. Überflüssig daran zu erinnern, daß immer mehr psychosomatische Erkrankungen tödlich enden, die Selbstzerstörung also zur Selbstvernichtung wird. Zu diesem Bild paßt es, daß wir mit Todesfällen durch Lebercirrhose an der zweiten Stelle der Welt stehen: daß die Lebercirrhose eine Folge des Alkoholismus ist, weiß heute jedes Kind. Wir greifen eben zu jedem Fluchtmittel, um über Probleme und Gefühle hinwegzukommen, für die wir keine Lösung wissen. „Wer Sorgen hat, hat auch Likör" – und dann auch den Tod. In diesem Lande besteht fast eine Verpflichtung zu trinken, wir nennen das ein „alkoholisches Klima". Und auch der Ausdruck „Selbstmord mit Messer und Gabel" könnte angesichts der herrschenden Eßgewohnheiten und der daraus resultierenden Übergewichtigkeit hier erfunden worden sein (vielleicht ist er es sogar, ich weiß es nicht). Und daß wir, was den direkten Selbstmord betrifft, seit Jahrzehnten im Spitzenfeld der Welt liegen, das ist bekannt. Thomas Bernhard hat geschrieben: „Ich wundere mich hier überhaupt nicht, wenn einer durch Selbstmord stirbt, ich wundere mich nur, wenn er *nicht* durch Selbstmord stirbt." – Natürlich klingt dies wie eine maßlose Übertreibung, aber irgend etwas Wahres ist dennoch darin. Da ich schon früher auf wesentliche Faktoren hingewiesen habe, die bei uns den Selbstmord konsequent fördern („Wenn einer laut um Hilfe schreit, außer sich, ist er zu leise für mich", sagt Georg Kreisler), kann ich mich nun auf diese Feststellung beschränken. Jedenfalls: es war wiederum kein Zufall, daß Freud gerade hier seine vielbekämpfte, aber zweifellos richtige Entdeckung der Existenz eines „Todestriebes" gemacht hat.

In diesem Österreich hat es eine Gestalt gegeben (das Wort Person vermeide ich absichtlich), in der die ganze Selbstbeschädigungs- und Vernichtungstendenz dieses Landes in einer einmaligen Weise komprimiert in Erscheinung getreten ist. Der Mann wurde schon in der Kindheit durch seine Mutter und die Erziehung vernichtet, hat dann 68 Jahre regiert, hat in dieser überlangen Zeit keine einzige konstruktive Idee gehabt, keine einzige! (Wer mir eine nennen kann, ist schon prämiert.) Mit der zwangsneurotischen Pedanterie einer Maschine ist er am Schreibtisch gesessen, hat Akten studiert und unterschrieben, als personifiziertes Pflichtgefühl (wo blieben die anderen Gefühle?). Auf seinem Schreibtisch stand ein Spruch: „In jedem Ding der Welt, ob es tot ist oder atmet, lebt der große weise Wille des allmächtigen und allwissenden Schöpfers. Wie alles ist, so muß es sein in der Welt. Und wie es auch sein mag, immer ist es gut im Sinne des Schöpfers" – der schreckliche Ausdruck einer Statik, einer Fixierung an das Bestehende, die konsequenterweise jede verändernde Entwicklung verunmöglicht.

Über diesen Menschen Franz Joseph hat Karl Kraus folgendes Gedicht geschrieben:

> *Wie war er? War er dumm? War er gescheit?*
> *Wie fühlt' er? Hat es wirklich ihn gefreut?*
> *War er ein Körper, war er nur ein Kleid?*
> *War eine Seele in dem Staatsgewand?*
> *Formte das Land ihn, formte er das Land?*
> *Wer, der ihn kannte, hat ihn auch gekannt?*
> *Trug ein Gesicht er oder einen Bart?*
> *Von wannen kam er und von welcher Art?*
> *Blieb nichts ihm, nur das Wesen selbst, erspart?*
> *War die Figur er oder nur das Bild?*

War er so grausam wie er altersmild?
Zählt' er Gefallne wie erlegtes Wild?
Hat er's erwogen oder frisch gewagt?
Hat er auch sich, nicht nur die Welt geplagt?
Wollt' er die Handlung oder bloß den Akt?
Wollt' er den Krieg? Wollt' eigentlich er nur
Soldaten, und von diesen die Montur,
von der den Knopf nur? Hat' er eine Spur
von Tod und Liebe und von Menschenleid?
Nie prägte mächtiger in ihre Zeit,
jemals ihr Bild die Unpersönlichkeit.

Vielleicht wäre es nicht nötig, einen Exkurs über Franz Joseph zu halten, wenn nicht mit Schrecken zu bemerken wäre, daß immer mehr Menschen eine merkwürdige nostalgische Sehnsucht nach eben diesem Franz Joseph entwickeln, ganze „Wallfahrten" nach Ischl und anderen Gedenkstätten stattfinden. Da muß sich gerade der Tiefenpsychologe fragen: Ist das die Sehnsucht nach der verlorenen Vaterfigur? Sind die Regierenden den Österreichern vielleicht noch zu wenig neurotisch, daß sie den Franz Joseph wollen? – Oder wollen sie gar wieder einen Totengräber an der Spitze? Denn es ist doch überhaupt kein Zweifel, daß dieser Mann vor allen anderen der Totengräber Österreichs war! Wenn er am Schluß seines Lebens aussprechen mußte: „Mir bleibt auch nichts erspart", war das die logische Konsequenz einer lebenslangen neurotischen Selbstvernichtung auf allen Gebieten. Diesem Mann mußte alles, was er anrührte, mißlingen! – Und nach ihm eine Sehnsucht?

Ich weiß, daß ich damit ein fatal heißes Eisen angerührt habe, und weil ich nun schon dabei bin, will ich an einem zweiten nicht vorbeigehen, über das endlich einmal ehrlich zu sprechen, es mich schon lange drängt. Es hat ja nicht nur Totengräber Österreichs gegeben, sondern auch eine ganze Reihe von Baumeistern – übrigens gehört Wildgans mit seinem Bekenntnis zum österreichischen Menschen in eben dieser Rede, die für den heutigen Vortrag zum Paten wurde, zweifellos zu ihnen. Ich aber will jetzt über einen anderen sprechen, der für die einen Baumeister, für die anderen aber Totengräber ist: Engelbert Dollfuß. Und damit bin ich vielleicht beim größten Wagnis des heutigen Abends. Als am 25. Juli 1934 dieser Mann unter den Kugeln feiger Mörder am Ballhausplatz verblutete, da habe ich als 13jähriger – warum soll ich es leugnen – geweint, so geweint, wie ich es selten später in meinem Leben getan habe. Ich war damals nicht der einzige, viele weinten mit mir, nicht der Geringste unter ihnen war Friedrich Heer, der an anderer Stelle einmal bekannte, er habe in seinem Leben einen einzigen politischen Personen-Glauben gekannt, den an Engelbert Dollfuß. Aber ich muß mich natürlich heute fragen: Hast du damals zu Recht geweint? Denn, das muß mit aller Deutlichkeit und auch Schärfe gesagt werden, das Bild dieses Mannes ist verbunden mit mehr als tragischen Ereignissen: Er hat die Demokratie in Österreich zerstört, hat mit Kanonen auf Arbeiterhäuser schießen lassen, ist zum Arbeitermörder geworden. Und wenn man für beides auch bestimmte Umstände zur Erklärung heranziehen kann, nämlich, daß er gefürchtet hat, die Nationalsozialisten könnten in das Parlament, wie in Deutschland, mit immer größerer Mehrheit einziehen; daß er unter Druck Italiens stand, welches immer stürmischer verlangte, die Sozialdemokratie auszuschalten, und Italien damals der einzige Garant der Unabhängigkeit Österreichs war – (Daß wir nicht 1934 kassiert worden sind, sondern erst 1938, das haben wir nur Mussolini zu verdanken und nicht England und Frankreich, die uns schon damals völlig im Stich gelassen haben, so wie sie später auch die Musterdemokratie Tschechoslowakei im Stich ließen. Das muß ausgesprochen werden!) – so können sie niemals eine Entschuldigung, ja nicht einmal „mildernde Umstände" darstellen, besonders der Februar 1934 bleibt eine ganz und gar unverzeihliche, unmenschliche Tat. Mit Ehrfurcht müssen wir verstehen lernen, daß ein Sozialdemokrat es heute noch nicht erträgt, den Namen Dollfuß in positiver Weise genannt zu hören. Und doch sollten wir im Sinne Friedrich Heers das „Gespräch der Feinde" lernen, müssen auf der einen Seite unmißverständlich und verurteilend bis zum letzten Augenblick klarstellen, daß dieser Mensch falsche Wege gegangen ist, dürfen dann aber vielleicht auf der anderen Seite auch darauf hinweisen, daß derselbe Mann ein gutes Ziel gehabt hat, nämlich die Rettung Österreichs vor der braunen Flut. Diesem Dollfuß, der, wie Heer sagt, die Uniform nie ausgezogen hat, der ein Kämpfer war, wäre das nicht passiert, was seinem Epigonen geschehen mußte: ein sang- und klangloser Untergang. Dieser Mensch hat als erster den Spruch revitalisiert „Österreich über alles, wenn es nur will", er hat versucht, das Selbstvertrauen Österreichs zu wecken, hat sein Leben dafür eingesetzt, daß dieses Land nicht von der Landkarte verschwindet, hat mit seinem Blute seine Treue besiegelt und wohl auch seine Schuld bezahlt und gesühnt. Die Feinde von einst müßten folgenden (vorläufig noch utopischen) Dialog lernen: Die einen über seinen Qualitäten nicht die unbestreitbaren schweren Vergehen zu übersehen, die anderen in ihrem „Todfeind" doch auch den Mann zu erkennen, der für Österreich gekämpft hat. Dann mag vielleicht in ferner Zukunft der Weg dafür sich öffnen, auch Dollfuß als Baumeister Österreichs anzuerkennen, freilich als einen, der mit unrechten Mitteln gebaut hat, wo also Selbsterhaltung mit Selbstzerstörung gekoppelt war, vielleicht die tragischeste und österreichischeste Art des Bauens.

Ich wäre nicht Schüler Alfred Adlers, wenn ich bei der Diagnose stehenbliebe und nicht mit Aspekten der Hoffnung für die Zukunft schließen würde. Zwar heißt es bei Polgar: „Wien bleibt Wien, und das ist das Schlimmste, was man über diese Stadt sagen kann", und sicher könnte es auch Gründe geben, diese Sentenz auf das ganze Land auszudehnen. Dennoch bin ich hoffnungsvoll und erlaube mir, dies mit den folgenden Argumenten zu belegen.

1. Es beginnt, sich ein neues Selbstbewußtsein dieses Staates zu entwickeln. Das Land war ab 1867, ab dem sogenannten Ausgleich mit Ungarn, unrettbar dem Untergang geweiht. Es war der ungarische Außenminister, der um 1912 gesagt hat: „Wir müssen uns selbst umbringen, bevor das die andern tun." Und im Jahr 1918 begann die Verfassung des übriggebliebenen Restes mit den Worten: „Deutsch-Österreich ist eine Republik, sie ist Bestandteil des deutschen Reiches." Mit anderen Worten, das war ein Staat, der mit dem ersten Satz, den er aussprach, zugleich schon Selbstmord begangen hat. Wann habt Ihr dessentgleichen je gesehen?, könnte man Grillparzer variierend fragen. Da war schon in der Wurzel „der Staat, den keiner wollte" enthalten und damit der neuerliche Tod besiegelt.

Aber heute glaube ich, seit 1945, ist die Situation eine andere. Der Österreicher hat diesmal, scheint mir, seine Lektion gelernt. Hitler mußte offenbar kommen und das von vielen ersehnte Ziel, den Anschluß verwirklichen, um dem Österreicher ein für alle Mal begreiflich zu machen, was er an diesem Lande hat (das ist wieder eine so typisch österreichische Verhaltensweise selbstschädigender Art: erst zu wissen, was man besaß, wenn man es verloren hat – so verhält sich ja auch der Mann in diesem Lande, er vernachlässigt seine Frau und wacht erst auf, wenn er sie an einen anderen zu verlieren droht). Langsam, aber sicher wächst ein neues Bekenntnis zu diesem Österreich, ja darüber hinaus zu so etwas, was man die „österreichische Nation" nennen könnte. Man sollte vielleicht nicht allzuviel darüber sprechen, um das Wachstum nicht zu stören. Auch wenn wir jetzt einen Justizminister haben, der sich nostalgisch als Deutschösterreicher bezeichnet (wofür diejenigen mit die Verantwortung tragen, die ihn diese Position erreichen ließen), wird das diesen Prozeß nicht aufhalten. Stattdessen möchte ich nur Friedrich Torberg zitieren: „In einem Punkt allerdings sind diese Jungen besser dran als ihre Vorfahren: Wenn sie Österreich sagen, so wissen sie, was sie meinen, und wenn sie sich zu diesem Österreich bekennen, so wissen sie warum." Ich aber finde mit dieser Sentenz den Übergang zu meinem nächsten Punkt.

2. Die heutige Jugend gibt mir Hoffnung für die Zukunft. Ich habe als Universitätslehrer viel Gelegenheit, sie kennenzulernen, und aufgrund dieser meiner Erfahrung kann ich nur sagen: Obwohl diese Jugend aus tausend Wunden frühkindlicher Neurotisierung blutet, obwohl wir sie vielfach mit einer schrecklichen Welt konfrontieren, in Österreich ebenso wie in anderen Ländern, mit einer Welt, die Materielles an die Stelle von Gefühl und Seelischem, die Organisation, also Versachlichung, an die Stelle von Ideen gesetzt hat; einer Welt, die Erfolg und Technik vergötzt und den Menschen dabei unter die Räder kommen läßt; einer Welt, die Feindschaft mehr fördert als Solidarität, in der Frieden in Vorkrieg und in kalten Krieg verwandelt wird; in der Medizin ist an die Stelle der partnerschaftlichen Arzt-Patienten-Beziehung die unpersönliche Durchuntersuchung getreten, in der Psychologie dominieren

Fremdheitsgefühl erzeugende Fragebögen und Tests; in der Religion ist es genauso. Die Worte des verstorbenen Kardinal Wyszynski klingen zwar sehr schön, sie warten aber bis zum heutigen Tage weitgehend vergeblich auf Erfüllung: „Wir müssen wieder die Pharisäer und die Schriftgelehrten aus dem Tempel vertreiben, Abschied nehmen von theoretischen, theologischen Spielereien, wieder zu einem Glauben finden, der nicht von der Ratio beherrscht ist, sondern von der Liebe Gottes zu den Menschen, die zur Liebe der Menschen untereinander werden soll."

Das ist das Wunderbare an dieser Jugend in meinen Augen, daß sie mit dieser Welt, die wir ihr präsentieren, *nicht* zufrieden ist; und daß sie trotz alledem nicht aufgibt, sich in der großen Mehrzahl nicht enttäuscht zurückzieht, nicht „aussteigt", sondern versucht, sich den Problemen zu stellen, Verantwortung für die Gestaltung der Zukunft zeigt, daß sie neue Wege sucht zu Versöhnung, Gemeinsamkeit, Freundschaft und Frieden, wie es Christa Wolff ausdrückt: „Was ignoriert und geleugnet wird, müssen wir schaffen, Freundlichkeit, Würde, Vertrauen, Spontaneität, Anmut, Duft, Klang, Poesie, ungezwungenes Leben, was schnell, was zuerst verfliegt, wenn der friedlose Friede in Vorkrieg überzugehen droht, das eigentlich Menschliche, was uns bewegen kann, diesen Frieden zu verteidigen."
Wir Alten aber müssen lernen, mit dieser Jugend zu sprechen. Ich bin überzeugt, wir sind gar nicht so bedroht von ihr, wie wir vielfach glauben. Und vielleicht wird sie eine Sprache finden mit der Zeit, die uns nicht noch mehr schockiert als notwendig. Darin sehe ich eine große Chance für die Zukunft unseres Landes. Aber wir müssen zugleich zugeben, daß es die Jungen noch unendlich schwer haben hier, man braucht nur ihr Schicksal in den

politischen Parteien zu betrachten. Wer läßt sie schon ihre Utopien einbringen, die vielleicht die Realitäten von morgen sein werden? Aber wir sehen auch, daß die Wähler denen einen Denkzettel verpassen, die glauben, einen jungen Menschen aus der Kandidatenliste streichen zu können, nur weil er aufbegehrt, nicht mit den Wölfen heult, Mißstände aufzeigt. Sie werden es in der Zukunft – ich wage das zu prophezeien – noch in größerem Umfang tun.

3. Eine ganz große Hoffnung geht auch von den Künstlern aus. Ihre große und wunderbare Aufgabe ist es, Zivilisation in Kultur zu verwandeln, die versachlichende rationalisierende Tendenz unserer Zeit durch Wiederzulassung der Gefühle aufzuheben. Natürlich müssen auch, und ganz besonders, schockierende darunter sein: Nur wenn ich betroffen Mißstände in unserer Welt und in mir entdecke, wenn ich wachgerüttelt werde, besteht die Aussicht auf Änderung. Ich zitiere Friedrich Heer: „Das Hohe und Erhabene, es bleibt solange Fiktion, solange Wunsch-Traum, solange es uns nicht gelingt, die Höllen im Heute zu erhellen, auf der Bühne des Theaters anzusprechen."

Wildgans hat in seiner Rede über Österreich, wie schon erwähnt, eine Reihe von großen verstorbenen Künstlern aller Art aufgezählt, die den Ruhm des vergangenen Österreichs ausmachen. Es stimmt mich sehr glücklich und zuversichtlich, daß ich nun auch, ohne irgendeine Mühe, eine Liste präsentieren könnte, Komponisten, Musiker, Dichter, Schauspieler, Maler, Bildhauer, Architekten, die größtenteils den Vorzug haben, noch am Leben zu sein: Ich hoffe, daß Sie verstehen, daß ich keine einzelnen Namen nenne, ich hätte Angst, irgendeinen zu vergessen und – was schwerer wiegt – Sie kennen sie ohnehin. Und sie haben fast alle den Vorteil, daß wir noch viel Aufdekkendes von ihnen in der Zukunft erwarten können: Und daß sie alle sich an keine Grenze halten, daß sie ihre „Kompetenz" nicht einschränken lassen, sondern sich in ihren Werken für den *ganzen* Menschen verantwortlich fühlen. Hier kann man *wirklich* sagen: Heimat bist du großer Söhne und Töchter (letzteres sei besonders betont!). Eines freilich darf dabei nicht verschwiegen werden: Die Liste großer Persönlichkeiten ist jetzt nicht so dicht und intensiv wie nach 1918, so daß man für jedes dieser Leben doppelt dankbar sein und um jedes doppelt zittern muß.

4. Den letzten Punkt meiner Hoffnung muß ich zu meinem Leidwesen mit einem großen Fragezeichen versehen (im Gegensatz zu den bisherigen), dies trifft mich umso mehr, als er mir besonders am Herzen liegt: Ich meine die römisch-katholische Kirche, von der schon Anton Wildgans in der „Rede über Österreich" sagt, sie sei ein wesentliches Element Österreichs. Was soll ich damit heute anfangen: Handelt es sich nicht weitgehend um ein Taufschein-Christentum? Haben wir nicht gerade hier aus einer lebendigen Religion vielfach eine tote gemacht? Wir haben in Österreich seit 1945 zumindestens drei massenhysterische Reaktionen erlebt, von zweien, der Schranz-Affäre und dem Ortstafelsturm, habe ich schon gesprochen, die dritte muß jetzt Erwähnung finden. Lotte Ingrisch hatte ein wunderliebes Textbuch „Jesu Hochzeit" geschrieben, in dem Christus den Tod besiegt, Gottfried von Einem die Musik dazu komponiert. Die bloße Tatsache, daß darin Jesus und Maria mit menschlichen Eigenschaften und Schwächen (keineswegs Defekten) ausgestattet waren, erregte nun die dritte hysterische Massenreaktion: Sühne-Prozessionen mit Kindern wurden organisiert, Drohbriefe mit Todes- und Verdammungswünschen geschrieben, es wurde verlangt, die Uraufführung durch den Staatsanwalt

zu verbieten, als dies nicht gelang, fanden Protestaktionen statt, im Theater kam es zu Schreiexzessen, Stinkbomben wurden geworfen und Besucher insultiert. Man könnte zur Tagesordnung schreiten, wenn sich darin nicht gleichsam pathognomonisch der Zustand der Kirche in Österreich offenbart hätte. Es wurde deutlich, wie sehr es der Kirche hier ,,gelungen" war, Jesus, Maria und Josef zu ,,entmenschlichen", so sehr, daß menschliche Probleme an ihnen geradezu als unerträglich und blasphemisch empfunden werden. Dies entspricht dem Hochmut, mit dem man immer wieder von kirchlicher Seite zwischen Humanismus und Katholizismus Mauern errichtet, statt eine diesbezügliche Verbundenheit anzuerkennen. Human und christlich sein, beides bedeutet ja, Verständnis für die Nöte des Menschen zu haben und alles für seine gesunde glückliche Entwicklung im natürlichen Bereich zu tun. Wer vom Menschen Unmenschliches verlangt, kann nicht wirklich christlich sein. Aus diesen Zusammenhängen leitet sich eine alarmierende Diagnose ab: Wo Menschliches mit Akribie eliminiert oder verurteilt wird, die Menschwerdung nicht stattfinden darf, geht für eine Lehre auch die Attraktivität auf Menschen verloren, sie droht, aus lebendiger Substanz totes, theoretisches System zu werden. Dies steht in Übereinstimmung mit der gerade in Österreich festzustellenden psychotherapeutischen Einsicht, daß Gott sich vielfach aus dem Bewußtsein zurückgezogen hat, dafür im Unbewußten eine unendliche Sehnsucht nach Religion besteht, die aber von einer menschenfernen, ja oft menschenfeindlichen formalistischen Auslegung der christlichen Lehre nicht erfüllt werden kann. Vielfach verhalten sich die kirchlichen Institutionen gerade in diesem Lande, als würden sie einen Leitfaden besitzen mit dem Titel: Wie halte ich möglichst viele Menschen von uns fern? So wird zu schlechterletzt auch Gott in Österreich massiv verdrängt, führt ein Dasein größtenteils im Unbewußten, woran alle beteiligt sind, die Eltern (weil sie ein falsches Gottesbild vermitteln, „Gottesvergiftung" betreiben), die Kirche (weil sie einen weltfremden Gott lehrt), aber auch die Betroffenen selber (weil ihnen Gott unbequem ist).

Für all das würde das Gedicht von Wildgans zutreffen, ich zitiere ihn damit für heute zum letzten Male:

> *Sie bauen noch immer Symbole aus Stein*
> *in den längst entgötterten Himmel hinein,*
> *tun Glocken in die Gestühle.*
> *Die künden mit ihrem bronzernen Mund*
> *eine Sprache, die keinem Menschen mehr kund,*
> *und fremd für unsere Gefühle.*
> *Das macht, daß in den Glöcknern der Herr Jesus Christ*
> *gestorben – aber nie wieder entstanden ist.*

Aber es gibt auch Signale der Hoffnung in dieser österreichischen katholischen Kirche. Da ist ihre Trennung von den politischen Parteien, da ist der Abschied vom politischen Katholizismus, sofern er Machtausübung bedeutet, da ist die sehr kritische Haltung des Episkopats zur Pillen-Enzyklika und anderen vatikanischen „Weisungen" (Frage der geschiedenen Ehen), da ist das stets wachsende Eingeständnis eigener Fehler, und alle diese wichtigen Pluspunkte sind untrennbar mit dem großen Erzbischof von Wien, Kardinal König, verbunden. Und es ist da der letzte Katholikentag, diese Heerschar so vieler interessierter Menschen, verbunden mit dem Papstbesuch. Aber hat nicht vielleicht gerade diese Verbindung letztlich geschadet, weil aus einem so nötigen Dialog (der, fürchte ich, mit diesem Papst nicht möglich ist) eine bloße Demonstration geworden ist? Und wie lange bleibt der Kardinal noch, und wer folgt ihm nach? Immer neue Fragezeichen, die manch einer als gewaltigen Dämpfer der Zukunftshoffnung empfinden mag.

Wenn mir jemand nun als Subsummierung all meiner Hoffnungs-Punkte sagt, „Ringel, unter diesen Umständen scheint es mir doch sehr unwahrscheinlich zu sein, daß es wieder aufwärts geht", dann will ich das gerne annehmen, und antworten: „Je unwahrscheinlicher es ist, desto größere Hoffnung habe ich." Und als Bestätigung für diese meine Überzeugung schließe ich mit einem Zitat von Ludwig Wittgenstein, welches ich meinem Freund Hans Strotzka verdanke: „Ich glaube, das gute Österreichische ist besonders schwer zu verstehen, es ist in gewissem Sinne subtiler als alles andere, und seine Wahrheit ist nie auf der Seite der Wahrscheinlichkeit!"

2.

Wege der Selbstverwirklichung in unserer Zeit

Es ist etwas sehr Eigenartiges: Wenn wir über unser Leben sprechen, dann tun wir so, als stünden wir hier und uns vis-à-vis „das Leben", als wären das zwei verschiedene Dinge. Wir sagen zum Beispiel: Das Leben ist nicht viel wert, es hat keinen Sinn, es ist mir alles schuldig geblieben. Ja, wir und das Leben sind doch eines, wir leben *unser* Leben. Hilft uns diese Außenprojektion, dieser Dialog mit einem scheinbar anderen, den man anklagen, dem man alle Schuld in die Schuhe schieben kann? Letztlich bleibt es doch ein Gespräch mit uns selber. Wir können nicht das Leben anklagen, daß es uns den Sinn schuldig bleibt, denn es kann doch immer nur den Sinn gewinnen, den *wir* ihm geben. Primär sind wir für unsere Lebensgestaltung verantwortlich, für dieses Leben, von dem Freud so schön und pessimistisch gesagt hat, daß es nicht viel sei, aber dennoch alles, was wir besitzen. Es ist schrecklich, wenn man gegen Ende seines Daseins entdecken muß, daß man – wie die Leute sagen – sein Leben nicht gelebt hat (Karl Kraus: „Man lebt nicht einmal einmal"). Was soll man dann damit tun, wie soll man das Versäumte nachholen? Wir können uns daher nicht früh genug mit der Sinnerfüllung unseres Lebens, mit dem einmaligen Entwurf, den jedes Leben darstellt, auseinandersetzen. Ich habe somit einleitend die Verantwortlichkeit jedes einzelnen betont. Damit sind wir bei einem Begriff, der besonders dem Christentum kostbar ist, und damit muß ich mich nun besonders auseinandersetzen, denn ich kann meine Zugehörigkeit zu dieser Religion auch in diesem Vortrage nicht verleugnen. Das Christentum ist ja an und für sich sehr selbstsicher, nämlich davon überzeugt, daß es zur Sinnfindung des Lebens einen entscheidenden Beitrag leistet. Ich könnte dem weitgehend zustimmen, sofern es sich um echtes Christentum handelt. Meine Behauptung geht aber dahin, daß das, was wir aus dem Christentum gemacht haben, nämlich ein „unchristliches Christentum", die Erfüllung des Menschseins nicht nur nicht fördert, sondern vielfach sogar behindert. Einen ersten Hinweis darauf will ich im Zusammenhang mit dem bereits erwähnten Begriff der Verantwortlichkeit geben – ich bekenne mich zu ihm, aber ins Unendliche ausgedehnt, übertrieben und verabsolutiert, wird er unmenschlich und damit unchristlich.

Jedes Leben und jede Lebensgestaltung wird durch die Startbedingungen wesentlich beeinflußt: Hier von Verhältnissen der Gleichheit zu sprechen, wäre heuchlerisch und „unverantwortlich". Sicherlich ist es großartig, daß die christlichen Kirchen mit allem Nachdruck für die Erhaltung des menschlichen Lebens (denn es handelt sich um solches vom Moment der Befruchtung der Eizelle an) im Mutterleib eintreten, ich halte das für eine ungeheuer positive und „lebensnotwendige" Haltung (ohne deswegen für die staatliche Bestrafung derjenigen einzutreten, die sich dagegen vergehen). Es ist aber seltsam, wie einseitig die Kirche – entschuldigen Sie jetzt diese Formulierung – in den Uterus verliebt ist, das Kind solange mit „Zähnen und

Klauen" verteidigt, solange es sich im Mutterleib befindet. Sobald es aber das Licht der Welt erblickt hat (wie sagt Eugen Roth so „schön": „Ein Mensch erblickt das Licht der Welt, und später oft nach Tag und Jahr, hat es sich dann herausgestellt, daß das der einzige Lichtblick war."), erlischt das kirchliche Interesse in einer merkwürdigen Weise. Wir dürfen nicht das Kind, sobald es zur Welt gekommen ist, fallen lassen wie eine heiße Kartoffel, wer A gesagt hat, der muß sich jetzt auch zu den folgenden Buchstaben bekennen. Wir haben eine Verpflichtung, wenn wir für die Erhaltung des Lebens kämpfen, weiter für das Wohlergehen dieses neuen Erdenbürgers zu sorgen (denn der Satz: Wo ein Häslein, dort ein Gräslein! stellt ja eine niederträchtige Verharmlosung oft katastrophaler Notsituationen dar). Es werden viele Menschen bis zum heutigen Tage – und in unserer Zeit mehr denn je – in Lebensbedingungen hineingeboren, unter denen sie nicht (oder kaum) wachsen und werden können. Der immer wieder zu hörende Satz: „Jeder steht dort, wo er es verdient", ist falsch und unmenschlich zugleich. Er stammt aus der Welt der Glücklichen, die (oft zu Unrecht) davon überzeugt sind, daß sie ihre prominenten Positionen zu Recht erreicht haben, und die sich selbst (statt reuig an die eigene Brust) anerkennend auf die Schulter klopfen und nicht spurweise bereit erscheinen, sich in die „Welt der Unglücklichen" (Wittgenstein) einzufühlen. Millionen Kinder verhungern Jahr für Jahr in der ganzen Welt, wie kann man unter solchen Umständen von der Realisierung des Lebensrechtes sprechen? Ich war vor kurzem anläßlich des Weltkongresses für Selbstmordverhütung in Caracas; dort fährt man fast stundenlang an den Slums vorbei, in denen eine menschengerechte Entwicklung schlicht und einfach unmöglich ist. Wer aber glaubt, daß unser Europa, unser

Land, über dieses Problem erhaben sei, der ist gebeten, seine Phantasie ein wenig mehr anzustrengen. Ich möchte in diesem Zusammenhang nur als eines von vielen möglichen Beispielen unseren Peter Handke zitieren (es ist ja die Aufgabe der Dichter, uns die Augen zu öffnen für die Höllen, in denen wir leben). Im „Wunschlosen Unglück" beschreibt er den Weg seiner Mutter in den Selbstmord und ihre „Startbedingungen" im besonderen wie folgt:

„In einen kleinen Ort hineingeboren, mit Menschen, die nach Jahren besitzloser Knechtschaft zu Kleinbauern und Handwerkern geworden waren, mittellos, bedürfnislos, sprachlos, noch dazu in diese Umstände als Frau hineingeboren zu werden, das ist von vornherein schon tödlich. Man kann es aber auch beruhigend nennen: jedenfalls keine Zukunftsangst. Die Wahrsagerinnen auf den Kirchtagen lasen nur den Burschen ernsthaft die Zukunft aus den Händen; bei den Frauen war die Zukunft ohnehin nichts als ein Witz. Keine Möglichkeit, alles schon vorausgesehen: Kleine Schäkereien, ein Kichern, eine kurze Fassungslosigkeit, dann zum ersten Mal die fremde gefaßte Miene, mit der man schon wieder abzuhausen begann, die ersten Kinder, ein bißchen noch dabeisein bei dem Hantieren in der Küche, von Anfang an überhört werden, selber immer mehr weghören, Selbstgespräche, dann schlecht auf den Beinen, Krampfadern, nur noch ein Murmeln im Schlaf, und mit dem Tod ist die Vorsehung schließlich erfüllt."

Ungezählte Beispiele dafür ließen sich leider noch anführen. Wem aber die bisherigen Andeutungen nicht genügen, wie sollte der zu überzeugen sein? Jedenfalls, ein solcher Vortrag hat ja nur Sinn, wenn wir Kritik an uns selber üben, wenn wir zugeben: da ist noch unbeschreibliche Arbeit zu leisten, sind noch himmelschreiende soziale

Ungerechtigkeiten zu beseitigen, um Menschen unterstützend beizustehen, damit sie eine Chance erhalten, Zeit, in der sie sich entwickeln können: Entwicklung ist ja das große Geheimnis des menschlichen Daseins.

Ich komme jetzt zu einem nächsten Punkt: Es gibt Menschen, die durchaus unter den besten Bedingungen, finanziell gesehen, aufwachsen und die dennoch in ihrer frühen Kindheit, in den ersten entscheidenden sechs Lebensjahren zerstört werden, zerstört werden durch die Eltern. Es ist notwendig, daran zu erinnern – und das ist auch schon wieder die nächste Tragik –, daß sich niemand seine Eltern aussuchen kann, sie werden ihm vom Schicksal zugewiesen. Damit ist keineswegs nur die Erbmasse gemeint (die wichtig ist, aber in ihrer Bedeutung nicht deterministisch überschätzt werden sollte), sondern die Art der Erziehung, die dem Kind zuteil wird. Mit Recht sagt Heimito von Doderer, daß die Kindheit jener Eimer sei, der uns in den ersten Lebensjahren übergestülpt werde und dann ein ganzes Leben lang an uns herunterrinne. Und mit dem gleichen Recht sagt Frederick Mayer, daß ,,konventionelle Erziehung fast eine Einladung zur Depression sei". Es ist eine Gnade, wenn man Eltern bekommt, die bereit sind, jenen Boden der Güte, der Wärme, des Verständnisses, der Menschlichkeit, der Partnerschaft für das Kind zu bereiten, in dem diese zarte Pflanze gedeihen, in dem sich Liebe zu den Eltern und dann zur Welt entwickeln kann, denn das Kind kommt ja mit der Liebespotenz und der Liebessehnsucht zur Welt. Als Psychotherapeut, aber auch als Beobachter der Welt muß ich Sie aber einmal mehr – das kann nicht oft genug geschehen – darüber informieren, wie ungezählte Male sich die Eltern an diesem neuen Menschen versündigen, weil sie ihn nicht als eigenständige, selbständige neue Existenz anerkennen. Ich besitze die

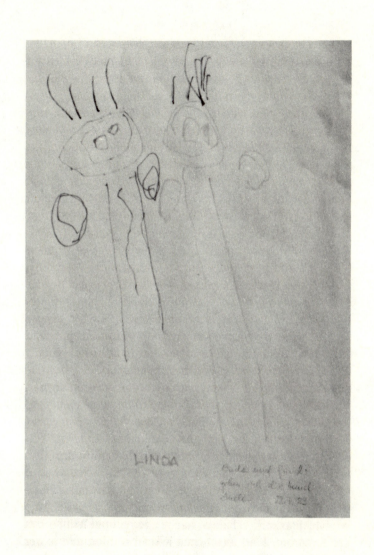

Zeichnung eines kleinen Mädchens, *die ihre* Beziehung zu mir dargestellt hat, wo das Kind, also *sie* selbst, und ich auf derselben Höhe beginnen, nur *ihre* Füße hören unten früher auf: *Sie* ist zwar die Kleinere, aber im Niveau ist *sie* mit mir gleich. Ich wünschte mir, daß sich diese Zeichnung jedem Leser tief einprägte, dann würde er vielleicht stets daran gemahnt werden, das Kind als einen Menschen zu bewerten, der ein Recht auf Eigenexistenz hat. Wir haben dem Kind nicht unseren Stempel aufzudrücken, es soll keine Miniausgabe der Erwachsenen werden, ,,abwaschbar und pflegeleicht". Das Kind wird nicht erst ein Mensch, sagte Janus Korczak, es *ist* schon einer, und man kann mit Hornstein nicht oft genug wiederholen, daß die Kindheit nicht eine ,,Vorbereitungszeit" ist, die man möglichst rasch durchlaufen soll, sondern daß sie einen Eigenwert besitzt. Die Wünsche der Eltern engen die Welt der Kinder immer mehr ein und behindern damit die kindliche Entwicklung immer mehr, deren Zauberwort *Entfaltung* heißen müßte (Rilke: ,,*Und dann meine Seele sei weit, sei weit, daß dir das Leben gelinge*") und nicht Einengung.

Wenn wir lernen, demütig das Knie vor dem neuen Menschen zu beugen, dann werden wir auch klein und hören auf, Macht auszuüben, Zwang, Beherrschung und Unterdrückung, die wir jetzt vornehmen unter ,,Mißbrauch des Autoritätsbegriffes". Mit Erschütterung liest man sogar in unseren Gesetzen von der ,,elterlichen Gewalt": echte Autorität aber ist nicht *Gewalt*ausübung und Machtanspruch, sondern Vorbild und Beispiel. Wo wir Machtanspruch haben, handelt es sich um Mißbrauch der Autorität. Und ungezählte Kinder werden nun in der tragischesten Weise in den ersten Lebensjahren, weil sie nicht respektiert werden, hineingetrieben in das, was wir die Ambivalenz nennen, in den Zwiespalt der Gefühle:

bewußte Bejahung, aber unbewußte Ablehnung der Eltern; es handelt sich um den Urkonflikt des neurotischen Kindes, und wer ihn entwickelt, dem droht Schlimmes: erstens verliert er die Einheit seines Gefühlslebens, unseren kostbarsten Besitz; zweitens aber: seine künftigen Beziehungen drohen zu mißlingen. Denn die Eltern sind eben unser prägendes Beispiel, und wenn wir den Eltern gegenüber Ambivalenz entwickeln, dann werden wir später gegenüber allen wichtigen Personen unseres Lebens auch ambivalent sein: daß dann diese Beziehungen vom Scheitern bedroht sind, versteht sich von selbst. Für die positive Gestaltung des Lebens ist aber die Fähigkeit zu guten mitmenschlichen Beziehungen ein ganz entscheidender Faktor: Der Mensch ist eben kein Einzelwesen, sondern auf Gemeinschaft ausgerichtet (Max Adlers Sozialapriori). Bevor dies alles aber geschieht, mißlingt dem Kind eine andere ganz entscheidende Beziehung, nämlich die zu sich selbst. Viele werden sagen: „Das macht ja nichts, ist sogar wünschenswert!" Denn schon in unserer Sprache haben ja viele Worte, die mit Selbst beginnen, einen schlechten Klang: Selbstgefällig, selbstisch, selbstherrlich, Selbstbefriedigung, Selbstmord, „selbst" der Ausdruck „Selbstverwirklichung", der diesem Vortrag den Titel gegeben hat (ich komme noch darauf zurück). Man solle nur ja keine an sich glaubende, hochnäsige, arrogante, eingebildete, egozentrische Menschen erziehen, heißt es da, und die Selbstlosigkeit wird als hohes Ziel angepriesen, obwohl das, wenn man es wörtlich nimmt, bedeutet, daß man sein Selbst los, also eigentlich gar nicht mehr am Leben ist.

Dem gegenüber kann nicht entschieden genug betont werden, daß eine positive Beziehung zum eigenen Ich eine unabdingbare Voraussetzung für ein gelungenes Leben darstellt. Gerade denjenigen, die sich bei dieser falschen Erziehung auf das Christentum berufen, kann nicht eindringlich genug der Satz in Erinnerung gerufen werden: Du sollst Deinen Nächsten lieben wie Dich selbst. Hier wird nicht nur „Selbstliebe" als erlaubt attestiert, sondern hier wird sie geradezu zur Grundlage und zum Maßstab der mitmenschlichen Liebe erklärt. Mit Recht läßt Franz Werfel eine Person im „Lied der Bernadette" auf ein mißglücktes Leben mit den Worten zurückblicken: „Ich habe niemanden geliebt, nicht einmal mich selber."

Wie gewinnt man nun diese positive Beziehung zu sich selbst? Der Dichter Rückert hat das im Deutschen ein für alle Male wunderbar geklärt mit den Worten: „Daß du mich liebst, macht mich mir wert." Das heißt, die Liebe, die wir von den Eltern bekommen, die verwandeln wir in die Liebe zu uns selbst. Die Eltern lieben uns, also müssen wir etwas wert sein, also bekommen wir zu uns eine positive Beziehung; die Eltern lieben uns nicht, also sind wir nichts wert, dann fühlen wir uns schlecht, dann glauben wir nicht an uns selber, dann *werden* wir schlecht, feindselig und aggressiv und liefern damit jenen, die uns zu Anfang nicht liebten, eine Bestätigung für ihre Ablehnung: „Und einen solchen sollen wir liebhaben?" In erschütternder Weise hat Laing im folgenden „Knoten" diesen Tatbestand festgehalten:

Meine Mutter liebt mich.
Ich fühle mich gut.
Ich fühle mich gut, weil sie mich liebt.

Ich bin gut, weil ich mich gut fühle.
Ich fühle mich gut, weil ich gut bin.
Meine Mutter liebt mich, weil ich gut bin.

Meine Mutter liebt mich nicht.
Ich fühle mich schlecht.
Ich fühle mich schlecht, weil sie mich nicht liebt.

Ich bin schlecht, weil ich mich schlecht fühle.
Ich fühle mich schlecht, weil ich schlecht bin.
Ich bin schlecht, weil sie mich nicht liebt.
Sie liebt mich nicht, weil ich schlecht bin.

Für die mißglückte Beziehung zum eigenen Ich, die heute so unbeschreibbar häufig anzutreffen ist, und alle daraus resultierenden Fehlverhaltensweisen hat Alfred Adler den bereits zum allgemeinen Wissensgut gehörenden Ausdruck, Minderwertigkeitskomplex, geprägt. In jeder menschlichen Begegnung findet ein Geben und Nehmen statt (denen gegenüber, die behaupten nur zu geben, sei man mißtrauisch: Jeder Mensch braucht auch etwas für sich, wer es bestreitet, lügt bewußt oder verdrängt seine Bedürfnisse). Je gestörter aber das Selbstwertgefühl eines Menschen, desto mehr wird er den anderen dazu benötigen, um durch ihn (oft auch auf seine Kosten!) im eigenen Selbstwertgefühl bestätigt zu werden. Aus einer Partnerbeziehung von Subjekt zu Subjekt wird somit dann eine Degradierung des anderen zum Objekt, es liegt also ein eindeutiger Mißbrauch vor! Nicht zufällig hat Adler entdeckt, daß Minderwertigkeitsgefühl sehr häufig mit Macht- und Geltungsstreben und mit Intoleranz (der Selbstsichere ist großzügig, kann auch eigene Fehler eingestehen) gekoppelt ist. Das Machtstreben kann sich auch raffiniert tarnen, z.B. indem man einen „Helferberuf" ergreift. Viele von diesen brauchen bewußt oder unbewußt Hilfsbedürftige, um sich selber „grandios" zu fühlen und über andere zu verfügen. Peter Turrini beschreibt dies so:

Ich möchte meine Feinde so lange lieben,
bis sie unter meiner Liebe zusammenbrechen.
Ich möchte meiner Freundin so lange verzeihen,
bis sie an ihrer Schlechtigkeit verzweifelt.

*Ich möchte meinen Freunden so lange helfen,
bis sie ihre Unfähigkeit einsehen.
Ich möchte mit allen Mitteln ein guter Mensch sein.*

Überflüssig zu betonen, daß solche Menschen höchstens sich selber „helfen" können, ansonsten aber die „hilflosen Helfer" bleiben, als die sie Schmidbauer bezeichnet hat. Mit anderen Worten: je ich-unsicherer ein Mensch ist, desto egozentrischer und egoistischer wird er sich verhalten, er wird immer mehr zu nehmen bestrebt sein als er zu geben bereit ist. Den christlichen Verherrlichern der „Selbstlosigkeit" ins Stammbuch: Eine Bejahung der eigenen Person ist nicht nur kein Hindernis für eine gelungene Ich-Du-Beziehung, sondern vielmehr ihre Voraussetzung.

Und an dieser Stelle möchte ich zurückkommen zum Begriff: „Selbstverwirklichung". Vielen ist schon das Wort ein Dorn im Auge, fast wie eine Versündigung. Vor kurzem hat etwa Viktor Frankl gesagt: „Wenn ich schon diese modisch gewordenen Worte wie Selbstverwirklichung höre, wird mir direkt schlecht. Was soll denn an mir oder in mir, was ja ohnehin wirklich ist, noch verwirklicht werden?" Auf der anderen Seite hat der jetzige Papst vor einiger Zeit in einem Rundschreiben über den Sinn der Arbeit wörtlich gesagt: „Der ganze Arbeitsprozeß ist auf die Selbstverwirklichung des Menschen als Person auszurichten." In den Kampf eines konservativen Menschen mit einem sehr Konservativen möchte ich mich nicht einmischen, nur zwei Dinge möchte ich sagen:

Erstens: In jedem steckt eine Chance, eine einmalige Möglichkeit, die von niemandem andern stellvertretend für ihn zu erreichen ist: das ist der Ruf, der an uns ergeht. Ich (in Übereinstimmung mit vielen anderen) nenne ihn

Selbstverwirklichung, habe aber nichts dagegen, wenn ein anderer Name dafür geprägt wird, wenn nur das etwa Gleiche darunter verstanden wird. Es geht ja nicht um Begriffe, sondern immer um Inhalte.

Und zweitens: Selbstverwirklichung ist ohne die Wandlung des Ich zum Wir nicht denkbar, der Mensch erfüllt sich und seinen Sinn erst in der Gemeinschaft. Frage: Wie finden wir vom Ich zum Wir? Viele werden antworten: vor allem durch das Gewissen. Seine enorme Bedeutung möchte ich nicht bestreiten und doch – mit dem bloßen ,,Du sollst" allein wird es nicht getan sein! Der Mensch braucht auch hier die bewegenden Beispiele, die Mobilisierung seines Gefühls für andere. Die entscheidende Bedeutung der Eltern und der Familie für diesen Prozeß habe ich schon erwähnt, er muß aber immer weitere Kreise ziehen, und da möchte ich jetzt zu einem mir sehr kostbaren Begriff kommen, ohne den Selbstverwirklichung meiner Meinung kaum möglich ist, zur Solidarität. Sie bedeutet, daß man sich füreinander verantwortlich fühlt, und sie muß erlernt und geübt werden. Wo geschieht das heute in ausreichendem Maße? Wir haben nicht eine Leistungsgesellschaft, gegen die gar nichts einzuwenden wäre, denn Leistung ist wichtig, sie ist auch ein Weg zur Selbstverwirklichung, wir haben vielmehr eine Erfolgsgesellschaft. Aber wer den Erfolg vergötzt, der initiiert einen Kampf: jeder gegen jeden; so wird aus einem Miteinander ,,bestenfalls" ein Nebeneinander, oft sogar ein Gegeneinander. Schon in der Schule wird dieses ,,Spiel" geübt, das Wort ,,Klassengemeinschaft" ist vielfach nichts anderes als eine leere Hülse, ein Potemkinsches Dorf. Und dann: Der entscheidende Baustein der Solidarität ist wohl das Gefühl und nicht der Verstand. Aber unsere Erziehung vermittelt doch einseitig Wissen und Bildung, während die Menschenbildung, die

Entwicklung der Persönlichkeit, überhaupt nicht Berücksichtigung findet – das bleibt gültig bis hinauf zur Universität. Akademiker sein, das bedeutet heute nur allzuoft einseitige Intellektualität bei gleichzeitiger Verkümmerung des Gefühlslebens. Wir haben es in der nationalsozialistischen Zeit gesehen, daß die größte Intelligenz die Menschen nicht davor bewahrt hat, die größten Untaten zu begehen. Ich zitiere in diesem Zusammenhang mit großer Bewegung den Epilog des Buches „Takt und Taktik im Klassenzimmer" von Haim Ginott: „Am ersten Tag des neuen Schuljahres erhielten alle Lehrer einer Privatschule von ihrem Schulleiter folgenden Brief: Liebe Lehrer! Ich habe ein Konzentrationslager überlebt. Meine Augen haben Dinge gesehen, die kein menschliches Auge je erblicken sollte: Gaskammern, erbaut von gebildeten Ingenieuren; Kinder, vergiftet von wissenschaftlich ausgebildeten Ärzten; Säuglinge, getötet von erfahrenen Kinderschwestern; Frauen und Kinder, erschossen und verbrannt von ehemaligen Oberschülern und Akademikern. Deswegen traue ich der Bildung nicht mehr. Mein Anliegen ist: Helfen Sie Ihren Schülern, menschlich zu werden. Ihr Unterricht und Ihr Einsatz sollte keine gelehrten Ungeheuer hervorbringen, keine befähigten Psychopathen, keine gebildeten Eichmanns. Lesen, Schreiben und Arithmetik sind nur wichtig, wenn sie dazu beitragen, unsere Kinder menschlich zu machen."

Um Solidarität zu erlernen, muß man sie zuerst erfahren haben. Leben ist immer mit einer Fülle von Krisen, die man durchzustehen hat, verbunden. Nicht zuletzt die Hilfe anderer Menschen ist es, die verhindert, daß aus situativer Not situative Einengung und Ausweglosigkeit wird. Wer je eine solche Unterstützung erfahren durfte, hat für sein Leben zwei Dinge gelernt: Er wird bereit sein, auch anderen zu helfen, und er wird sich später nicht schämen, selbst Hilfe in Anspruch zu nehmen.

Das Kriterium einer echten Solidarität werden immer die Schwachen sein: Eine Gesellschaft ist so gut, wie sehr sie den Benachteiligten nicht im Stich läßt, die berühmte Frage, ,,Wer ist denn mein Nächster?", ist in diesem Sinne zu beantworten.

Im folgenden möchte ich nun versuchen, selbstverständlich ohne Anspruch auf Vollständigkeit, einige der wichtigsten Gruppen kurz zu umreißen, die als Schwache und Benachteiligte in unserer Gesellschaft zu bezeichnen sind und die dementsprechend zum Maßstab unserer Nächstenliebe werden. Die Kinder habe ich bereits erwähnt. Es kann aber kein Zweifel darüber bestehen, daß in einer Zeit, die den Slogan geboren hat ,,Traue keinem über 40", auch der ,,Wert" des alten Menschen immer mehr sinkt. Wie verhängnisvoll sich die Abwertung des Alten in unserer Gesellschaftsstruktur auswirkt, zeigt das Beispiel von Japan: Bis 1945 waren die Alten dort in einer ungeheuer geachteten Position, damals war Selbstmord in dieser Altersgruppe (daher) praktisch unbekannt. Nach dem verlorenen Krieg haben die Alten ihre Position nicht nur verloren, sondern dieselbe wurde ins Gegenteil verkehrt; es kam zu einem ungeheuren Anstieg des Altersselbstmordes, der bis zum heutigen Tag anhält. Dabei neigt ja der alte Mensch von sich aus schon dazu, nicht an sich zu glauben. Sehr oft hat er das Gefühl, nicht mehr benötigt zu werden, daß sozusagen auch ohne ihn die Welt weitergehen, seine Abwesenheit niemand bemerken wird. Es ist außerdem eine schmerzvolle Tatsache, daß der Mensch im Älterwerden der Vereinsamung entgegengeht; immer mehr Menschen aus seiner Umgebung sterben, infolge der nachlassenden Elastizität wird es für ihn immer schwieriger, neue Beziehungen anzuknüpfen. Hier spielt auch oft das lieblose Verhalten der Umgebung eine die Situation des alten Menschen enorm verschärfende Rolle. Man hat immer weniger Zeit für die Alten, will ungern an ihre Existenz erinnert werden, schiebt sie ab, wann immer es geht; in Zagreb ist vor einiger Zeit ein alter Mann durch die Straßen gewandert und hat durch Tragen eines riesigen Plakates die Aufmerksamkeit auf sich gezogen: ,,Besucht Japan, besucht Australien, besucht den Strand von Mexiko, aber besucht auch mich", war da in großen Buchstaben zu lesen.

Auch werden die Möglichkeiten des alten Menschen, wo es geht, eingeengt. Viele setzen völlig unstatthafterweise Alter und Demenz gleich, obwohl eine leichte Vergeßlichkeit, die sehr viele ältere Menschen zeigen, nicht das geringste mit einer ,,Verblödung" zu tun hat. Ganz im Gegenteil entwickeln gar nicht so wenige Menschen in diesem Zeitabschnitt ein Verhalten, das man als die ,,Weisheit des Alters" bezeichnen könnte, eine gewisse Souveränität, ein abwägendes, überlegtes Urteilen von der Höhe ihrer langen Erfahrung (natürlich gibt es auch Altersstarrsinn). Jedenfalls hatte Hamsun nicht recht, als er sagte: Das Alter macht alt, und sonst gar nichts. Die Gesellschaft ist es, die aus dem Alter ,,gar nichts" macht, die dem Alten die Zukunft nimmt, ihn an der Gegenwart verzweifeln läßt, so daß ihm nur die Vergangenheit bleibt – und das ist zu wenig, um lange am Leben zu bleiben. Was die Abschiebung der Alten betrifft, so muß daran erinnert werden, daß viele in Altersheimen oft unter Bedingungen ihr Dasein fristen, die kaum ein lebenswertes Leben ermöglichen. Alt werden, chronisch krank sein, Schmerzen haben und arm sein – das ist sicherlich eine enorm belastende Kombination. Wir dürfen uns dann nicht wundern, daß ein immer größerer Prozentsatz der Selbstmorde in unserem Lande von Menschen (besonders Männern) gestellt wird, die über 65 Jahre alt sind und ohne Angehörige in der Großstadt leben, wenn dann der gesamte Organismus der Betroffenen zusammenbricht, so daß sie oft an unbedeutenden Erkrankungen zugrunde gehen, ein Vorgang, den ich zusammen mit meinem Lehrer Hans Hoff als psychosomatische Dekompensation bezeichnet habe. Die ganze Erbitterung, die sich in alten Menschen heute zusammenballt, hat der Lyriker Georg von der Vring knapp vor seinem Selbstmord in das folgende Gedicht hineingefügt:

Das Schweigen

Die letzten tauben Jahre,
die nimmt ihm niemand ab,
sie sind die sonderbare
Verneblung vor dem Grab.
Wenn je die Wand sich lichtet,
sein Zauberland erscheint,
so ist's von ihm erdichtet
und nicht für ihn gemeint.
Man sagt, er sei jetzt weise;
doch wer so spricht, der irrt.
Es schweigt in jedem Greise,
was ihm begegnen wird.
Wo alle ringsum sprechen,
sinnt er dem Einen nach.
Gott wird sie unterbrechen
wie er ihn unterbrach.

Hier liegt es nahe, nun auf die kranken Menschen zu sprechen zu kommen, die vielfach in Österreich das Dasein von Parias führen. Schon die Schule unterläßt es, Ehrfurcht vor Kranken und Behinderten zu lehren, so daß immer mehr der Eindruck entstehen kann, die Krankheit sei persönliches Versagen oder persönliche Schuld. Hier preisen sich vielfach diejenigen glücklich, die eine Krankheit haben, welche man vor den Augen der Umwelt verbergen kann. In einer besonders schlimmen Situation befinden sich die psychisch Kranken. Einerseits bin ich der Überzeugung, daß viele psychotische Zustandsbilder nicht zuletzt dadurch zustande kommen, daß für einen Menschen die herrschenden Lebensbedingungen unerträglich werden, andererseits degradiert unsere Gesellschaft gerade in Österreich den psychisch Kranken, gleichgültig ob es sich um eine Psychose oder um eine Neurose handelt. Jedes Wort, welches mit der Silbe ,,Psycho" beginnt, erscheint dem Österreicher suspekt. Noch immer schleichen Neurotiker heimlich zu ihrem Psychotherapeuten, um die Tatsache ihrer Behandlungsbedürftigkeit möglichst zu verbergen. Noch immer gibt es hier keinen Zusatztitel, der ärztliche Psychotherapeuten kennzeichnet, noch immer ist Psychotherapie auch ein soziales Problem, weil sie von den Krankenkassen – etwa im Gegensatz zur Bundesrepublik Deutschland – noch nicht selbstverständlicherweise honoriert wird. Eine Ärztin, die bei der Wiener Rettungsgesellschaft tätig ist, hat mir erzählt, alle dort Angestellten hätten jetzt eine neue ausdrückliche Mahnung bekommen, sie sollten auch zu Selbstmordversuchen und Alkoholikern freundlich sein! So löblich eine solche Maßnahme sein mag, ist es nicht eine Ungeheuerlichkeit, daß sie notwendig erscheint?

Zu den Benachteiligten müssen bedauerlicherweise auch die Frauen gerechnet werden, das sei hier ausdrücklich betont, die Gleichberechtigung steht ja nur auf dem Papier. Noch immer bekommen Frauen für die gleiche Arbeit viel weniger Geld als die Männer, sind sie ungleich seltener in leitenden Positionen zu finden. Immer noch werden

Frauen in unserer Gesellschaft, um sich durchzusetzen, gezwungen, männliche Züge anzunehmen, ein Vorgang, der von Alfred Adler zu Recht als „männlicher Protest" bezeichnet wurde, und der uns Männern ein denkbar schlechtes Zeugnis ausstellt. Die Frau findet bei dem Kampf um Gleichberechtigung auch bei der Kirche, die sie nach wie vor auf die „biologische Funktion" zurückdrängen möchte, nicht nur keine Unterstützung, sondern sie wird auch in der Kirche selbst anhaltend schwer benachteiligt, zu entscheidenden Aufgaben nicht zugelassen, auch wenn dies bestimmte Damen, weil sie mit im Grunde unbedeutenden Funktionen abgespeist wurden, nicht zugeben wollen. Ich fürchte, es ist Schasching voll zuzustimmen, wenn er prophezeit, daß die Kirche in diesem Jahrhundert die Frauen ebenso verlieren wird, wie sie im vorigen die Arbeiter verloren hat.

Last, but not least, müssen die Arbeitslosen erwähnt werden, deren Zahl in der ganzen Welt beunruhigend im Zunehmen begriffen ist. Arbeit zu haben bedeutet für die Mehrzahl der Menschen ja nicht bloß Geldverdienen, sondern die Tätigkeit leistet einen entscheidenden Beitrag zur Erlangung von Ansehen und Selbstwertgefühl. Es gehört zu den größten Gnaden der Persönlichkeitsentwicklung, den Beruf zu finden, für den man am besten geeignet ist und dessen Ausübung einen wesentlichen Beitrag zur Sinnfindung des eigenen Lebens leistet: Hierin liegt ein entscheidendes Stück Selbstverwirklichung, umso schwerer zu realisieren, als man ja oft zum Zeitpunkt der Berufswahl noch keineswegs jene Reife und Identitätsfindung besitzt, um die persönlichen Wünsche und Möglichkeiten klar beurteilen zu können. Mit Recht steht jedenfalls der Arbeitsverlust in der Herbergerschen Kummerskala nach der Nachricht, unheilbar krank zu sein, und dem Verlust eines nahestehenden Menschen an der dritten Stelle. Der Arbeitslose wird gleichsam in eine provisorische Existenz hineingestoßen, er lebt von der Hand in den Mund, verliert Vertrauen, Hoffnung, Zuversicht, die Zeiteinteilung geht ihm verloren, seine Pläne verkümmern und er fällt sehr oft in depressive Resignation, was auch aus der Tatsache hervorgeht, daß Arbeitslose einen sehr hohen Prozentsatz der Klientel von Kriseninterventionszentren und psychotherapeutischen Ambulanzen ausmachen.

Ich habe versucht, einige Gruppen von Menschen herauszuarbeiten, die besonders unserer Hilfe bedürfen und also gewissermaßen die nächststehenden Menschen sein müßten. Jeden Tag können neue Gruppen von Bedrohten entstehen, und es gilt der Satz von Wildgans „Du hast die Pflicht, Dein geistiges Auge zu schärfen und das zu erahnen, Dir auch das vorzustellen, was Dir nicht unmittelbar vor Augen geführt wird." Und Saint Exupéry sagte einmal: „Wenn nur die Nähe des Unglücks, sein zufälliges Erleben Erschrecken auslöst und ein wenig die eigene Sicherheit nimmt, in der man sich wiegt, dann dient die daraus entstehende Hilfsbereitschaft nur der eigenen Beruhigung." Mit anderen Worten: Es gilt wachsam zu sein, um die Vorstellungskraft für die Not anderer zu intensivieren.

In diesem Sinne möchte ich Ihre ganze Aufmerksamkeit auf die „versagenden" Menschen lenken. Es gibt sie in den verschiedensten Formen: sie steigen aus, lassen in ihren Leistungen nach, verarmen, werden asozial – kriminell, reihen einen Mißerfolg an den anderen: „Hier wohnt das Unglück, hier wohne ich" oder „Wo ich nicht bin, dort ist das Glück." Diese „Versager" sind in Österreich sehr erwünscht, denn mit jedem von ihnen scheidet ein potentieller Konkurrent aus – dennoch ist der Ausdruck „Versager" ein Schimpfwort, obwohl doch schon die Sprache feinsinnig sagt, dieses Phänomen kommt offenbar dadurch zustande, daß man diesen Menschen etwas „versagt", verweigert hat. Viele dieser Menschen gehen dem Abgrund entgegen, oft genug in der Form des Selbstmordes! Ein Selbstmörder hat einmal vor hundert Jahren statt eines Abschiedsbriefes ein Gedicht zurückgelassen:

> *Immer enger wird mein Denken,*
> *immer blinder wird mein Blick,*
> *mehr und mehr erfüllt sich täglich*
> *mein entsetzliches Geschick.*
> *Kraftlos schlepp' ich mich durch's Leben,*
> *jeder Lebenslust beraubt,*
> *habe keinen, der die Größe*
> *meines Elends kennt und glaubt.*
> *Doch mein Tod wird euch beweisen,*
> *daß ich jahre-, jahrelang*
> *an des Grabes Rand gewandelt,*
> *bis es jählings mich verschlang.*

In diesen erschütternden Worten ist alles enthalten, das jahrelange Sich-Dahinschleppen, die völlige Einsamkeit (habe keinen . . .), das Hoffen auf ein Wunder. Diese Menschen möchten ja leben, nur möchten sie nicht so leben, wie sie leben müssen. Sie warten auf die Zuwendung der anderen, die nicht erfolgt. Wir sollten daher als Antwort auf diesen tragischen „Abschiedsbrief" das folgende Gedicht Roseggers zu unserer Maxime machen:

> *Auf dem Wege zum Licht*
> *Lasset keinen zurück!*
> *Führet jeden mit Euch,*
> *Der vergessen vom Glück,*
> *Dem die Ampel erlosch,*
> *Dem die Glut nie gebrannt.*

Der Mensch, der den
Leitenden Stern nie gekannt!
Ein Taumel in Nacht und Vergessenheit,
Ihr begnadeten Pilger der Ewigkeit!
Führet alle mit Euch
In Liebe und Pflicht!
Lasset keinen zurück
Auf dem Wege zum Licht!

Eine Gesellschaft ist somit so viel wert, wie sie bereit erscheint, für die sozial Schwächsten ein Netz auszuspannen, in dem jeder aufgefangen werden kann und keiner verlorengeht. Nun sicher, wenn man ein solches Netz entwickelt, dann muß man damit rechnen, daß es Menschen gibt, die es mißbrauchen. Wir haben beides in den letzten 13 Jahren erlebt: Es wurde ein großartiges soziales Netz gewebt, und es wurde von sehr vielen Menschen mißbraucht. Es geht aber meiner tiefsten Überzeugung nach nicht an, deswegen die Abschaffung des Netzes zu fordern! Was wir tun müssen, ist, alles zu versuchen, daß Mißbrauch möglichst erschwert und reduziert wird. Das ist Aufgabe des verbesserten zwischenmenschlichen Kontaktes und einer intensiven Beschäftigung mit jedem einzelnen Fall. Generell restriktive Maßnahmen würden letztlich wieder in die Unmenschlichkeit zurückführen. Ich war ganz einverstanden, als Kamitz vor langer Zeit das Subsidiaritätsprinzip unterstrichen hat und bin auch heute noch der Meinung, daß jeder Mensch zur Gemeinschaft seinen Beitrag zu leisten hat. Aber das darf uns nicht hindern, für die Menschen, die wirklich in Not und Gefahr sind, jederzeit bereit zu sein und alles zu leisten, daß sie nicht vor unseren Augen zugrunde gehen.

Ich muß im Zusammenhang mit dem Weg vom Ich zum Wir noch auf zwei verhängnisvolle Irrtümer zu sprechen kommen, die gerade jetzt weit verbreitet sind; Erstens: *Freiheit und Gemeinschaft schließen sich aus.* Es ist ganz erschütternd zu sehen, wie man sich da verpflichtet fühlt, die Freiheit des einzelnen gegen die Gemeinschaft auszuspielen, wie da die Angst grassiert, in der Gemeinschaft unterzugehen, seine eigene Identität, seine Persönlichkeit, oder was auch immer, zu verlieren, es wird da sogar der Begriff „1984" im Orwellschen Sinne beschworen! Eine *echte* Gemeinschaft besteht aber aus vielen Ich, die zu einem Wir werden, *ohne* daß das einzelne Ich seine Selbständigkeit und seine Freiheit aufgibt. Jeder beschränkt sich zwar den anderen zuliebe, aber er wahrt dabei zugleich auch seine eigenen Rechte. Ich würde also sagen, Freiheit und Gemeinschaft schließen einander nicht nur nicht aus, sondern ganz im Gegenteil, sie bedingen einander. Mag sein, daß die negativen Erfahrungen, die Menschen durch den *Mißbrauch* des Gemeinschaftsgefühles gemacht haben, bei diesen Vorurteilen eine Rolle spielen. In der nationalsozialistischen Zeit hieß es z. B.: „Gemeinnutz geht vor Eigennutz." Dieser Slogan war aber eine Lüge. Ungezählte Menschen sollten vielmehr auf ihre vitalen Interessen verzichten, zum Wohle und Nutzen einiger weniger, nämlich der Regierenden, denen das „Wohl" der Regierten völlig gleichgültig war. Le Bon und Freud haben die Gesetze der Massenpsychologie beschrieben: Echte Gemeinschaft wird dort in Pseudogemeinschaft, in Masse und Kollektiv verwandelt, wo der einzelne seine Rechte verliert und dieselben an die Führenden delegiert, denen er blind gehorcht. „Führer befiehl, wir folgen dir", war ein schrecklicher Ausdruck der damals eingetretenen Vermassung. Es ist aber eben in einer Demokratie so, daß ich meine eigenen Rechte *nicht* aufgebe, wenn ich in eine Gemeinschaft, in eine Partei usw. gehe.

Da behalte ich mir ganz im Gegenteil die Ausübung meiner eigenen Rechte vor und ich behalte mir ganz besonders auch vor, selber zu denken, auch meine Meinung zu ändern, denn die Demokratie macht ja aus Betroffenen Beteiligte, wie es diese schöne Definition ausdrückt. Auch Demokratie ist natürlich ein Lernprozeß und sie unterliegt damit einer Entwicklung, d. h., es geht darum, in ihr noch Restsymptome des Kollektivs zu entdecken und Schritt für Schritt zu eliminieren. Wenn ich z.B. in den Nationalrat gewählt werde, wo es einen Klubzwang gibt und ich daher so abstimmen muß, wie es die Partei bestimmt, auch gegen meine Überzeugung, dann begebe ich mich eigentlich meiner inneren Freiheit, und dann ist das schon der Übergang von einer Gemeinschaft zum Kollektiv. Ich bin überzeugt, eines Tages wird dies anders sein, und wir alle sollten mitarbeiten, diesen und andere Fortschritte zu erreichen – damit helfen wir der Gemeinschaft und dienen gleichzeitig auch unserer Selbstverwirklichung – wer wollte das bestreiten?

Und da habe ich den Übergang zum zweiten Slogan: *Persönlichkeitsentwicklung ist mit Individualismus gleichzusetzen.* Auch das ist wieder völlig falsch. Der Individualist kümmert sich nur um sich selbst und er *hemmt* damit seine Selbstverwirklichung, denn diese erfolgt im Wechselspiel zwischen einzelnem und Gemeinschaft. Die Griechen haben den Menschen als Zoon politikon bezeichnet und den, der sich um Politik nicht kümmert, als Idiotes – daraus ist nicht zufällig unser ,,Idiot" geworden. Wir können uns nicht von den Dingen zurückziehen und so tun, als gingen sie uns nichts an – sie kümmern sich um uns und holen uns ein. Ich habe schon an anderer Stelle betont, wie unmöglich es ist, sich auf eine ,,Fachkompetenz" zu beschränken (die Sprache hat in diesem Zusammenhang einmal zu Recht den Ausdruck „Beschränkter" geprägt) und zu erklären, man sei für alles andere „nicht zuständig". Die Gesellschaft ist in Bewegung, das sogenannte Realitätsprinzip ändert sich ständig, und es ist unser aller Aufgabe, an der Gestaltung des „Realitätsprinzips der Zukunft" (Friedrich Hacker) mitzuarbeiten. Viele Sätze von Jesus Christus beginnen mit den Worten: „Es ist zu den Alten gesagt worden – ich aber sage Euch." Wir müssen diesbezüglich – natürlich innerhalb unserer bescheidenen menschlichen Dimension – die Nachfolge Christi antreten! In diesem Sinne möchte ich ein Wort Marie Ebner-Eschenbachs leicht abwandeln und so formulieren: Die Gesellschaft, die gut genug war für unsere Eltern, ist *nicht* gut genug für unsere Kinder! In einer Laudatio für Jakob Wassermann bezeichnete Thomas Mann denselben zuerst als einen konservativen Dichter und nannte ihn wenig später einen Moralisten. Da stutzte er und sagte: „Konservativ und moralisch – das ist unvereinbar. Denn dem Moralisten geht es doch darum, immer Besseres zu entwickeln, und das Bessere ist der Feind des bisherigen Guten oder vielleicht Schlechten!" Weit entfernt davon, alles Bestehende für schlecht zu halten – das Alte ist nicht schon deswegen falsch, weil es alt ist – scheint mir damit die Richtung gewiesen sein zur evolutionären Verbesserung der Gesellschaft: Wer sich daran nicht beteiligt, schadet sich selbst.

Darf ich nochmals zurückkommen zum früher zitierten Rosegger-Gedicht, nämlich zu dem Vers: „Der Mensch, der den leitenden Stern nie gekannt." – Er sagt über die Voraussetzungen der Selbstverwirklichung sehr viel aus. Zuerst einmal ist es also nötig, daß wir uns selber kennen: Der Mensch, der sich selber nicht durchschaut, wird dazu verdammt sein, die Fehler der Vergangenheit auch in der

Zukunft zu wiederholen, er kann nicht durch Schaden klug werden, sein Leben wird zu einer Aneinanderreihung des immer Gleichen. Wer sich selbst erkennt, wird aber nicht nur seine Vergangenheit begreifen, er wird auch entdecken, welches seine Lebensziele sind, welchen Leitlinien (Adler), welchem „leitenden Stern" (Rosegger) er folgt. Ich schätze Spontaneität sehr, und es wäre schlimm, wenn wir sie durch ständige Überlegungen zerstören würden – aber auf der anderen Seite ist im Sinne der Gegensatzphilosophie Selbstreflexion ebenso nötig.

Hier taucht natürlich ganz besonders die Frage auf: Welches ist meine Weltanschauung? – Denn außer Zweifel wird sie meine Lebensgestaltung ganz wesentlich beeinflussen. Freilich, muß der Tiefenpsychologe gleich einschränkend hinzufügen, wird sie umgekehrt auch ganz wesentlich von meiner psychologischen Entwicklung beeinflußt. Wenn ich seit der Kindheit ermutigt wurde, wenn ich lustvoll den Lebensraum durchdringen und erweitern durfte, dann wird meine Philosophie, meine Weltanschauung, eine ganz andere sein, als wenn das Gegenteil der Fall war. Daraus ist wohl der Schluß zu ziehen, daß auch die eigene Weltanschauung nicht als endgültig gegebene und unveränderbare Größe angesehen, sondern daß sie immer wieder zur Diskussion gestellt werden sollte: Das darf nicht mit Untreue, Wankelmütigkeit und Opportunismus verwechselt werden!

Man möge es mir verzeihen, wenn ich nun als Christ in diesem Zusammenhang der Frage einige Bemerkungen widme, inwieweit der christliche Glaube der Selbstverwirklichung dient. Von vornherein sei klargestellt, daß damit kein wie immer gearteter Monopolanspruch erhoben wird. Natürlich ist Selbstverwirklichung auch im Rahmen anderer Glaubensbekenntnisse und auch ohne jede Religion möglich, das sei ausdrücklich und demütig betont. Aber vielleicht ist es im überwiegend christlichen Europa doch interessant zu prüfen, inwieweit diese Religion Selbstverwirklichung fördert oder hemmt. Meiner Überzeugung nach fällt die diesbezügliche Entscheidung in der Art, wie die Religion die natürliche Entwicklung unterstützt oder verhindert. Gratia supponit naturam, heißt es zu Recht, die Gnade baut auf der Natur auf, und ich möchte hinzufügen, nicht auf der *„geopferten"*, wie man irrig behauptet hat, sondern auf der *entfalteten* Natur. Das Christentum wird also im selben Ausmaß einen Beitrag zur Selbstverwirklichung leisten, indem es diese Entfaltung ermöglicht und fördert. Wie soll sich denn die Natur entfalten, wenn wir so eine feindselige Beziehung zur Natur haben? Wenn wir nicht an das Leben und die Freude und – ich bringe jetzt absichtlich ein Wort, das in christlichen Kreisen verpönt ist –, wenn wir nicht an die Lust des Lebens glauben? Johannes XXIII. hat einmal zu Pilgern gesagt: „Geht heim, betet, daß ich noch lange lebe, denn ich möchte Euch sagen, daß ich sehr gerne lebe und das Leben wunderbar schön finde!" „Die Christen schauen nicht sehr erlöst aus", hat schon Nietzsche beobachtet, „in ihren Gesichtern ist wenig Freude zu bemerken." Wir müßten uns zum Leben bekennen. Ja, ein Leben *nach* dem Tode, sicher, wir glauben daran. Aber, daß es ein Leben *vor* dem Tode gibt, das steht auf jeden Fall fest; daß es auch wirklich ein lebenswertes Leben ist, dazu müssen wir einen Beitrag leisten und nicht die Menschen auf das Jenseits vertrösten. Wenn ein Mensch sich unglücklich entwickelt hat und wenn vielleicht gerade die Religion durch den Aufbau künstlicher Hemmungen und Verkrampfungen, durch mangelndes Verständnis für seine Nöte verschiedenster Art dazu einen wesentlichen Beitrag geleistet hat, dann hat es wahrlich keinen Sinn, ihm zu sagen: „Du mußt nur ganz fest glauben, dann wird alles wieder gut!" Dies wird dann als gewaltsam aufgedrängter Geßlerhut aufgefaßt. So gewinnt man keinen Menschen, die Dinge entwickeln sich nicht von oben nach unten, sondern der organische Aufbau eines Menschen, auch der seiner Weltanschauung, seiner Religion erfolgt von unten nach oben. Kann man einem Menschen, der in Verzweiflung nicht ein und aus weiß, einfach sagen: „Du mußt ein gläubiger Christ werden, dann wirst du allem gewachsen sein"? Nein, das kann man nicht. Aus der jahrzehntelangen Erfahrung in der Selbstmordverhütung weiß ich, daß man sich ihm gegenüber zuerst als Christ *erweisen* muß, nämlich als Mitmensch, der sich für den anderen verantwortlich fühlt, ihn nicht im Stich läßt und versucht, ihm hilfreich beizustehen. Mit Recht sagt Herbert Pietschmann: „Diese zentrale Glaubensaussage, daß Gotteserkenntnis nur durch Liebe zum Nächsten möglich ist, daß aber Liebe zum Nächsten schon Gotteserkenntnis ist und darüber hinaus keine abstrakte Bestätigung möglich oder auch nur notwendig wäre, wird im ersten Brief des Johannes noch einmal so deutlich ausgeführt. Im Grunde genommen hat die Naturwissenschaft dafür den historischen Beweis geliefert, indem sie gerade gezeigt hat, daß durch ihre Tätigkeit – in der Liebe notwendigerweise als nicht meßbare Wirklichkeit ausgeklammert bleiben muß – Gott nicht erreicht werden kann. Wenn aber Liebe schon Gotteserkenntnis ist (nicht nur ein Weg oder eine Möglichkeit dazu!), dann sind liebende Menschen gewissermaßen Werkzeuge zur Selbstverwirklichung Gottes in der Welt." Es ist mir eine große Bestätigung, daß er auch in diesem Zusammenhang das Wort „Selbstverwirklichung" verwendet.

Eine letzte Bemerkung möchte ich der Beziehung zwischen Selbstverwirklichung, Sinnerfüllung und Leid widmen. Leben heißt unweigerlich auch dem Leid begegnen: da ist Krankheit, da ist Sterben, da ist Tod. Ich möchte nicht zögern, aus dem eigenen Leben heraus zu sagen, Krankheit, Leiden, kann die Persönlichkeitsentwicklung auch fördern. Ich habe dies in meiner Antrittsvorlesung als Ordinarius für Medizinische Psychologie so formuliert: „Ich habe erst zu gehen begonnen, als ich nicht mehr gut gehen konnte." Denn da bin ich geistig viel beweglicher und einsichtiger geworden, habe auch gelernt, die Not und das Leid der anderen viel besser zu verstehen als bisher. Ich bin aber auch für meine Patienten viel glaubwürdiger geworden, weil sie gesehen haben, daß ich nicht wie der Blinde von der Farbe rede, sondern selber zu kämpfen habe und mich bemühe, diesen Kampf zu gewinnen. Ich fühle mich also imstande, in diesem Sinne das Leid zu bejahen. Aber – und jetzt kommt mein schreckliches Aber, das ich in Sie hineinwerfen möchte wie einen Ball: das hat nichts zu tun mit jener schrecklichen christlichen Leidensverliebtheit, diesem pathologischen neurotischen Masochismus: „Gott, je mehr Leid Du mir schickst, desto mehr liebst Du mich" – hier handelt es sich um pervertierte Religiosität. Ich habe es einmal so formuliert: Wenn auch Not Beten lehrt, müssen wir uns hüten, dafür zu beten, daß Not über die Menschen komme. Dürfen wir denn unsere Hoffnung auf Leid setzen, damit der Mensch vielleicht durch Leid zu Gott finde? Das ist wahrlich nicht der Weg, den uns Gott gezeigt hat. Im Jahre 1728 hat ein Herr namens Öttinger folgende Sätze geprägt: „Gott, gib mir den Mut, das Leid, das in der Welt verhinderbar ist, zu beseitigen. Gib mir die Kraft, das Leid, das unvermeidbar ist, zu ertragen. Und gib mir die Weisheit, zwischen diesen beiden Dingen zu unterscheiden." Mit anderen Worten: Es gibt ein unvermeidbares Leid, dem wir uns stellen müssen, so gut wir können, und es gibt ein menschenerzeugtes, sozusagen ein nicht importiertes, sondern ein im Lande selbst erzeugtes Leid. Wo immer wir dem letzteren begegnen, müssen wir antreten und versuchen, bessere, menschenwürdigere Bedingungen herzustellen.

Ich befürchte, diejenigen, die ein Rezept erwartet haben, wie sie ihre Selbstverwirklichung „schaffen" sollen, die werden jetzt enttäuscht sein. Aber: ich weiß kein Rezept, nicht für mich und schon gar nicht für andere. „Das alles ist geheim." Man kann nur leben, man kann nur das, was man lebt und erlebt, anderen weitergeben. Man kann nur demütig sein vor jedem einzelnen Menschen und muß ihm sagen: „Du mußt dir deinen Weg, der leidvoll genug ist, du mußt dir diesen Weg selber finden, das kann dir keiner abnehmen, aber wir wollen alles tun, um dir beizustehen, daß du ein Ziel erreichst."

Lassen Sie mich in diesem Sinne schließen mit einem Gedicht von Johannes Urzidil: Nicht zufällig trägt es den Titel „Verbundenheit", denn gerade Verbundenheit ist es, die ich Ihnen allen vermitteln wollte.

Einer bedarf des Sturms und des Blitzschlags,
Einer bedarf der Stille und des geebneten Tags,
Einer bedarf der Tiefe des senkrecht sinkenden Lots,
Einer bedarf der Fläche und des leichthin schwebenden Boots,
Einer bedarf des klargeschnittenen Gedankenkristalls,
Einer bedarf der Erhebung und einer bedarf des Falls,
Einer bedarf des nebligen Traums und des Wechselgebilds,
Einer bedarf des Schwertes und einer bedarf des Schilds,
Einer bedarf der zärtlichen Lippen, der Brust und der Hand,
Einer bedarf des einsamen Starrens auf einsame Wand,
Einer bedarf des Lachens, unbändig und prächtig gelacht,

Einer bedarf der Träne, vergeblich gestreut in die Nacht,
Alle bedürfen aller, Alles bedarf des Alls,
Tropfen bedürfen der Meere und Meere des Tropfenfalls,
Deiner bedarf der Mangel und deiner bedarf das Brot,
Deiner bedarf das Leben und deiner bedarf der Tod.

3.

Der selbstmordgefährdete Mensch und seine Umwelt, dargestellt mit Liedern Georg Kreislers

Was die Wissenschaft sich langsam erarbeiten muß, das offenbart sich dem wirklich schöpferischen Künstler aus seinen unbewußten Quellen spontan. Freud schrieb an Arthur Schnitzler: „Ich habe mich oft verwundert gefragt, woher Sie diese oder jene geheime Kenntnis nehmen konnten, die ich mir durch mühselige Erforschung des Objekts erworben, und endlich kam ich dazu, den Dichter zu beneiden, den ich sonst bewundert. So habe ich den Eindruck gewonnen, daß Sie durch Intuition – eigentlich aber infolge feiner Selbstwahrnehmung – all das wissen, was ich in mühsamer Arbeit an anderen Menschen aufgedeckt habe." Zu Recht hat der deutsche Psychiater Bumke einmal gesagt: „Ein echter Dichter bereichert die Psychologie und Psychopathologie mehr als 100 Laboratorien und 1000 Gelehrte." Die Parallelität, ja Übereinstimmung zwischen den Erkenntnissen der Wissenschaft und der Kunst soll am heutigen Thema dargestellt werden durch eine Konfrontation der wichtigsten modernen Thesen der Suizidologie (in den Vereinigten Staaten ist die Erforschung der Selbstmordproblematik bereits ein eigenes Fachgebiet) mit bestimmten Liedern unseres Georg Kreisler, der seit langem nicht nur als einer der bedeutendsten Chansonniers der Gegenwart, sondern auch als Philosoph, Psychologe und Soziologe gefeiert worden ist, also für den geplanten Brückenschlag die „besten Voraussetzungen" mitbringt; dafür, daß Kreisler seine Lieder bei einigen Veranstaltungen des Verfassers selbst zum Vortrag brachte, für diese unerhört lebendige Illustration, die leider hier nicht dargeboten werden kann, sei ihm an dieser Stelle tiefster Dank ausgesprochen.

Selbstmordgefahr ist erkennbar!

Zu Unrecht wird allgemein angenommen, daß man den selbstmordgefährdeten Menschen nicht erkennen könne. In Wirklichkeit gibt es mehrere Alarmsymptome, die auf die bestehende Gefahr aufmerksam machen, sie werden später noch Erwähnung finden. Jetzt aber sei auf die wichtigste diesbezügliche (immer noch viel zuwenig bekannte) Tatsache hingewiesen, daß sich der Suizidant in einer typischen seelischen Verfassung befindet, die man sehr wohl erkennen kann. Schon im Jahr 1949 habe ich in einer Untersuchung von 745 Selbstmordversuchen einige psychische Verhaltensweisen mit einem solchen Grad an Übereinstimmung unmittelbar vor der Selbstmordhandlung vorgefunden, daß ich mich berechtigt fühlte, von einem „präsuizidalen Syndrom" zu sprechen. Dieses Syndrom, in den seither vergangenen Jahren noch in weiteren Einzelheiten erforscht, darf heute als jene psychische Befindlichkeit bezeichnet werden, auf deren Grundlage es zum Selbstmord kommt. Es besteht aus drei Bausteinen:

1. der Einengung,
2. der gehemmten und gegen die eigene Person gewendeten Aggression,
3. den Selbstmordphantasien.

Die Einengung spielt sich auf vier Gebieten ab:

1. Die *situative Einengung:* Das heißt also, daß ein Mensch von einer Situation überwältigt wird, die er als übermächtig, unbeeinflußbar erlebt, der gegenüber er sich hilflos-ohnmächtig empfindet; in diesem Zustand völliger Umzingelung („Ihm ist, als ob es tausend Stäbe gäbe und hinter tausend Stäben keine Welt" – Rilkes „Panther") weiß man nicht ein noch aus, und der einzige „Ausweg", der offen zu bleiben scheint, ist der Selbstmord. Eine solche situative Einengung kann entweder entstehen als Folge eines von außen verhängten Schicksalsschlages (situative Not) oder als Resultat des eigenen Verhaltens (bestimmte Lebensgestaltungen, besser gesagt Verunstaltungen, münden in die situative Ausweglosigkeit) und schließlich auch als bloße Einbildung, die mit der Realität nicht übereinstimmt (z. B. die krankhafte Vorstellung, an Krebs zu leiden – von uns als Carcinophobie bezeichnet. Es ist interessant, daß mehr Menschen infolge dieser Einbildung als tatsächlich Krebskranke Hand an sich legen, obwohl ja für den Laien gerade die Krebserkrankung das „einfühlbarste" Selbstmordmotiv darstellt).

2. Die *dynamische Einengung:* Sie bedeutet, daß die Affekte und Emotionen in eine einzige Richtung gerichtet werden, während die ausgleichenden Gegenregulationsmaßnahmen versagen; auf diese Weise dominieren dann Depression, Hoffnungslosigkeit, Verzweiflung, Angst, Tendenz zur Panik, aber auch (oberflächliche) „unheim-

liche Ruhe". Im Höhepunkt der dynamischen Einengung entsteht durch diese Einseitigkeit eine emotionelle, nicht rationelle Triebkraft, die mit einer ungeheuren Gewalt in die Richtung der Selbstvernichtung drängt und praktisch den Selbstmord als unfreie Handlung erzwingt (das Wort Freitod ist daher für die überwiegende Mehrzahl aller Selbstmorde *nicht* zutreffend!).

3. Die *Einengung der zwischenmenschlichen Beziehungen:* Hier gibt es die Reduktion solcher Beziehungen bis zur völligen Isolierung, aber auch das, was ich in Anlehnung an Hesse („Seltsam im Nebel zu wandern, Leben heißt einsam sein, kein Mensch kennt den anderen, jeder ist allein") als „Vernebelung" bezeichnet habe, nämlich daß man nach außen zwar in geordneten zwischenmenschlichen Beziehungen lebt, diese aber ihrem inneren Stellenwert nach durch Entfremdung nichts mehr wert sind.

4. Die *Einengung der Wertwelt:* Der selbstmordgefährdete Mensch kennzeichnet sich durch eine veränderte Einstellung zu den Werten (= mangelhafte Wertbezogenheit). Immer mehr Lebensgebiete werden ihm uninteressant, gleichgültig (oft wird dies als „Langeweile" beschrieben), nichts bedeutet ihm etwas wirklich Wichtiges. Von diesem Vorgang ist oft auch die Wertverwirklichung betroffen, die durch ein gehemmt-passives Verhalten behindert wird. Daraus resultiert mit tragischer Konsequenz die Empfindung, daß die eigene Existenz wertlos sei. Ein reduziertes Selbstwertgefühl, der Eindruck, nicht benötigt zu werden, entbehrlich zu sein, spielt beim Selbstmord eine wesentliche Rolle. Gar nicht so selten sehen wir im präsuizidalen Status auch eine wertmäßige Isolierung, das heißt, man stimmt hinsichtlich seiner Werte und Wertungen mit der Allgemeinheit nicht mehr überein, steht abseits, ist wertmäßig ein Außenseiter.

Gehemmte und gegen die eigene Person gerichtete Aggression: Hier hat die Tiefenpsychologie durch Freud und Adler ihren ersten entscheidenden Beitrag zur Psychopathologie des Suizids geleistet: Jeder Selbstmord ist ein enorm aggressiver Akt; die Aufstauung ungewöhnlich starker Aggressionspotentiale stellt ein entscheidendes Vorstadium dar, das dann bei Unfähigkeit, die Aggression nach außen abzureagieren (= „ohnmächtige Wut"), von der Umkehr der Aggression gegen die eigene Person gefolgt wird. Dabei kommt es oft zum Versuch, Teile des Körpers der Selbstaggression als Ersatzobjekte anzubieten (psychosomatische Erkrankungen, Unfälle, Alkoholismus, Sucht). Wenn diese „Auffangmechanismen" versagen, wird aus der Selbstzerstörung die Selbstvernichtung.

Selbstmordphantasien: Oft werden sie anfänglich als ein „Entlastungsventil" aktiv intendiert, verwandeln sich aber dann in Selbstmordgedanken, die sich zwanghaft, gegen den Willen aufdrängen („die Geister, die ich rief, die werd' ich nun nicht los"). Inhaltlich verlaufen diese Phantasien in drei Stadien: nämlich, tot zu sein, Selbstmord zu begehen und schließlich dann die Vorstellung, es in einer ganz bestimmten Weise zu tun (Das letzte Stadium ist ein besonderes Alarmzeichen!).

Das präsuizidale Syndrom ist heute allgemein international bekannt und anerkannt, es ist der bisher verläßlichste Gradmesser bestehender Selbstmordgefahr, ein Alarmsignal, das bei entsprechender Kenntnis, die nicht nur dem Fachmann möglich ist, nicht übersehen werden dürfte. Hält die These vom präsuizidalen Syndrom, so hält auch eine andere, nicht minder bedeutende, die schon in meinem ersten Buch über den Selbstmord aufgestellt wurde: daß der Selbstmörder psychisch krank ist. Außer Zweifel gibt das präsuizidale Syndrom, wovon man sich mühelos überzeugen kann, einen psychopathologischen Tatbestand wieder. Stimmt also die Feststellung, daß die überwiegende Mehrzahl der Selbstmordhandlungen in einer solchen präsuizidalen Verfassung begangen wird, so muß auch die Folgerung stimmen: Der Selbstmord ist in der überwiegenden Mehrzahl aller Fälle Symptom einer psychischen Erkrankung. Hier gibt es natürlich viele Möglichkeiten, weil das präsuizidale Syndrom selbstverständlich nicht mit einer bestimmten Erkrankung identisch ist. Es stellt vielmehr gleichsam – wie es ja auch sein muß, soll es Gültigkeit haben – den gemeinsamen Nenner verschiedener psychischer Erkrankungen oder Störungen dar, auf deren Boden Selbstmord entstehen kann. Dabei kommen Psychosen wie Schizophrenie und Verfolgungswahn in Frage, aber und sogar zum größeren Teil auch seelische Störungen, vor allem Depressionen und Neurosen. Die Deutung meiner Kranheitsthese in die Richtung, daß in allen Fällen Selbstmörder *geisteskrank* sind, wäre daher falsch.

Prinzipiell besteht dabei die Möglichkeit, daß sich das Syndrom langsam oder rasch konstituiert; dies ist nicht zuletzt von der Diagnose abhängig (langsames Auftreten vor allem bei Melancholie, Neurose, Altersdepression, rasches bei neurotischen Reaktionen, Kurzschlußhandlungen, Schwachsinn, asozialen Psychopathen).

Lassen wir nun zum ersten Male Georg Kreisler zu Wort kommen: Er hat ein Stück geschrieben („Der tote Playboy"), in dem ein junger Mann schließlich Selbstmord begeht. Knapp vor seinem Tod wird er in einer musikalischen Szene befragt, ob er einen großen, wichtigen Tag hinter sich hat. Seine Antwort zeigt, daß Kreisler, der damals vom „präsuizidalen Syndrom" nichts wußte, es doch schon gekannt hat.

Nein, mein Tag war klein,
ich gestehe es ein,
wie groß muß ein Tag denn schließlich sein.
Ein kleiner Tag, dann ging auch er vorbei.
Ich schlief im Sonnenschein
bis in mein Grab hinein,
seelenrein,
hörte viel Geflüster und Geschrei.
Ein kleiner Tag, dann ging auch er vorbei.
Die Stunden flohen, doch jeder Schritt war schwer,
die Menschen fanden sich
und sie entschwanden sich,
fanden sich
jeder nur im eigenen Ringsumher.
Ein kleiner Tag und dann verging auch er.
Ferne, wo die Wolken ziehen,
suchte ich Beträchtliches,
doch ich fand im Weiterfliehen
Elendes und Nächtliches.
Keiner sah den Blick
und keiner sah die Traurigkeit,
weit war das zurück,
und so verging die Zeit.
Ein kleiner Tag, wie ich ihn gern verzeih'.
Die Lüfte lenkten sich,
die Sterne senkten sich,
mengten sich
unter unserer Lebensdeutelei.
Ein kleiner Tag, dann ging auch der vorbei.

Nur einige kurze Hinweise: Der kleine Tag – schon dies das Symbol der Einengung. Die nur mit sich selbst beschäftigten Menschen, die den anderen nicht zur Kenntnis nehmen – die innere Isolierung. Der „gerne verziehene" kleine Tag – der Verzicht auf die Aggressionsentladung nach außen, der der Aggressionsumkehr den Weg bahnt, und schließlich „schlief im Sonnenschein bis in mein Grab hinein" – der verhängnisvolle Anteil der Phantasie auf dem Wege des Selbstmörders in den Tod.

Zum Vergleich: Im vorigen Jahrhundert hinterließ ein Suizidant anstelle eines Abschiedsbriefes ein Gedicht, unmittelbar vor seinem Selbstmord verfaßt und von Pellmann erstmals veröffentlicht; es stellt ebenfalls – anachronistisch – in klassischer Form das präsuizidale Syndrom dar.

Immer enger wird mein Denken,
immer blinder wird mein Blick,
mehr und mehr erfüllt sich täglich mein entsetzliches Geschick.
(Einengung)
Kraftlos schlepp' ich mich durchs Leben
jeder Lebenslust beraubt,
habe keinen, der die Größe
meines Elends kennt und glaubt. (Isolierung)
Doch mein Tod wird Euch beweisen,
daß ich jahre-, jahrelang
an des Grabes Rand gewandelt,
bis es jählings mich verschlang. (Aggressionsproblematik, Selbstmordphantasien).

Mein Thema macht es nun nötig, näher darauf einzugehen, daß für das Zustandekommen des Syndroms sowohl Innenfaktoren (= das Verhalten der betroffenen Persönlichkeit) als auch Außenfaktoren (Menschen, Ereignisse, Umstände) eine bedeutsame Rolle spielen können. Zu den letzteren zählt natürlich auch die Gesellschaftsstruktur.

Betrachtet man die bisherige Geschichte der Selbstmordforschung, so kann man zwei Richtungen differenzieren, nämlich eine individuell-psychopathologisch orientierte, als deren Vater man Freud bezeichnen darf, und eine soziopathologische, die auf Durkheim zurückgeht. Es ist nicht mehr akzeptierbar, daß die Berücksichtigung der an und für sich durchaus berechtigten Erkenntnisse der einen Schule zu einer Ignorierung, ja Ablehnung der anderen führt, wie es allzulange geschah: Aus einem Gegeneinander muß hier.– endlich – ein Miteinander werden, will man der Realität, den vielfältigen Beziehungen zwischen dem einzelnen und der Gemeinschaft auch nur annähernd gerecht werden.

Beginnen wir unter diesem Aspekt mit der situativen Einengung: Sie darf nicht nur als ein augenblickliches Geschehen verstanden werden (manchmal ist sie es), in der Mehrzahl aller Fälle handelt es sich bei ihrer Entstehung um einen chronischen Prozeß, der bereits in der Kindheit beginnt (vor allem bei der Neurose, aber keineswegs nur bei ihr). Untersuchungen aus der ganzen Welt stimmen dahingehend überein, daß die ersten Lebensjahre auch hinsichtlich Lebensbejahung oder -verneinung eine erste entscheidende Weichenstellung bringen. (Sogar noch beim Suizid des alten Menschen bleiben negative Kindheitserlebnisse ein zum Selbstmord disponierender Faktor.)

Die Zunahme der Selbstmordtendenz weist somit auf ein Überhandnehmen gestörter Kindheitsentwicklungen in unserer Zeit hin. In diesem Zusammenhang verdienen vor allem die Untersuchungen von Henseler in Ulm besondere Erwähnung; sie zeigen das mangelnde Selbstwertgefühl und Selbstvertrauen des Kindes (es entwickelt sich dabei gleichsam eine erhöhte psychische Verwundbarkeit auf verschiedenen Gebieten, ein Wegbereiter des späteren präsuizidalen Syndroms, der hin zur situativen Einengung „leitet").

Eine gesunde psychische Entwicklung des Kindes ist

natürlich zuerst immer ein individuelles Problem *und* die persönliche Verantwortung der Eltern. Die Familienstruktur ist aber – das darf nicht übersehen werden – nicht nur abhängig von der einzelnen persönlichen Gestaltung, sondern zweifellos auch von den Faktoren, die in einer Gesellschaft herrschen. Hier muß vor jeder Einseitigkeit gewarnt werden, ,,das delikate Gleichgewicht" zwischen dem einzelnen und der Gemeinschaft muß gewahrt bleiben, soll das Bild nicht verfälscht werden. Die einen versuchen, eine persönliche Verantwortung dadurch abzuleugnen bzw. sich vor ihr zu verstecken, daß sie sich einfach auf die Gesellschaftsstruktur ausreden und behaupten, an allem sei nur diese schuld. Bezeichnend für diese Leute ist es dann auch, daß sie zwar ihre Verachtung für die heutige Gesellschaft – oft sehr kraß – ausdrücken, andererseits aber nicht imstande sind, konkrete Vorstellungen für ihre Verbesserung zu erbringen: gewöhnlich bieten sie nur Unzufriedenheit, aber nichts Konstruktives. Auf der anderen Seite aber dürfen wir deswegen jene Punkte, die uns in der Gemeinschaft bedenklich erscheinen, nicht totschweigen. Das scheint die wesentliche Ergänzung zu sein, die Adler zum Werk Freuds bringen konnte, daß der Patient nicht nur als Einzelwesen, sondern als Angehöriger der Gemeinschaft gesehen wird und damit die in einer Gruppe herrschenden Regeln nicht automatisch als richtige Norm, an die man sich unter allen Umständen anzupassen hat, um ,,Glück" zu erleben, akzeptiert erscheinen. In diesem Sinne muß darauf hingewiesen werden: die Familie ist gegenwärtig kein Zentralwert mehr, sie ist entwertet, ihr wird nicht mehr genügend Zeit gewidmet, man kann also, um ein Wort von Richter zu zitieren, wirklich vom ,,Patienten Familie" sprechen. Diesem ,,Patienten" müssen dementsprechende intensive therapeutische (Familientherapie), aber auch sozialpolitische Maßnahmen gelten. Wir dürfen ihn nicht voreilig aufgeben und neue Formen des zwischenmenschlichen Zusammenlebens, wie etwa die Kommune, provozieren, zumal sich diese, soweit bisher zu sehen, keineswegs als Garantie gegen eine Neurotisierung des Kindes erweist.

Auch an der dynamischen Einengung im präsuizidalen Status ist heute vielfach die Umwelt wesentlich beteiligt. Es fängt schon damit an, daß die Erziehung auf dem Gebiete der Affektverarbeitung und der Affektmeisterung mangelhaft ist (einseitig intellektuelle Ausbildung), ferner gibt es kaum eine Erziehung zur Gemeinschaft (Gruppenarbeit). Wir leben, um einen Begriff Jean-Paul Sartres zu verwenden, nicht in Gruppen, sondern in Serien, wo also die Menschen ohne Verpflichtung auf gemeinsame Ziele und ohne Verantwortung füreinander nebeneinander existieren.

Nun zur Einengung der zwischenmenschlichen Beziehungen: Nur durch die gestörten zwischenmenschlichen Beziehungen kann die immer wieder wissenschaftlich bewiesene Tatsache erklärt werden, daß zwar 80 bis 90 Prozent aller Selbstmörder vorher den Suizid ankündigen, diese Ankündigungen aber überhört bzw. als nicht „ernstzunehmende" Drohungen mißdeutet werden. Der Hilfeschrei („Cry for help" – Farberow und Shneiderman) wird nicht gehört. Niemand weiß das besser als Kreisler:

Ich sitz' schon lang im Cabaret und singe Lieder,
wie eine mutige, doch alternde Soubrett'
und diese Lieder hören die Leute immer wieder,
und der Flieder
blüht im nächsten Mai genauso violett.
Ich singe lächelnd, denn ich denke an die Pause,
die Leute lächeln, denn sie wollen mich gerne verstehen,

dann ist die Vorstellung vorüber, und ich sause,
und zu Hause
fällt mir ein, es ist schon wieder nichts geschehen.
Denn, sehen Sie, so ist das Leben:
man setzt sich,
doch man setzt sich stets daneben.
Irgendwer drüben treibt etwas, meldet sich,
aber zu leise für mich.

Ich sing' vom Frühling und von Liebeslust im Grünen,
auch von Politikern und manchem krummen Ding,
die Leute lachen, und sie klatschen wie Maschinen,
aber ihnen
ist es vollkommen egal, warum ich sing'.
Ich hör' die Leute unten denken, seh' sie schwanken,
und ihre Tränen fallen meinen vis-à-vis,
ich würd' ja allzugern mit dem und jenen zanken,
doch sie danken
und verschwinden mit der eignen Melodie.
Denn, sehen Sie, so ist das Leben,
erst geht man auf den Leim, dann bleibt man kleben,
wenn einer laut um Hilfe schreit, außer sich,
ist er zu leise für mich.

So sitz' ich nach wie vor hier fest und singe Lieder
und bleibe wirkungslos vom eigenen Klang berauscht.
Die schönen Damen plustern eifrig ihr Gefieder
auf und nieder,
doch man hört mich nicht, auch wenn man höflich lauscht.
Ich singe Lieder in die blauwattierte Ferne,
ich hänge Klagen an die pausenlose Zeit,
so hebt ein jeder seine winzige Laterne,
und ich lerne,
nur das Lied bleibt und die Hoffnungslosigkeit.
Denn, sehen Sie, so ist das Leben,
und dieser Schaden läßt sich schwer beheben.
Andere singen ebenso, sicherlich,

aber zu leise für mich.
Andere singen ebenso, sicherlich,
aber zu leise für mich.

Jetzt ist ein Wort über die Einstellung zum Selbstmordversuch anzufügen; stimmt es, daß er mit „Erpressung" und „Harmlosigkeit" gleichzusetzen ist, wie viele glauben – denn, so sagen sie „gefühlvoll", wenn er „ernst" gemeint gewesen wäre, hätte er auch gelingen müssen? Die Wissenschaft zeigt im Gegenteil, daß jeder Selbstmordversuch (wie auch immer durchgeführt) Teil eines suizidalen Verhaltens ist, eindringlich darauf hinweisend, daß der Betreffende zu einem solchen Verhalten neigt, also weiter gefährdet bleibt. Freilich hat er gewöhnlich eine „Appellfunktion" (Stengel), aber erst jüngst haben Katschnik und Steiner in einer sozialpsychiatrischen Studie gezeigt, daß ein solcher Appell dort sinnlos wird, wo er kein Echo oder bestenfalls ein rasch sich verflüchtigendes Pseudointeresse findet: dann erfolgt der Übergang vom Selbstmordversuch zum Selbstmord (mehr als ein Drittel aller Selbstmörder weist in der Vorgeschichte einen oder mehrere Selbstmordversuche auf), denn dann sind die Mitmenschen in jenen „Status der Abwesenheit" getreten, der nach Paul Valéry Voraussetzung für jeden Selbstmord ist.

Was bleibt den „Hinterbliebenen" schließlich anderes übrig, als sich in die Vorstellung zu retten, der „teure Tote" habe es „jetzt gut", habe „ausgelitten", habe „alles überstanden". Farberow und Simon haben in einer vergleichenden Studie festgestellt, daß die typische Attitüde nach einem Selbstmord in Los Angeles lautet: „Schade um diesen Menschen, er hätte für sich und für uns noch viel leisten können" – in Wien hingegen: „Der hat es gut, hat alles hinter sich." Das Wiener Resultat hätten die beiden Forscher auch von Kreisler erfahren können:

Was man allen sagen könnte,
wenn man sagen könnte, was man sagen könnte,
wenn man wissen dürfte, das schon alle wissen,
was man sagen könnte oder zeigen.
Würden alle allen alles sagen, würden alle sagen,
daß sie alles sagen,
wenn sie wissen, daß schon alle wissen,
was man sagen könnte, oder schweigen.
Alle wissen, was man sagen könnte
und durch Fragen vieles leichter tragen könnte,
aber alle wissen, daß man wissen könnte,
daß sie wissen könnten, was man weiß.
Jeder blickt herum im Kreis,
jedem wird ein bisserl heiß.
Klein ist der Inhalt und groß der Verschleiß.
Wenn man nur mit jedem reden könnte,
wie man reden könnte, wenn man reden könnte,
wenn man einfach jeden überreden könnte,
seine Fäden nicht so straff zu ziehen.
Aber da doch jeder ahnen könnte,
jedem schwanen könnte, was man planen könnte,
ihn an irgendeine Pflicht gemahnen könnte,
sagt man gar nichts außer: Wien bleibt Wien.
Da die Donau, da der Wienerwald,
und im Wienerwald bist Du,
da der Prater, da der Stephansturm,
im Helenental findst' Ruh'.
Wo der Fink blüht und der Fliederbusch,
wo ein Hund bellt, Grund zum Glücklichsein,
wo der Wein einen Strich durch die Schwüre macht,
spielt ein Streichquartett ganz allein.
Wo der Neid rauscht und der Zeit lauscht,
wo die Uhr steht, weil's net weiter kann,
wo's Ballett vor Begeisterung nicht tanzen will,
kommt's auf ein Wörterl mehr gar net an.
Wenn man alle nur begreifen könnte,

sich vergreifen könnte und sie kneifen könnte,
ein paar Rücken brechen und versteifen könnte,
aber alle warten auf das gleiche.
Wenn man drüber einfach lächeln könnte,
wenn die Luft so wäre, daß man sich fächeln könnte,
nicht ersticken müßte, nicht mehr röcheln könnte,
aber alle wollen nur die Leiche.
Jeder weiß, daß man ertrinken könnte,
doch bevor man ganz und gar versinken könnte,
glaube ich fest, daß jeder einmal winken könnte
oder rufen, geh doch noch nicht fort.
Gibt's denn einen besseren Ort,
Freunde hast du keine dort.
Klein ist der Sinn, aber groß ist das Wort.
Wenn man noch einmal erwachen könnte,
drüber lachen könnte und was machen könnte,
wie sie alle dich am liebsten hängen würden
oder dich drängen würden, geh und stirb.
Und wenn man dann schließlich sterben würde
und zerfallen würde und verderben würde,
wie dann jeder freudig sich verfärben würde
und behaupten würde: Er war liab.

Nun zur Einengung der Wertwelt: Wir dürfen nicht übersehen, daß die Selbstmordgefährdeten in der größeren Mehrzahl Gruppen angehören, die die Gesellschaft minder bewertet. Wenn wir die Gruppen erhöhten Suizidrisikos betrachten, nämlich Alte – Depressive – Süchtige – unheilbar chronisch Kranke – junge Menschen in Lebensangst – Menschen in Ehe- und anderen emotionalen Krisen – rassisch, religiös und politisch Verfolgte – Flüchtlinge und Landflüchtige – Angehörige von Selbstmördern – Menschen nach einem Autounfall – und Menschen, die einen Selbstmordversuch durchgeführt haben, um nur die wichtigsten und aktuellsten zu nennen, ergibt sich, daß sehr viele zu den Diskreditierten und Abgelehnten zählen. Wie dem auch sei, jedenfalls kann die Selbstmordverhütung (freilich noch ein schwaches, aber doch stets wachsendes Pflänzchen) hier als eine Gegenkraft bezeichnet werden. Denn vor der Selbstmordverhütung ist jeder Mensch gleich viel wert, schon allein damit erweist sie sich als enorm humanitäres Anliegen. Die Frage ergibt sich freilich, ob wir damit, daß wir den Selbstmordgefährdeten als einen kranken Menschen deklarieren, neuerlich eine Gruppe minderwertiger und mindergeachteter Menschen konstituieren? Adolf Holl, mein sehr geschätzter Freund, schreibt: „Es wird uns medizinisch nahegelegt, diese Verzweifelten als seelisch Kranke zu begreifen und zu bedauern. Die medizinische Wissenschaft lädt uns ein, dem Selbstmörder ungefähr mit jenem Verhaltensmuster zu begegnen, wie den Buckligen und Debilen, mit jener Herablassung, die der Gesunde dem Kranken gegenüber ganz selbstverständlich entgegenbringt. Die ethische und politische Frage lautet daher, wie das Recht der lebensbejahenden Mehrheit zustande kommt, die Lebensmüden, Abnormalen, die einer verschwindenden Minderheit angehören, offiziell dem Psychiater zu überweisen, und es stellt sich heraus, daß das einfach das Recht des Stärkeren ist; die Lebensmüden sind nämlich in gewisser Weise gefährlich für die Lebensbejahenden, ihre Müdigkeit stellt etwas Elementares in Frage, den Willen zu überleben." Diese Auffassung basiert wieder auf einem Vorurteil der Gesellschaft, nämlich, daß die seelisch Gestörten und Schwachen minderwertig sind. Wenn man vom psychiatrischen und tiefenpsychologischen Standpunkt den Selbstmordgefährdeten als einen überwiegend seelisch gestörten und anfälligen Menschen beschreibt, so folgt man damit nur der empirischen Wahrheit; aber es geschieht doch nicht, um ihn gleichzeitig als minderwertigen Angehörigen einer Minderheit abzutun, sondern ganz im Gegenteil, um ihn der Gesellschaft als einen ganz besonderen Schutzbedürftigen zu empfehlen. Freilich ist dazu noch eine gewaltige Änderung der öffentlichen Einstellung notwendig, denn noch immer wird unsere Welt von den Starken dominiert, die mit Nietzsche sagen: „Was fallen will, das soll man auch noch stoßen." Und was Borris Freiherr von Münchhausen um 1900 schrieb, das gilt für viele auch noch heute: „Ich würde es für die wichtigste Kulturtat halten, die Stellung zu den Minder- und Hochwertigen zu ändern, statt immer neue Anstalten für Krüppel, Taubstumme, Blinde, Geisteskranke zu bauen, Anstalten, die den klügsten Köpfen unentgeltlich Schule und Studium ermöglichen."

Aber zurück zur Krankheitsthese. Durch sie sind drei Veränderungen mehr oder weniger weltweit aufgetreten, die man wohl als gesellschaftsumformend bezeichnen kann.

1. Eine Neueinstellung der Ärzte zum Selbstmordproblem. Sie, die früher vielfach gesagt haben, Selbstmord sei Privatsache, in die man sich nicht einmischen dürfe, sind heute dabei, ihre diesbezügliche Haltung zu revidieren und zu begreifen, daß die Bekämpfung des Selbstmordes in ihren Pflichtenkreis gehört. Der Satz: Die Ordination jedes Arztes muß ein kleines Selbstmordverhütungszentrum sein, beginnt heute allmählich Wirklichkeit zu werden. Dies umso mehr, als das präsuizidale Syndrom auch wesentliche Impulse für eine neue spezifische, antisuizidale Therapie geliefert hat: es muß einfach all das therapeutisch wirksam sein, was die einzelnen Symptome des Syndroms abschwächt oder eliminiert. Im Zusammenspiel

von medikamentöser Therapie (den Psychopharmaka) mit Psycho- und Soziotherapie sind heute fast alle psychischen Befindlichkeiten, die Selbstmordtendenzen mit sich bringen, zu beseitigen oder zu bessern, sodaß man von einem echten diesbezüglichen Fortschritt sprechen kann (freilich wird dadurch auch jeder nicht verhinderte Selbstmord doppelt tragisch!).

2. Die römisch-katholische Kirche hat ihre Haltung grundlegend geändert: Natürlich bleibt der Selbstmord als solcher für sie Sünde. 1983 hat aber Papst Johannes Paul II. durch seine Unterschrift einen Codex Juris Canonici in Kraft treten lassen, der auch dem Selbstmörder (und zwar jedem!) das kirchliche Begräbnis nicht mehr verweigert. Vorbei ist nun (hoffentlich für immer) die unmenschliche und unchristliche Zeit, wo eine Bestattung für den Selbstmörder – wenn überhaupt – nur unter Vorlegung einer entwürdigenden Bestätigung möglich war, daß er im Zustande der „Unzurechnungsfähigkeit" gehandelt habe. Daß diese sensationelle Änderung vorwiegend aufgrund meiner Arbeiten zustande gekommen ist, erfüllt mich mit ungeheurer Genugtuung, denn kaum etwas auf der Welt ist so schwer zu verändern wie der Codex Juris Canonici.

3. In den Ländern Osteuropas hat man geglaubt, jeder Selbstmörder protestiere mit seiner Tat gegen die bestehende Gesellschaftsordnung. Dementsprechend hat man ihn als einen Abtrünnigen, nicht Hilfswürdigen betrachtet. Nun, durch die Krankheitsthese, die auf individuellen psychopathologischen Grundlagen beruht, hat man dort zu einer veränderten Einstellung gegenüber dem Selbstmörder gefunden, die auch eine Unterstützung, ja Intensivierung suizidprophylaktischer Maßnahmen einschließt.

Wir müssen noch einmal zum Wertproblem der selbstmordgefährdeten Menschen zurückkehren. In zunehmendem Maße empfinden besonders junge Menschen ihr Leben entwertet aus Überfluß an ,,Werten" und Möglichkeiten, die ihnen eben dieses Leben im Zeichen der Überproduktion von ,,Konsumgütern" aller Art bietet. Lauter Nachfahren von Büchners Leonce (,,daß die Wolken schon drei Wochen von Westen nach Osten ziehen, es macht mich ganz melancholisch") und Nestroys Herrn von Lips (,,die Natur kränkelt auch an einer unerträglichen Stereotypigkeit"), die mit Übersättigung, Langeweile und schließlich Überdruß (auch Lebensüberdruß) reagieren. Muß man in den zahlreichen Selbstmorden, die daraus (durchaus nicht nur bei Millionärssöhnen!) resultieren, nicht ein Symptom der künstlich erzeugten und geförderten einseitigen Materialisierung des Lebens sehen, wobei eine unbedingt notwendige Gegenregulation durch echte seelische Werte (,,der Mensch lebt nicht vom Brot allein") verkümmert? Eine solche schon vor dem Selbstmord trostlos reduzierte Existenz hört sich bei Kreisler so an:

> *Entweder i friß was oder i sauf was*
> *oder i hab was oder i kauf was*
> *oder i trag was oder i rauch was*
> *oder i stühl was oder i brauch was*
> *oder i suach was oder i find was*
> *oder i nimm was oder i schind was*
> *oder i hör was oder i siach was*
> *oder i scheiß was oder i riach was*
> *oder i lies was oder i schreib was*
> *oder i schluck was oder i speib was*
> *oder i pick was oder i bau was*
> *oder i spiel was oder i hau was*
> *oder i schlaf was oder i tram was*
> *oder i lach was oder versam was*

oder i zahl was oder kassier was
oder i kriag was oder verlier was
oder i wähl was oder i fahr was
oder i hoff was oder i war was
oder i schmier was oder i wasch was
oder i lern was oder vernasch was
oder i friß was oder i sauf was
oder i hab was oder i kauf was ...

Typisch ist auch – leider hier nicht darstellbar – die „betörende" Melodie, die Kreisler zu diesem Lied komponiert hat: nach außen, an der Oberfläche, sagt sie, scheint alles in Ordnung, aber im Inneren herrscht Leere und Anfälligkeit. Das Opus erklärt auch, wie von selbst, die enge Beziehung, welche zwischen „Langeweile" und Selbstmord besteht: Nicht nur die Tonfolge wiederholt sich stets von neuem, auch das schreckliche Wort „was" kommt immer wieder, und das Ende, das mit dem Anfang ident ist, zeigt, daß solche Entwertungen der Existenz, gleich einem Perpetuum mobile, nicht zum Stillstand kommen, bis sie alles nach unten nivelliert haben – durchwegs Faktoren, die eine ungeheure Affinität zum Selbstmord haben (in unseren schlimmsten Träumen treten wir auf der Stelle, erleben immer wieder dasselbe – deshalb sind auch die Lieder mit einförmiger Wiederholung typische „Selbstmordlieder", man denke in der „großen Kunst" an den „Leiermann", in der „kleinen" an den „Traurigen Sonntag").

Vieles ließe sich noch gerade über die Beziehung von Wertwelt und Umwelt in Zusammenhang mit der Selbstmordgefahr sagen, wir aber müssen bei diesem Exkurs weiter zur Aggressionsproblematik. Auch für die Aggressionsumkehr – ein Kernstück jedes Selbstmordes – zeichnet die Umwelt bis zu einem gewissen Grad mitverantwortlich. Die verbale Abreaktion ist fast unmöglich geworden, weil niemand bereit ist, dem anderen zuzuhören, mit ihm ein echtes Gespräch zu führen, schon gar nicht, seine Aggressionen in irgendeiner Weise zu ertragen. Es wird also der Aggressionsdruck, der auf der einzelnen Person lastet, ständig erhöht. Die Patienten (und wohl nicht nur sie) sagen uns: „Wir müssen alles in uns hineinfressen." – Kreisler verwendet hier das Wort „schlucken":

Bös san ma alle miteinander, das steht schon lange fest.
Roh san ma alle miteinander, wenn uns nur jemand roh sein läßt.
Doch es ist ungeheuer, i wer total verruckt,
nicht wenn ich seh, was einer anstellt, nein, wenn ich seh, wieviel er schluckt.
Was ein Mensch im Verlauf eines Lebens schlucken kann, verdrucken kann,
macht einen riesengroßen Berg.
Was ein Mensch im Verlauf eines Lebens alles zwingen kann, verschlingen kann,
Schadenfreude, Lästerungen,
Lügen und Beleidigungen,
das nennt er dann stets sein Lebenswerk.
Findt er nirgends Sympathie, das schluckt er,
zeigt die Gattin Hysterie, das schluckt er,
sagt der Chef sie blödes Vieh, das schluckt er auch.
Und dadurch, daß ein Mensch, was er immer wieder fressen muß, vergessen muß,
steigert sich sein täglicher Verbrauch.
So kriegt er mit der Zeit einen großen Bauch.

Mir tut schon der Magen so weh von den Schlägen, die ich schluck' mit der Zeit.
Aber ich hör' nicht auf mit dem Kauen, und ich staun, wir bekommen alle noch größere Mägen,
wir werden noch Fragezeichen und Wasserleichen verdauen,
da werds schaun.

Was ein Mensch im Verlauf eines Lebens schlucken kann,
verdrucken kann,
das macht ihm kein anderer Vogel nach.
Was ein Mensch im Verlauf eines Lebens alles pampfen muß,
verkrampfen muß,
Wendepunkt, Rattenfänger,
Pudelskerne, Doppelgänger, niemals liegt die Speiseröhre brach.
Ist es wieder einmal Mai, das schluckt er,
betrachtet man ihn als Papagei, das schluckt er,
seine eigene Innerei schluckt er im Nu.
Was ein Mensch im Verlauf eines Lebens alles schlucken kann,
verdrucken kann,
macht ein infernalisches Ragout,
und lächeln muß er außerdem dazu.
Jeden Anzug, der nicht paßt, den schluckt er,
jeden abgesägten Ast, den schluckt er,
jedes Nein und jedes Ja, das schluckt er,
sagt man leider nur beinah, das schluckt er,
alle Träume und Gesichter schluckt er,
alle Maße und Gewichte schluckt er,
Räuber schluckt er, Diebe schluckt er,
Lotterie und Liebe schluckt er.
Was ein Mensch im Verlauf eines Lebens alles schlucken kann,
verdrucken kann,
deshalb ist die Welt wohl ziemlich leer.
Er schluckt sich schwarz und schluckt sich rot,
er schluckt sich gsund und schluckt sich tot,
und schluckt im Grab noch weiter, nur er spürt nichts mehr.

Wo lernt man, mit der eigenen Aggressivität fertig zu werden, obwohl es sicher für den Menschen kaum ein wichtigeres Problem als die Kanalisation des Hasses in erlaubten Bahnen gibt? Wird nicht der Haß vielmehr verdrängt, geleugnet, als wären wir alle Engel? Und kommt es dann nicht völlig konsequent zum letzten schrecklichen

Ventil der Aggression, zum Krieg, in dem logischerweise dann die Selbstmordzahlen sinken – aber kann das die Selbstmordverhütung sein, die wir wünschen? Ganz besonders ist der Depressive diesem Schicksal der Rückverweisung der Aggression auf die eigene Person ausgesetzt, er ist schlechthin der Unverstandene, der Einsame unserer Zeit. Bevor wir auch dies mit einem Kreisler-Lied belegen, sei ein kleiner Ausflug in die Oper gestattet, zur Hoffmannsthalschen Ariadne auf Naxos. Wir wollen aus ihr lernen, wie sich die Mitmenschen zu diesen Depressiven verhalten, es sei mit vier Zitaten dargelegt.

1. „Die Dame gibt mit trübem Sinn sich allzu sehr der Trauer hin, was immer Böses widerfuhr, die Zeit geht hin und tilgt die Spur." Das ist ein sehr häufiges Reaktionsmuster, daß man nämlich die Depression, die von Tag zu Tag nur schlimmer wird, von der normalen Trauerarbeit, bei der die Zeit alle Wunden heilt, *nicht* unterscheiden kann und sich mit den Gedanken tröstet: Es wird schon nicht so schlimm sein. Viele Menschen halten ja alles, was den anderen und nicht ihnen selbst widerfährt, für ganz „harmlos".

2. „Doch wie wir tanzen, doch wie wir singen, was wir auch bringen, wir haben kein Glück." Wir sind ja immer sehr empört, wenn es uns nicht rasch gelingt, einen Depressiven aufzuheitern und fröhlich zu machen. Sind wir doch überzeugt, daß man in unserer Gesellschaft fröhlich sein oder zumindestens in kürzester Zeit fröhlich werden muß (für längere Versuche haben wir „natürlich" keine Zeit).

3. „Wir wissen zu achten der Liebe Leiden, doch trübes Schmachten, das wollen wir meiden." Haben wir mit unseren „lächerlichen" Aufheiterungsversuchen keinen

Erfolg, ziehen wir uns beleidigt zurück, nicht ohne dem Depressiven noch ein „wunderbares Therapeutikum" anzubieten, nämlich die vier Worte: „Nimm dich doch zusammen." Mit diesen Worten überlassen wir den Leidenden seinem Schicksal (würde es jemandem einfallen, eine Lungenentzündung nur mit Appellen an den Willen des Kranken, gesund zu werden, zu behandeln?).

4. „Eine Störrische zu trösten, laßt das peinliche Geschäft! Will sie sich nicht trösten lassen, laß sie weinen, sie hat recht." In die Sprache des Alltags übersetzt bedeutet dies: ihr Zustand wird akzeptiert, aber nicht im Sinne einer Einbeziehung, sondern im Sinne einer Degradierung und Ausschließung – mit solch einem Menschen ist nichts mehr zu machen.

Aber nun, wie versprochen, zurück zu Georg Kreisler, zu seinem Lied „Was sagt man zu den Menschen, wenn man traurig ist".

Die Menschen sind als Publikum das allerbeste Publikum.
Sie lassen sich amüsieren,
sie lassen sich imponieren,
sie strahlen und bezahlen und sind schnell mit dem Applaus,
und wenn die Show vorbei ist, gehen sie freiwillig nach Haus.
Die Menschen sind als Publikum famos.
Nur eine Sorge läßt mich nicht mehr los:

Was sagt man zu den Menschen, wenn man traurig ist?
Man sagt nichts, damit man lächeln kann.
Die Tränen, die man weint, sind nie die richtigen.
Man warte lieber, bis sie sich verflüchtigen,
möglichst schnell, möglichst bald.

Was sagt man zu den Menschen, wenn man traurig ist?
Guten Tag, Sie sehen fantastisch aus!
Man bietet ihnen Kaviar und Hummer an,

doch niemand bietet irgendeinen Kummer an.
Nach und nach sagt man nichts.

Man steht in seiner Dunkelheit
und hütet sich vor jedem Wort
und läßt die Welt sich drehen,
steht und läßt die anderen stehen.

Denn niemand soll bemerken, daß man traurig ist.
Es genügt, daß man es selbst bemerkt.
Ein Trauriger ist selten ein Sympathischer.
Ein Lustiger ist immer demokratischer.
Wer's begreift, wird nicht traurig sein.
Doch wenn du trotzdem traurig bist,
dann schluck es schnell hinunter!
Du könntest dich auch irren.
Wozu die Leute verwirren?

Sei augenblicklich glücklich! Das kann jeder, der es will.
Und wenn du es partout nicht kannst, dann trink ein
paar Promille.
Mit mir freuen sich die Menschen jederzeit,
nur eines bringt mich in Verlegenheit:

Was sagt man zu den Menschen, wenn man traurig ist?
Man sagt nichts, weil es gefährlich wär.
Egal, ob einer nachts in seine Kissen weint,
egal, ob einer hinter den Kulissen weint,
offiziell bleibt man froh.

Denn ein guter Mensch muß glücklich sein.
Wer Trauer fühlt, ist selber schuld.
Das ist des Pudels Kern.
Schmerz ist einfach unmodern.

Man sagt zu keinem Menschen, daß man traurig ist.
Denn wozu? Er weiß es ohnehin.
Man schweigt nicht nur, weil Traurigsein so schaurig ist,
man schweigt auch, weil man weiß, daß jeder traurig ist.

Und der Trost resigniert im Raum.
Und der Traum bleibt nur ein Traum.

In meinem Buch „Das Leben wegwerfen – Reflexionen über den Selbstmord" habe ich geschrieben: „Nur dort, wo ein Recht besteht, sein eigenes Unglück zu zeigen, wo unglücklich sein weder eine Schande noch eine Stigmatisierung oder eine unerwünschte Störung bedeutet, werden es Menschen wagen, dieses Unglück auch zu bekennen und damit den anderen die Möglichkeit zu geben, alles zu tun und zu wagen, um ihr Scheitern zu verhindern." Dem ist auch jetzt, glaube ich, nichts hinzuzufügen.

Schließlich zur Phantasie. Vor allem mit zwei Einstellungen fördert die heutige Gesellschaft präsuizidale Selbstmordphantasien, nämlich

1. mit der Tabuisierung, die immer noch weit verbreitet ist. Das Schweigen über den Suizid, das Verschweigen eines Selbstmordes, führt zu einer Aktivierung solcher Phantasien, denn wir fühlen uns ja – auch in unseren Gedanken – besonders von dem angezogen, was verschwiegen und verboten wird;

2. mit der sensationslüsternen Darstellung des Selbstmordes, also dem anderen Extrem, die natürlich auch gefährlich suggestiv wirken kann. Den eindrucksvollsten Beweis dafür erbrachte J. Motto in San Francisco, als er nachwies, daß dort während eines wochenlangen Streiks der Zeitungsdrucker die Selbstmordquote signifikant sank.

Schließlich darf nicht vergessen werden, daß in weiten Bevölkerungskreisen der ganzen Welt noch immer in bestimmten Situationen von bestimmten Menschen erwartet wird, daß sie mit Selbstmord reagieren. Manchmal werden Leute sogar höchst direkt aufgefordert, Selbstmord zu begehen, wie der folgende anonyme Brief an eine Patientin, die eine Selbstmordhandlung gesetzt hatte, welche nur geringe körperliche Folgen zeitigte, beweist: „Liebes Fräulein, du Hurenkrampen! Da hast du Tabletten, du Schlampe. Friß sie zusammen, damit du auch bestimmt hin bist. Das wolltest doch, nicht Theater spielen. Viel Vergnügen zur Himmelfahrt. Da hast' die Tabletten, friß sie zusammen, damit du auch bestimmt hin bist, das wolltest doch!"

Solche verbale „Einladungen" sind im zwischenmenschlichen „Kontakt" durchaus keine Seltenheit, das schon zitierte „Geh und stirb!" Kreislers stellt also keineswegs eine künstlerische Übertreibung dar.

Daß die Möglichkeiten der Behandlung von Selbstmordgefährdeten sich in den letzten Jahrzehnten sehr verbessert haben, wurde schon erwähnt. Natürlich sind weitere Fortschritte notwendig, auch ist es noch immer viel zu wenig bekannt, wo Hilfe zu erlangen ist (in der ganzen Welt wächst die Zahl der Institutionen, die direkt oder indirekt im Dienste der Suizidprophylaxe stehen). Noch schwieriger ist die Frage zu beantworten, ob die Betroffenen auch bereit sind, sich behandeln zu lassen? Erkennt der Selbstmordgefährdete, daß er psychisch krank und diese Krankheit heilbar ist? Wird er dazu von der Umwelt ermutigt? Sind die Mitmenschen bereit, den Bedrohten, Anfälligen zu entdecken und sich seiner anzunehmen – so wie die Medizin zunehmend sich um die Einbeziehung auch der Angehörigen in soziotherapeutische Maßnahmen bemüht? Stimmt die Feststellung Adlers: „Der Streich, der den Selbstmörder trifft, läßt andere nicht unverschont. Die vorwärtsstrebende Gesellschaft wird sich immer durch Selbstmord verletzt fühlen"? Und wenn sie sich verletzt fühlt, wird sie bloß beleidigt reagieren oder doch erkennen, daß mit jedem einzelnen auch ein Teil der Gemeinschaft stirbt? So schwer das Individuum zu behandeln ist, noch schwerer sicherlich die Gemeinschaft. Es führt ein langer Weg von der Aufdeckung pathogener Faktoren in der Gesellschaftsstruktur (um die Beschreibung ihrer präsuizidalen Komponenten bemüht sich besonders mein Schüler Sonneck) bis zu deren Beseitigung. Bei solchen Bemühungen verliert man sich nur allzu leicht in jenem Grenzland zwischen Einsamkeit und Gemeinschaft, das Kafka so präzise beschrieben hat, es gelingt nicht, an jene „Stellen" heranzukommen, die aus theoretischen Erwägungen praktische Folgerungen ziehen könnten. Sind das vielleicht die Behörden, die Regierungen? Wenn Selbstmordverhütung ein öffentliches Anliegen ist, kann man sie nicht nur privaten Initiativen überlassen (wie das zum Beispiel in Wien der Fall war, wo die Selbstmordverhütung seit dem Jahre 1949 in den Händen der Caritas, nämlich ihrer „Lebensmüdenfürsorge", lag und von ihr vorbildlich durchgeführt worden ist), sondern muß sie auch staatlich unterstützen. Und mit einigem Stolz darf man in diesem Zusammenhang daran erinnern, daß die Regierung Österreichs die Selbstmordverhütung 1970 nicht nur theoretisch als staatliche Verpflichtung anerkannt, sondern auch praktisch die Grundlage des ersten staatlichen Krisenintervenionszentrums ermöglicht hat. Noch erfüllt es nicht alle Vorstellungen, die wir haben, aber ein großer Schritt, auch mit Signalwirkung auf die ganze Welt, für eine neue Einstellung zu diesem dringenden und immer dringender werdenden gesellschaftspolitischen Problem wurde damit getan. Freilich, auch hier erfüllt sich das Gesetz der Antinomie: mit Verordnungen und finanzieller Hilfe allein läßt sich kein Fortschritt erzwingen – er kann nur erreicht werden durch allgemeine wohlwollende Unterstützung, durch ein „Klima", das für das Gedeihen einer bestimmten

Idee günstig ist. Zu dieser Klimaverbesserung aber kann jeder seinen Beitrag leisten, indem er nicht nur nach außen, sondern auch nach innen schaut und bei sich selbst anfängt.

Zur Erzeugung eines antisuizidalen Klimas wäre notwendig:
- sein persönliches Selbstmordproblem gelöst zu haben, überhaupt auch zu fragen, ob die eigene Existenz im Dienste des Lebens oder des Todes (im Sinne der Frommschen Entscheidung zwischen Sein und Haben) steht;
- über das Problem des Selbstmordes gründlich informiert zu sein und zahlreiche weitverbreitete Slogans (vor allem: „Wer vom Selbstmord spricht, der tut es nicht.") als falsch erkannt zu haben, an ihrer Korrektur mitzuarbeiten;
- eine richtige Einstellung zum Selbstmord zu haben, ihn weder zu tabuisieren noch zu verketzern, noch zu verherrlichen, sondern als Symptom menschlicher Not zu erkennen;
- Bereitschaft, die Not des Mitmenschen zu entdecken; an dieser Stelle ein letztes Kreisler-Gedicht:

Wo kommt nur das gräßliche Weinen her
zu Hause und auch im Büro?
Ganz plötzlich und grundlos weint irgendwer,
doch sieht man ihn nirgendwo.

Ich sitze mit einigen Herren
zum Beispiel bei einem Glas Bier,
da hör' ich ein Schluchzen, ein Plärren,
Ich schau' – aber niemand ist hier.

Im Zimmer daneben weint auch kein Mensch.
Und die Straße ist vollkommen leer.
Na, ich trink' meinen Liter

und frag' mich dann bitter:
Wo kam dieses Weinen her?

Zahl' ich den Arbeitern Löhne,
hör' ich es weinen im Eck.
Manches Mal fällt eine Träne
mir in die Hand, auf den Scheck.

Wenn ich die Bank nur betrete
und dort um irgend was bitt',
weint es aus jeder Tapete,
so als ob ich etwas täte.
Ich bin doch nur der Herr Schmidt.
Ich mach meinen Profit –
vielleicht mehr als der Schnitt.

Wo kommt nur das scheußliche Weinen her,
mal leise, mal laut und auch stumm?
Wenn's wenigstens manchmal ich selber wär,
dann wüßte ein Arzt warum.

Doch es kann außer mir niemand hören
und das macht die Sache verzwickt.
Denn würd' ich's den anderen erklären,
dann hielten sie mich für verrückt.

Die schönsten Geschäfte bereiten mir
fast keine Befriedigung mehr,
denn bei Nacht und bei Tage
verfolgt mich die Frage:
Wo kommt dieses Weinen her?

Wo kommt das verbissene Weinen her?
Es weint jetzt, egal was ich tu.
Ich glaub', wenn ich mich für bankrott erklär',
auch dann läßt's mich nicht in Ruh.

Wie gut, daß ich's allen verhehlte!
Und auch meiner Frau sag' ich's nie,
denn wenn ich es der noch erzählte,
dann weinte womöglich auch sie.

Ich hab', was ich hab', und ich bleib' dabei.

Ich bin ja auch schließlich noch wer.
Ich pfeif' auf den Kleister.
Es gibt keine Geister.
Doch wo kommt das Weinen her?
Ich zahl' doch Gehälter.
Vielleicht werd' ich älter.
Wo kommt nur das Weinen her?

– Bereitschaft, die Not auch anzunehmen, alles zu tun, um das Scheitern des Menschen zu verhindern;
– Mobilisierung der Mitmenschlichkeit, man könnte auch sagen, der christlichen Nächstenliebe: Verantwortungsgefühl für die anderen, besonders für die Außenseiter und Unterprivilegierten;
– Intensivierung des mitmenschlichen Gesprächs; man vergesse nicht: Jedem Selbstmord geht ein mißglücktes oder nicht stattgehabtes Gespräch voraus. Umgekehrt bedenke man, daß unbedachte Worte für einen anderen der letzte Anlaß sein können, Selbstmord zu begehen (Verantwortung auch der Journalisten);
– den Gefährdeten nicht allein lassen; wissen, wo man Hilfe findet, und den Bedrohten den Helfern anvertrauen; um seine Bereitschaft, sich helfen zu lassen, geduldig ringen.

An den Schluß möchte ich zwei Zitate stellen:
In dem Roman „Laudin und die Seinen" von Jakob Wassermann sagt Marlene, die Tochter Laudins, zu ihrer Mutter, nachdem sie vom Selbstmord des jungen Nikolaus Frauendorfer gehört hat: „Vieles sollte anders sein, vieles müßte geschehen." Aber darüber könne sie nicht sprechen; die Worte in ihr fräßen einander auf. Man höre immer, auch von bedeutenden Leuten: die Verhältnisse

sind, wie sie sind; man vermag sie nicht zu ändern. Dabei könne man vor Trostlosigkeit ersticken. „Wirklich nicht, Mutter? Kann man sie wirklich nicht ändern? Bist du ganz, ganz durchdrungen davon? Zum Beispiel, antworte mir, Mutter, antworte aufrichtig: Glaubst du, daß Nikolaus hat sterben müssen? Daß sich daran nichts hat ändern lassen? Daß es nicht einen Menschen gibt, der es hätte verhindern können? ... Es ist nur so grausam alles. Hat ihn denn sein Vater gekannt? So ein Mensch wie Nikolaus, er ist doch nicht so leicht zu lesen. Hat sich sein Vater bemüht, ihn zu lesen? Oder hat er nichts von ihm gewußt? Vielleicht hat er nie nachgedacht über ihn. Und das ist furchtbar, Mutter, so furchtbar, daß ich's gar nicht ausdenken kann. Ob er ihn geliebt hat, wie der Vater sagt, kann ich nicht beurteilen. Was meinst du? Und wenn auch, war das wirklich Liebe? Und war's wirklich Liebe, dann genügt Liebe allein nicht. Dann muß mehr da sein, etwas, was den anderen Menschen packt und mitnimmt, auch ein Zwang, ja, ja, aber der wunderbare Zwang, das Wirkliche eben, verstehst du mich, Mutter? Versteh mich doch!"

Vielleicht könnte man die ganze Ansprache in die Worte zusammenfassen: Haben wir alle wirklich genug getan? Und hinzufügen: Hat man je genug getan?

Elisabeth Szomoru

Rettung

Laß nicht los, Bruder,
eh nicht das Sprungtuch aus Worten
zu Ende gewebt,
eh dich das Sprachnetz nicht auffängt.

Laß nicht los, Bruder,
solange ein Aug' dir den Lichtblick,
die Einsicht ins Dunkel gewährt.

Laß nicht los, Bruder,
bevor die Vernunft nicht Taue
aus festgeknüpften Gedanken
dir zuwirft und dich an Land zieht.

Du wirst mich spüren, mein Bruder:
Ich bin ein Faden im Sprungtuch,
ein Garn, im Sprachnetz verflochten;
ich kreuz' deinen Blick im Dunkeln
und zieh' dich, Bruder, zu mir!

4.

Torbergs „Schüler Gerber" und seine Bedeutung für die moderne Selbstmordverhütung

In diesem Palais Palffy hat Friedrich Torberg aus den Händen des Unterrichtsministers vor noch gar nicht langer Zeit den österreichischen Preis für Literatur empfangen. Es ist schwer zu ertragen, daß Torberg nicht mehr unter uns weilt, daß wir auf unsere zahlreichen Fragen nie mehr seine grundgescheiten, unverwechselbaren Antworten hören werden. Bevor ich zu meinem eigentlichen Thema, dem Schüler Gerber, komme, nur einige Bemerkungen über den Menschen Torberg.

Er hat, so ähnlich übrigens, wie eines seiner großen Vorbilder, wie Alfred Polgar, zu Lebzeiten einen Nachruf auf sich selbst verfaßt, der mit den Worten beginnt: „Hier liegt der Zwiespalt, nein der Fünfspalt, der sich so tragisch durch Torbergs Leben zieht" – er wollte damit wohl auch das Zerissene seines Wesens andeuten. Nun habe ich das auf mich einwirken lassen. Zwiespalt – Fünfspalt, und dann war der vielsagende Gegensatz Einfalt – Vielfalt da. Torberg war ein Vielfältiger, ein nie ganz zu Ergründender, nicht Abzugrenzender, und weil wir jetzt schon beim Fünfspalt sind, so habe ich mir gedacht, ich möchte Ihnen fünf Punkte herausarbeiten, die für mich (unter anderen) kritische Details des Torbergschen Wesens sind. Der erste ist seine enorme *Sprachbegabung,* obwohl er dies nie gelten ließ, wenn man sagte: „Meister, Sie können ja so großartig schreiben", da antwortete er: „Lieber Freund, ich komme aus einer Zeit, wo die Beherrschung der Sprache noch Voraussetzung dafür war, daß man Dichter wird." Mir fällt dazu ein Spruch ein, den ich auf meinem Schreibtisch stehen habe, ein Autograph von Richard Dehmel: „Mensch, was dir leicht fällt, das nimm schwer; Natur gibt viel, entnimm ihr mehr!" Genau unter diesem Motto hat eigentlich Torberg gelebt. Er hat aus seiner Sprachbegabung das Maximum gemacht, als Beispiel dafür möchte ich besonders seine köstlichen Parodien und seine vollendeten Übersetzungen anführen.

Der zweite: Er hat sich in seiner *Themenwahl* als Mensch deklariert, denn er stand immer auf der Seite der Leidenden, der Gequälten, der Unterdrückten. Ich denke hier z. B. an „Süßkind", an „Hier bin ich mein Vater", an „Mein ist die Rache", Problemstellungen auch immer wieder aus der schrecklichen Verfolgung des Judentums, zu dem er sich mit größter Klarheit bekannt hat. In diesem Zusammenhang ein dritter Punkt: Obwohl fast alle seine Angehörigen der nationalsozialistischen Verfolgung zum Opfer gefallen sind, hat er das verarbeitet, *hat er nicht gehaßt,* war nicht auf Rache und Vergeltung aus, seine Kräfte setzte er vielmehr in den Dienst der Idee, *das Wiederaufkommen solcher Barbarei zu verhindern.*

Ein vierter Punkt, ohne den Torberg nicht denkbar gewesen wäre, ist sein *Humor,* eine einmalige, unwiederholbare Form davon, die sich kaum analysieren läßt: sein treffender, aber nie verletzender Witz, wie er ja immer bemüht war, Verletzungen zu vermeiden. Alles Fröhliche hatte für ihn auch einen wehmütigen Hintergrund. Diese

Verbindung ließ ihn wie von selbst die Grenzen des Lächerlichen und des Lächerlich-Machens finden. Irgendwie gehörte zu seinem spezifischen Humor eben auch Wehmut. Ich habe jetzt absichtlich das Wort Wehmut verwendet, denn es war eines seiner Lieblingsworte. Er hat zwischen Trauer und Wehmut unterschieden und gemeint: ,,Wehmut kann immer noch ein bißchen lächeln".

Der letzte Punkt, der mir besonders wichtig erscheint: Er hatte nicht nur Sprachbegabung, er hat nicht nur an seiner Sprache gearbeitet, sondern er besaß *Sprachverantwortung* (soviel ich weiß, hat er diesen Begriff sogar geprägt).

Er wußte ganz genau, daß die Worte zu unseren größten Schätzen gehören, daß es oft genug auf jedes Wort ankommt, daß Leben und Tod in der Zunge Gewalt stehen, wie es der alte Psalm lehrt, daß man mit Worten aufbauen, aber auch vernichten kann (man denke an Schnitzlers ,,Wort") – hier bestand ein gewisser Gegensatz zu seinem großen Lehrer Karl Kraus, dem Erneuerer der deutschen Sprache; niemals hat Torberg eine Pointe, die ihm eingefallen ist, dazu verführt, einen Menschen mit ihr zu vernichten. Der Inhalt, die Aussage mußte stimmen, das war wichtiger, als der billige Triumph eines Momentes, und sei er auch in noch so geistreiche Form gekleidet.

Im Bewußtsein dieser Torbergschen Sprachverantwortung möchte ich das heutige Referat halten und damit zu meinem eigentlichen Thema, dem ,,Schüler Gerber", dem genialen Erstling des Dichters kommen. Vielleicht aber noch eine Vorbemerkung: Ich habe hier, im Palais Palffy im Jahre 1970, an diesem Tisch einen Vortrag über ,,Selbstmord in der Literatur" gehalten, der einzige lebende

Autor, den ich damals (neben Georg Kreisler) zitierte, war Torberg. Ich sage das deswegen, weil ich der Meinung bin, wir sollten Menschen zu ihren Lebzeiten anerkennen, wir sollten uns ihres Wertes rechtzeitig bewußt werden, und ich bin glücklich, daß ich das damals ausgedrückt habe. Gustav Mahler hat gefragt und das ist einer seiner treffendsten Aussprüche: „Muß man denn in diesem Lande immer erst tot sein, damit sie einen leben lassen?" Carossa dichtete betrübt: „Was Einer ist, was Einer war, beim Scheiden wird es offenbar. Wir hören's nicht, wenn Gottes Weise summt, wir schaudern erst, wenn sie verstummt." Eine eindringliche Mahnung, unser Ohr für die Köstlichkeit des Summens zu schärfen.

Was den Schüler Gerber betrifft, so möchte ich heute aus der Sicht der modernen Selbstmordforschung zeigen, *wie genial* und gleichzeitig auch, *wie aktuell* er ist. Aktuell war er schon zum Zeitpunkt seines Erscheinens 1930, handelte er doch von einem sogenannten Schülerselbstmord (wir kommen auf die Problematik dieses Begriffes noch zurück) und wurde überdies noch dazu für einen „Schlüsselroman" gehalten; sowohl in Prag als auch in Wien meinte man, es handle sich da um die Verarbeitung eines „Falles", der eben erst in der Stadt passiert war. In der Wienerstadt bezog sich das auf das Akademische Gymnasium, wo im selben Jahr ein Schüler der 8. Klasse Selbstmord begangen hatte, noch dazu in derselben Weise wie Torbergs Held, nämlich durch Fenstersturz. An diesem Punkte muß ich eine persönliche Erinnerung einflechten: Als ich im Jahre 1931 in das Akademische Gymnasium eintrat, lag dieses Ereignis dort noch gewissermaßen in der Luft. Man tuschelte darüber hinter vorgehaltener Hand, durch Tabuisierung, durch Verschweigen hatte es eine doppelt unheimliche Dimension bekommen, gerade weil man nichts

Genaues wußte, war unstillbare Neugier geweckt, die zu immer neuen Vermutungen trieb, der Tote konnte nicht zur Ruhe kommen und erzeugte eine „unheimliche Atmosphäre" (ich möchte das ganz besonders jenen Lehrern ins Stammbuch schreiben, die noch heute glauben, eine „Ansteckung" und damit eine Selbstmordepidemie in einer Klasse am besten durch „Vertuschung" verhindern zu können; zahlreiche Beispiele meiner Erfahrung beweisen das Gegenteil: die beste Prophylaxe ist eine ehrliche und offene Diskussion mit der ganzen Klasse über das Geschehene).

Nun möchte ich einige Stellen aus dem Roman bringen, die diese enorme Aktualität bis zum heutigen Tage beweisen:

1. Ein paar Sätze über die Situation des Schülers Gerber. Er sagt da von sich: „Ob es einem von ihnen, nämlich den anderen, einem einzigen schon eingefallen wäre, mich zu fragen, was ich eigentlich mache, was ich mit mir herumtrage, woran ich schleppe? Und wenn ich es gesagt hätte, so wie es ist, ohne mich dafür schämen zu müssen, wenn ich ihnen heute von selbst damit käme, sie würden verwundert die Köpfe schütteln und sagen: Warum regst du dich so auf? Wir haben wirklich gedacht, daß du über diese Kindereien schon hinaus bist. Glaubst du, das interessiert jemanden? Wir alle haben es durchgemacht, durchgemacht und vergessen. Wir leben und sind gesund. Schrei doch nicht so!" Das ist eine Szene mitten aus unserer Gegenwart. Niemand will den Hilfesuchenden wahrnehmen, obwohl er genauso wie Gerber, weiß Gott, genug Notsignale sendet und in seiner Gefährdung leicht zu erkennen ist. Die allgemeine Reaktion ist: Uns geht das gar nichts an, was in dem anderen vorgeht, davon wollen wir nichts hören, damit lassen wir uns nicht belasten, wir

haben schwer genug an unserem Eigenen zu tragen. Diagnose: ein totales Nebeneinander der Menschen, mit Georg Kreisler ausgedrückt: ,,Wenn einer laut um Hilfe schreit, außer sich, ist er zu leise für mich." In diesem Zusammenhang möchte ich an die übliche Behandlungsmethode, die der Österreicher für den Depressiven bereit hat, erinnern: Nimm dich zusammen! Nicht mehr als diese drei Worte – wie er es macht, ist seine Sache, er hat es einfach zu schaffen. Bestenfalls kommt noch der Zusatz, daß ,,man selber" schon mit viel Ärgerem fertig geworden ist und man sich daher an ihm ein Beispiel nehmen solle. Im übrigen sind Depressive in unserem Leben nicht erwünscht, sie verderben die Laune, hier darf man einfach sein Unglück nicht zeigen! Niemand kann sich vorstellen, welche Einsamkeit dieses Verhalten für den Betroffenen erzeugt!

2. Ich will Ihnen jetzt zeigen, wie treffend Torberg Gerbers Situation unmittelbar vor seinem Selbstmord und dann im Moment des Selbstmordes beschreibt. Er bekommt zur Deutschmatura – bemerkenswertes Detail – eine Lenau-Stelle, Lenau, ein Dichter ausgeprägter Melancholie, und er freut sich im ersten Moment darüber, denn Lenau kennt und kann er und liebt er. Aber auf der anderen Seite überfällt ihn nun der Inhalt seines geliebten Lenaus so, daß hier etwas ausgelöst wird, was alle Grenzen sprengt, das ,,Unaussprechliche", das Unnennbare, genau das, was Menschen fast widerstandslos in den Sog des Todes zu treiben droht. Ich zitiere:

> *,,Und mir verging die Jugend traurig*
> *des Frühlings Wonne blieb versäumt*
> *der Herbst durchweht mich trennungsschaurig*
> *mein Herz dem Tod entgegenträumt.*

Da merkte er mit heißem Schreck, daß seine Stimme leicht zitterte, etwas Hohes durchwogte ihn, etwas bisher noch nie Gefühltes, es war nicht eigentlich ungut, nein, ein wenig unbehaglich, etwas Unnahbares, Gewaltiges. Was es in ihm auslöste, hätte er nicht zu sagen vermocht, das verwirrte ihn: Kurt war gewöhnt, sich über seine Gefühle sofort klarzuwerden, und sie, wenn möglich, zu belächeln. Er machte auch jetzt einen Versuch, dazu bemerkte er als eigentümliches Zusammentreffen, daß gerade er ein Gedicht von trauriger Jugend besprechen sollte, aber das half alles nichts, dann war all jenes Unbekannte doch wieder da, und es flutete in ihm auf, und es ließ ihn nicht mehr los. Kurt suchte es zu erfassen, zu ergründen, aber es war zu vielfältig, es hatte etwas von fahlem Laub an sich, und von Entschweben, das über eine müde Sonne führte, und von Beklommenheit, und Ruhe, und von weitem Wachsen, und Tod. Von nun an kam er mit seinen Gedanken nicht mehr zurecht. Sie wurden fast körperlich, und stärker als er, entschwanden ihm in Nebelhaftes, manchmal sah er sie sehr entfernt wieder auftauchen und gespensterhaft vorübergleiten, immer ein paar auf einmal wallten sie umher, er versuchte ihnen zu folgen, aber er kannte den Weg nicht, ging unsicher, irrte ab, verlor sich. Dann sprang ihn plötzlich wieder etwas an, was er erst kurz zuvor sich gedacht hatte, dann formte sich vieles zusammen, nicht klar, nicht greifbar.

Das Unbestimmbare ist groß und wandelt mit hehren, werbenden Schritten. Warum sind denn alle so ruhig und glotzen mich an? Aber ja, das weiß ich ohnehin, abeo abire ja, daher Abiturient abiturus sum. Ich werde abgehen, durch die Mitte, dort, wo die drei stehen, dahinter ist ein Tisch, über dem Tisch ist ein Fenster, genau in der Mitte. Ab durch die Mitte! Das Unbestimmbare schreitet voran, ich komme selbst mich freuen an eurer Freude, der Priester breitet die Arme aus, dreimal verflucht. Gerber, um Gottes Willen, was machen Sie! Die Sonne ist so rot, sie fällt auf mich herab, ganz.

Darf ich nun dazu aus meiner persönlichen Erfahrung, aus den Gesprächen mit ungezählten Suizidenten einen Kommentar geben. Ich habe versucht, die Verfassung, in der sich ein Mensch zum Selbstmord gedrängt fühlt, als „präsuizidales Syndrom" zu beschreiben – in seinem Mittelpunkt steht die dynamische Einengung, der Verlust des Ausgleiches zwischen den verschiedenen Gefühlen, so daß dazu schließlich eines dominiert – Depression, Angst, Verzweiflung, Panik – und so übermächtig wird, daß es dagegen keinen Widerstand gibt. Die Patienten schildern es mit immer neuen Worten, daß sich da etwas zusammenballt, daß da eine Wand vor einem aufsteht, die jedes Weiter versperrt, daß da eine Woge auf einen zukommt, die einen verschlingt, daß etwas Ungeheures, die Person Sprengendes, sich des Menschen bemächtigt, kein Gedanke, sondern, wie schon gesagt, ein Gefühl, das nicht mehr in Kontrolle zu bekommen ist, und das, wie ich es einmal ausgedrückt habe, dann mit der Schubkraft einer Rakete den Menschen aus der Anziehungskraft der Erde und der Selbsterhaltung hinausschleudert ins Nichts. Ich wüßte nun in der ganzen Weltliteratur keine zweite Stelle, in der das, was ich aufgrund meiner Beobachtungen beschrieben habe, und was, wie ich glaube, wirklich der Verfassung des Menschen im Momente des Selbstmordes entspricht, wo das noch einmal auch nur annähernd so grandios und präzise beschrieben worden wäre wie hier in Torbergs Schüler Gerber.

3. Torberg hat eine faszinierende Idee gehabt, nämlich: Vor der Maturakommission steht ein Schüler namens

Leben, das Leben wird auf Reife geprüft und besteht die Prüfung nicht. Das Leben ist nicht wert, zu Ende zu reifen, es ist nicht matur, wird daher abgewiesen, weggeworfen, die Szene mündet in die Verneinung des Daseins. Genau das ist, bis in die Wortzahl hinein, heute das Problem vieler junger Menschen. Sie stellen das Leben auf den Prüfstand und fragen: „Was bietet es, was bringt es?" Die Antwort lautet: „Zu wenig!" – Hoch interessant: diese ganzen materiellen Werte, die da angeboten werden heute, vielfach als Ersatz für die wirklichen Werte, Liebe, Menschlichkeit, konstruktive, aufbauende Ziele, sie werden gering geachtet, reichen keineswegs aus, um das Gefühl eines sinnvollen Lebens zu vermitteln. Die besondere Tragik dieses Vorganges ist, daß hier – ähnlich wie bei Torberg – das Leben gleichsam als etwas außerhalb der eigenen Person Stehendes erlebt wird, man vergißt, daß man Leben *ist* und *hat* in einem, man handelt, als könne man das Leben zum Tode verurteilen und doch gleichzeitig selbst weiter am Leben bleiben, als hätte man mehrere Leben zu vergeben. In der tiefsten seelischen Wirklichkeit wollen alle diese jungen Menschen tatsächlich am Leben bleiben, sie wollen nur *so* nicht weiterleben, sehen aber, von allen im Stich gelassen, keine Chance, ihre Lebensumstände zu ändern. In diesem Sinne ist die Auseinandersetzung Gerbers mit dem anderen Maturakandidaten namens „Leben" heute mehr den je exemplarisch!

4. Den nächsten Punkt möchte ich wieder mit einem persönlichen Erlebnis einleiten. Ich habe gerade heute nachmittag im Akademietheater eine unvergeßliche Stunde erlebt! Dort wurde eine ganz außergewöhnliche Frau, eine der viel „zu wenigen Gerechten" (Erika Weinzierl) in dunkler Zeit, wurde Dorothea Neff geehrt, weil sie vom Jahre 41 bis zum Jahre 45 in ihrer Wohnung die Jüdin

Lilli Wolff verborgen, ihr unter Einsatz des eigenen Lebens das Dasein eines „U-Bootes" ermöglicht und ihr damit außer Zweifel das Leben gerettet hat. (Und ganz am Rande konnte ich als Bewohner des gleichen Hauses diese einmalige Geschichte miterleben, denn eines Tages im Frühjahr 45 stand Frau Neff vor meiner Tür und fragte: „Ringel, Sie sind Medizinstudent, können Sie Injektionen geben?" Und als ich bejahte, durfte ich in den Tagen der Wien nahekommenden Kriegsereignisse Lilli Wolff jene Injektionen geben, die sie bei ihrer Anämiekrankheit unbedingt benötigte.) Bei dieser Feier wurde uns ein Gedenkzettel in die Hand gedrückt und in diesem fand ich einen Satz aus den jüdischen Sprüchen und dieser Satz besagt: „Wer auch nur einem Menschen das Leben gerettet hat, der wird so belohnt werden, als hätte er die ganze Welt gerettet." Vielleicht können Sie verstehen, wenn ich dabei auch einen Moment, gerade im Zeichen der neuen Auseinandersetzungen über die Berechtigung der Selbstmordverhütung, überlegt habe, ob dieser Satz vielleicht auch für einen Menschen gelten dürfte, der einen anderen vor einem Selbstmord bewahrte. Man sagt ja, derjenige will doch sterben, das ist sein gutes Recht; hat man dann ein Recht, ihn zurückzuhalten? Und wenn man das tut, hat man dann auch nur die geringste Berechtigung, dafür vielleicht einmal eine Belohnung zu bekommen? Während ich diesen Gedanken im Akademietheater nachhing, gab mir schon Dorothea Neff in ihrer großen Schlußansprache die Antwort. Sie erklärte nämlich: „Als ich vor vielen Jahren völlig erblindete und es für mich für immer Nacht wurde, da habe ich mir gesagt: ‚Das hat keinen Sinn mehr, ein solches Leben will ich nicht leben, es ist aus, ich werfe es weg.' Und da war dann eine Frau da, das war Eva Zilcher, und die stand mir in dieser Zeit und bis zum heutigen Tage als treue Begleiterin zur Seite" (in einer, möchte ich sagen, kongenialen Menschlichkeit). Und Dorothea Neff fuhr fort: „Damals habe ich gesagt, ‚weg mit dem Leben'. Heute danke ich, daß ich diesen Tag, diesen stolzesten Tag meines Lebens, erleben kann." Die Lehre liegt auf der Hand: Man weiß nie, was kommt. Es ist allzu billig zu sagen, er will ja sterben, und wer reisen will, den soll man nicht aufhalten.

Damit bin ich wieder bei Torberg, der meisterhaft zeigt, daß das eigentlich ein sinnloser Tod war, daß Gerber nicht hätte sterben müssen, denn am Schluß steht die lapidare Feststellung: Gerber hat die Matura bestanden. Dies ist die oft stattfindende unendliche Tragik: der Schüler stirbt an einer *Fehleinschätzung* der Situation, wie viele andere Selbstmörder auch, setzt er übereilt eine irreversible Tat. In eindrucksvoller Form zeigt Torberg schon vorher, daß Gerber zu solchem Fehlverhalten neigt. Nachdem er gegen den gefürchtetsten Professor eine Schlacht gewonnen hat, heißt es: „Er hätte gut daran getan, dies als ein erfreuliches Anzeichen dafür zu nehmen, daß noch nicht alles verloren war und, daß selbst Kupfers Macht (das ist der Professor, ich komme darauf noch zurück) irgendwo ein Ende hatte, tatsächlich bedeutet ja die ganze Affäre eine Niederlage Kupfers. Aber mit solcher Feststellung seine Gedankengänge zu beschließen, war dem Schüler Gerber nicht gegeben. Er mußte immer weiter denken, immer weiter drehen und deuten, bis wieder er der Geschlagene und Kupfer der Sieger war." Besser kann man das Wesen der Neurose nicht beschreiben. Der Neurotiker gibt infolge seiner psychischen Struktur (in der frühen Kindheit entstehen bei ihm infolge des falschen Verhaltens der Eltern Aggressionen, diese erzeugen ein unbewußt bleibendes Schuldgefühl und eine daraus resultierende unbewußte

Selbstbestrafungstendenz) keine Ruhe, bevor sich nicht die Dinge zu seinem Nachteil verändert haben; Alfred Adler hat das so ausgedrückt: ,,er läuft seinen eigenen Ohrfeigen nach", ohne es zu wissen, fühlt sich dann natürlich als Stiefkind des Schicksals – von diesem neurotischen Mechanismus ist der Schüler Gerber beherrscht. Hier wird auch der Sinn der Selbstmordverhütung sichtbar: Sie beruht nicht darauf, daß man um eines Prinzips willen oder zur eigenen Genugtuung einen Menschen am Leben hält, sie beruht vielmehr auf der Möglichkeit, dem Betroffenen therapeutische Hilfe zu geben, so daß er sich später anders verhält und sein Leben lebenswert gestalten und empfinden kann (wo eine Therapie endgültig versagt, ist auch die Grenze einer legitimen Selbstmordverhütung gegeben). Im Fall der Neurose nun ist diese Therapie die Psychotherapie, wobei es gelingen kann, durch eine geglückte Beziehung zwischen Therapeuten und Patienten die mißglückte zu den Eltern in der Kindheit zu korrigieren und dadurch die alten selbstzerstörerischen Verhaltensweisen allmählich durch neue, gesündere und konstruktivere zu ersetzen.

5. Im Schüler Gerber wird der Ausdruck ,,Schülerselbstmord" verwendet. Ich glaube aber, wir sollten diesen Ausdruck vermeiden, weil er ein falsches Bild vermittelt, als wäre an all diesen Suiziden einzig und allein die Schule schuld. Als Selbstmordverhüter lehne ich es zuerst einmal prinzipiell ab, Schuldige zu suchen, weil die Erfahrung lehrt, wie schlimm das ist. Man macht damit einerseits das Geschehene nicht mehr gut, erzeugt jedoch andererseits entweder Verzweiflung oder aber erbitterte Abwehr jeder Einsicht! Auch ich habe das mühsam lernen müssen. Früher habe ich Menschen, die andere psychisch geschädigt haben, aggressiv beschimpft und bin daraufgekommen, daß die dann das, was ich ihnen angekreidet

habe, nur noch intensiver gemacht haben. Das ist kein Weg, der zum Ziel führt; da hilft nur geduldiger Dialog, bis allmählich Einsicht dämmert. Was aber nun die Verursachung des Selbstmordes von Schülern betrifft, da ist, wie bei jedem Unglück, ein intensives langes Zusammenwirken verschiedener Faktoren verantwortlich zu machen, in diesem speziellen Gebiet also von Eltern, Lehrern und von Mitschülern. Niemand hat das besser gezeigt als Torberg, der im Schüler Gerber auch die Eltern und die Klassenkameraden eine entscheidende Rolle spielen läßt. Da sind die Eltern (es gibt sie bis zum heutigen Tage), die einfach ihre Wünsche im Kind realisieren wollen, da ist der Vater, der sinngemäß sagt, daß der Mensch erst beim Maturanten anfängt, der die Reifeprüfung als unentbehrliche Eintrittskarte in die besseren Kreise darstellt, die der Sohn unbedingt erwerben muß. Da gibt es diese wunderbare Szene mit der Mutter, die zum Sohne sagt: „Du, die Matura mußt du bestehen" und dann fügt sie dieses eine Wort, es könnte aus heutigen Dialogen stammen, hinzu „sonst", nichts weiter. Aber der Sohn weiß genau, was gemeint ist. Der Vater ist schwer (herz)krank und, wenn der Sohn die Matura nicht besteht, wird er sich so aufregen (meint die Mutter), daß er das nicht überleben kann. An diesem Kummer, an seinem gebrochenen Herzen wird er sterben. Mit einem einzigen schicksalsträchtigen Wort kann man eben einen jungen Menschen in die tödliche Falle locken. Wenn wir einen Kampf bestehen wollen, dann müssen wir ein intaktes Hinterland haben, müssen Rückhalt spüren, unserer Bejahung sicher sein, müssen wissen, daß wir auch im Falle des Mißerfolges weiter geliebt werden, also auch, wenn wir die Matura nicht bestehen sollten. Für viele Menschen aber verwandelt sich dieser Rückhalt, den sie nicht haben, bis zum heutigen Tage in einen „Hinterhalt", in dem manche zugrunde gehen wie der Schüler Gerber. Dann haben die Eltern keinen Maturanten und kein Kind mehr!

Jetzt möchte ich näher auf die Lehrerpersönlichkeit eingehen. Dieser bereits erwähnte Lehrer Kupfer, der Gegenspieler Gerbers, trägt im ganzen Buch einen hochinteressanten Titel „Gott Kupfer"; er ist also ein gottähnliches Wesen, nicht kritisierbar, er hat immer recht, und ich verwende jetzt mit Absicht ein Wort, das heute von großer aktueller Bedeutung ist: Er ist unfehlbar. Das ist nun ein gutes Symptom unserer Zeit, daß die Menschen, die sich für unfehlbar halten oder behaupten, daß sie unfehlbar sind, sich es nun allmählich gefallen lassen müssen, daß gescheite Leute kommen und an dieses „Unfehlbar" mit aller Devotion und Liebe ein Fragezeichen anhängen. Wenn man dann diese Menschen mit einem Maulkorb „belohnt" und sie auf diese Weise mundtot machen will, so darf ich Sie daran erinnern, daß mit Maulkörben noch nie Probleme gelöst wurden. Das kann höchstens dazu führen, daß zu einem Fragezeichen noch viele dazu kommen. (Ihr Beifall zeigt mir, Sie haben längst verstanden, daß ich von Küng spreche, den ich als meinen persönlichen Freund bezeichnen darf.) Und das gibt mir Gelegenheit, zu jenem kirchlichen Bereich Stellung zu nehmen, der in unser hier angeschnittenes Thema gehört. Was wir völlig ändern müssen, es geschieht ja schon da und dort, nur es geschieht vor allem unten bei dem „Fußvolk" und selten oben bei der kirchlichen Hierarchie, das ist die Interpretation des Vierten Gebots. Hier ist immer nur von den Rechten der Eltern und den Pflichten der Kinder zu hören, nichts aber von den Rechten der Kinder und den Pflichten der Eltern. Dies getreu nach dem Motto: Wo es einen Schwächeren gibt, immer auf der Seite des Stärkeren stehen. Dies stärkt natürlich autoritäre Strukturen und das fördert das Aufkommen von Leuten wie Kupfer. Jetzt zurück zu einer Szene zwischen jenem Kupfer und der Mutter Gerbers. Die Mutter zum Professor: ,,Wenn Sie nicht eine andere Haltung einnehmen, wird ein Unglück geschehen." (Sie meint da gar nicht den Sohn, sondern sie meint wieder den Vater, der das nicht aushalten wird.) Und da sagt der Kupfer: ,,Da kann man nichts machen, das muß dann so sein, denn ich habe meine Vorschriften." Auch das könnte heute noch ganz genauso passieren. Ich erinnere Sie an den Mann in Vorarlberg, der durch einen Irrtum in den Gemeindekotter kam und dort vergessen wurde. Nach tagelangem Hungern und Dursten hat er um sein Leben geschrien, und tatsächlich haben ihn zwei vorbeigehende Leute gehört. Der eine hat gesagt: ,,Das geht mich nichts an", und der andere rief zurück: ,,Da kann man nichts machen." Auch Gleichgültigkeit, Dienst nach Vorschrift, sogenannte ,,Pflichterfüllung", kann in Wirklichkeit ein Stück Unmenschlichkeit sein. An dieser Stelle möchte ich Torberg in einem Punkt widersprechen, ich tat es schon, als ich über unser Thema mit ihm im Club 2 diskutieren durfte. Torberg beschreibt in Kupfer einen Unhold von Lehrer, einen Jäger, der felsenfest entschlossen ist, das ,,Wild" Gerber zu jagen, der auf dem Hochstand steht mit sadistischem Genuß, die zunehmende Erschöpfung des Opfers beobachtet und nur darauf wartet, daß er ihm den tödlichen Schuß versetzt. Nun hat Torberg in der erwähnten Diskussion gemeint, daran habe sich bis zum heutigen Tage nichts geändert, es gäbe heute mehr Kupfers denn je zuvor. Ich bestreite nicht, daß es gelegentlich solche Typen gibt, aber ich glaube, wir täten den Lehrern unrecht, wenn wir das für unsere Zeit verallgemeinern würden. Wenn man in der Anthologie ,,Wie ich anfing" liest, da sagt Torberg in seinem Beitrag: „Eines muß ich zugeben, ich habe dieses Buch mit einem ungeheuren Haß geschrieben." Und diesen Haß gegen die Lehrer, fürchte ich, hat Torberg, der sonst wahrlich kein Hasser war, bis in sein Alter fixiert und er hat ihm wohl diesbezüglich den Blick getrübt und die Wirklichkeit verzerrt – übertrieben sehen lassen. Vielleicht ist es erlaubt, in diesem Zusammenhang Bert Brecht zu zitieren, den Mann, den Torberg leider Zeit seines Lebens bekämpft hat. In seinem berühmten Gedicht „An die Nachgeborenen" heißt es:

Dabei wissen wir doch:
Auch der Haß gegen die Niedrigkeit
Verzerrt die Züge.
Auch der Zorn über das Unrecht
Macht die Stimme heiser,
Ach, wir,
Die wir den Boden bereiten wollten für Freundlichkeit
Konnten selber nicht freundlich sein.

Noch etwas fällt mir dazu ein, und damit kehre ich nochmals ins Akademische Gymnasium zurück: Von den 12 Schülern, die 1938 durch Eliminierung der sogenannten „Nichtarier" (15) übrig blieben, sind nicht weniger als 5 in der nationalsozialistischen Zeit von der Gestapo verhaftet worden, eine für die österreichische Gesamthaltung (leider) weit überdurchschnittliche Zahl. Dies verdanken wir nicht zuletzt einer Reihe großer Professoren (Paradeiser, Scholz, Studeny, Matzenauer, Oppenheim), die uns mit Klarheit und Festigkeit über die Unmenschlichkeit der Nazis informierten. Einer dieser Professoren, dessen ich heute besonders gedenken möchte, war Josef Lesowsky, und ich erinnere mich genau eines Aufsatzthemas, das er uns gab: „Die Euch Haß predigen, erlösen Euch nicht." Dies wäre vielleicht zur Haßmotivation Torbergs kritisch zu sagen, es bleibt aber gleichzeitig zu bedenken, daß der Schüler Gerber, was ja kaum zu fassen, der geniale Wurf eines 20jährigen war und, daß wahrscheinlich gerade junge Menschen einer enorm dynamischen Motivierung zu einer solchen Großtat bedürfen.

Nochmals zurück zu Kupfer: Ich glaube also nicht, daß viele Lehrer in ihm heute noch ein Vorbild sehen. Aber die wenigen, die es vielleicht noch tun, sind schon zu viele. Und darüber hinaus: Wir brauchen auf alle Fälle einen „neuen Lehrer", einen Partner der Schüler, und ich kann aufgrund meiner zahlreichen Begegnungen mit Lehrern versichern, daß das besonders die jungen Lehrer sehr deutlich spüren: Bei ihnen besteht diesbezüglich eine ungeheure Aufbruchstimmung. Diesen so dringend benötigten Lehrertyp wird es aber so lange nicht in der Wirklichkeit geben, *solange wir nicht die Ausbildung der Lehrer auf eine vollständig neue Basis stellen.* Zuerst einmal braucht der Lehrer eine gewisse Selbsterfahrung. Das ist ganz klar, daß der Schüler die Gefühle, die er gegenüber den Eltern entwickelt hat, auf den Lehrer „überträgt". Da es sich dabei oft um negative Gefühle handelt, wird er damit häufig den Lehrer provozieren. Wenn nun der Lehrer nur auf eine Gelegenheit wartet, sich provoziert zu fühlen, sich „auszuleben", das alles, was er sonst als Opfer einer schrecklichen hierarchischen Ordnung hinunterschlucken muß, abzureagieren, dann wird er das Kind mit dieser Methode vernichten! Zu vermeiden wird dieser Reflex nur durch vertiefte Selbsterkenntnis sein! Der Lehrer muß in besonderem Maße das tun, was wir alle ja machen sollten, nämlich uns mit uns selber zu konfrontieren, uns selber zu fragen, „Wer bin ich?" und weiter: „Muß denn ich so sein, wie ich bin, und habe ich denn eine Berechtigung, so zu reagieren, wie es mir gerade beliebt?" Zur Abreaktion persönlicher Schwierigkeiten ist der Schüler wirklich nicht da! Er ist kein Objekt unserer Herrschaftswünsche, sondern ein Mitmensch und Partner! Und das zweite Gebot der neuen benötigten Ausbildung: Der Lehrer muß Bescheid wissen über die Gesetze des Unbewußten, der bereits erwähnten Übertragung, der Wiederholung, mit der das Kind dieselbe Situation auch in der Schule herstellt, die es zu Hause vorgefunden hat, d. h., daß es den Lehrer primär gar nicht als Lehrer nimmt, sondern im Lehrer wieder den Vater oder die Mutter erlebt. Die Gesetze der Übertragung muß der Lehrer kennen und ohne *eine gründliche tiefenpsychologische Ausbildung wird es daher den Typ des Lehrers, den wir brauchen, für die Zukunft nicht geben.* Erfreulich zu sehen, daß gerade die jungen Lehrer, wie schon gesagt, immer mehr nach dieser Lösung verlangen, oft sogar in der Bildung von Selbsterfahrungsgruppen zu einer Art Selbsthilfe schreiten. Hinzugefügt sei noch, daß diese Ausbildungsverbesserung von den Mittelschullehrern noch mehr benötigt wird als von denen der Pflichtschulen, weil bei ihnen das diesbezügliche Defizit noch größer ist.

6. Nun aber, nach Besprechung der Rolle von Eltern und Lehrern, zur Hauptperson: zum Schüler. Da bringt Torberg, der überhaupt ein Meister darin war, mit ein paar Sätzen, sozusagen eine Welt zu charakterisieren, eine Szene, wo sich der Professor aufregt über sogenannte ,,Auflehnung" in der Klasse und dabei die berühmt-berüchtigte Drohung ausspricht: ,,Das werden wir ja gleich sehen." Torberg gibt folgenden Kommentar: ,,Seltsam, der Professor, der ein Einzelner ist, spricht im Wir, sozusagen im Plural majestaticus. Und die Schüler, die vor ihm stehen und die doch viele sind, sagen immer nur ‚Bitte, Herr Pro-

fessor, ich.'" Es kommt bei den Schülern *nie* zum Sprung vom Ich zum Wir: *Wir* sagen das, *wir* dulden das nicht, *wir* wollen uns das länger nicht gefallen lassen; es bleibt, wenn ich es so sagen darf, die Trennung, weil die einzelnen Ich nicht zu diesem Wir finden können. Das ist für Torberg das Niederschmetterndste, die eigentliche Tragik gewesen, die er erlebt hat, die Feigheit, die Angst. Vergessen wir nicht: Leben ist in Wirklichkeit für niemanden möglich, wenn man sagt, *den* soll es treffen, wenn es nur *mich* nicht trifft! Leben ist erst möglich, wenn man sagt: Dein Nächster, das bis du selbst und damit kommt dann das Wir, die Solidarität, zustande. Ich frage: Fehlt nicht dieses Wir bis zum heutigen Tage in unseren Schulen? Da hat sich, fürchte ich, gar nichts geändert. Auch heute regiert im Kampf um den Erfolg das ,,Divide et impera", das ,,Trenne und Herrsche", das System des Einen-gegen-den-anderen-Ausspielens, das aus dem Nebeneinander ein Gegeneinander macht. Ich bringe dazu aus der jüngsten Zeit drei Beispiele. In Salzburg ist in einer Klasse ein tragischer Selbstmord passiert. Die anderen Schüler haben alle gesagt: Das geht uns nichts an, der hat eben sterben wollen, das muß man respektieren; ein Mitgefühl war nicht zu registrieren. In Hamburg erfolgte vor gar nicht so langer Zeit ein Selbstmord in der achten Klasse; der Vater wollte den Gründen nachgehen, er versuchte mit den Mitschülern zu sprechen. Die erklärten sich für nicht zuständig. Er ging dann zum Direktor, dieser antwortete mit den bemerkenswerten Sätzen: ,,Ich habe mit Ihnen nichts mehr zu reden, Ihr Sohn ist nicht Schüler unserer Anstalt." Ein Zitat aus dem Wiener Kurier auf eine Anfrage an junge Menschen: 17jähriges Mädchen: ,,Viele Schüler sprechen von ,meinen Klassenkameraden'. Ist diese Bemerkung richtig oder nur ein Deckmantel, denn meistens besuchen die Schüler bloß die gleiche Klasse, jedoch kümmert sich jeder um den eigenen Vorteil. Aber ist es denn, wenn man es nüchtern betrachtet, wirklich so unmenschlich? Was bringt uns die jetzige Zeit: Fortschritt, Technik, Lernstoff, vermehrten Stress und Hektik im Alltag. Wo soll man da noch zueinander finden? Mein Klassenkamerad? Ein Wort wie eine Aktie ohne Deckung."

Nun darf ich auf eines kommen: daß die Professoren seiner Meinung nach heute noch immer so sind, wie sie seinerzeit waren, das hat Torberg ertragen, sie ja die Gegner waren; aber daß die Schüler so ,,feig", so egozentrisch geblieben sind wie damals, daß sie bis heute nicht zueinander finden konnten, das hat er wirklich kaum ausgehalten. Einem seiner schönsten Bücher, ich glaube er hat sogar einmal gesagt, daß es sein liebstes Buch sei, hat er den Titel ,,Die Mannschaft" gegeben. Und dieser Titel ist ein Programm nicht nur für den Sport, den der Sportler Torberg so geliebt hat: Es geht nicht nebeneinander, und es geht schon gar nicht gegeneinander, es geht nur miteinander. Der Grund, warum dieser Torberg so sehr begeistert war vom Gemeinschaftsbegriff, lag vor allem darin – und das sage ich nicht ohne Stolz –, daß er ein Individualpsychologe, ein Anhänger Alfred Adlers, war. Man kann Adler als den Begründer der Sozialpsychologie bezeichnen, weil er der erste war, der den Patienten nicht nur als Einzelmenschen gesehen hat, sondern als in eine Gemeinschaft hineingestellt. Für Adler galt es als ein entscheidendes therapeutisches Ziel, das egoistische, neurotische Macht- und Geltungsstreben zu überwinden, statt dessen Gemeinschaftsgefühl zu entwickeln und dort, wo Ich war, das Wir zu setzen, wenn ich ein bekanntes Wort Freuds in diesem Sinne abwandeln darf. Für diejenigen, die ,,Die Erben der Tante Jolesch" nicht gelesen haben, will ich die

Geschichte des ersten Zusammentreffens zwischen Torberg und Adler rekapitulieren: Torberg war also furchtbar aufgeregt, er durfte als Autor von „Schüler Gerber", der Aufmerksamkeit erregt hatte, dem großen Alfred Adler begegnen. Er befand sich zusätzlich um diese Zeit in großen, seinem Alter entsprechenden Schwierigkeiten, er war unglücklich, die er liebte, bekam er nicht, die er bekommen hat, die hat er nicht geliebt, usw. So stand er nun also plötzlich vor dem Meister und auf dessen Frage: „Was haben Sie mir zu sagen?", begann er stammelnd seine Kümmernisse vorzutragen, nicht ohne hinzuzufügen, daß unter all dem Jammer seine Kreativität leide, die ungelösten Probleme lenkten ihn allzusehr von der Dichtung ab. Adler hörte eine Zeitlang geduldig zu und fragte dann streng: „Junger Mann, finden Sie denn das alles in Ordnung?" Torberg, in der Hoffnung, jetzt zum entscheidenden Punkt gekommen zu sein, vor der Lösung der Quadratur des Kreises zu stehen, den klärenden therapeutischen Hinweis zu bekommen, antwortet: „Nein, natürlich nicht, Herr Professor." Darauf Adler mit einem kurzen durchdringenden Blick: „Na also", und wendet sich anderen Dingen zu. Trotzdem, vielleicht gerade deshalb, ist Torberg bis an sein Lebensende ein begeisterter Adlerianer geblieben, er hat es verstanden, aus dieser ersten Begegnung eine wichtige Lehre zu ziehen, nämlich, daß man gewisse passagere, zeitbedingte Probleme nicht allzu wichtig nehmen, sich selbst nicht immer in den Mittelpunkt stellen soll. Womit wir wieder beim Gemeinschaftsbegriff angekommen wären.

Torberg hat immer gesagt: „‚Der Schüler Gerber' war literarisch ein großer Erfolg, aber sachlich eine Blamage, weil sich eigentlich an unserer Schule seit den Tagen, da ich das geschrieben habe, nichts geändert hat und weil das

Buch daher heute bedauerlicherweise noch genauso aktuell ist, wie es damals war."

Darf ich Ihnen als Individualpsychologe in diesem Zusammenhang sagen: Es ist richtig, daß wir nach einer echten Gemeinschaft der Schüler, nach wirklicher Klassenkameradschaft streben müssen, aber wir müssen noch mehr schaffen. Diese Gemeinschaft gibt es nur, wenn auch der Lehrer ihr angehört. (Also nicht: die Klasse eine verschworene Gemeinschaft *gegen* den Lehrer.) Ich möchte jedoch dabei eines klarstellen: Der Lehrer soll *nicht* zum Mitschüler werden, wie es manchmal jetzt schon Lehrer in ihrer Not praktizieren, indem sie sich so hinsetzen wie Schüler, sich mit du ansprechen lassen und dergleichen mehr. Das wollen die Schüler gar nicht, das verunsichert sie nur, sie brauchen ja den Lehrer eben als Lehrer. Jeder muß seine Rolle spielen, der Magister kann sich daher nicht in einen Schüler verwandeln, auch wenn er das aus bester Absicht tut.

Darf ich bei dieser Gelegenheit einen kleinen Ausflug in die Arbeitswelt machen: Der Gewerkschaftsbewegung und insbesondere ihrem sozialistischen Teil ist es zu danken, daß im Verlauf eines Jahrhunderts aus praktisch Sklaven freie Menschen, Mitarbeiter und Partner geworden sind. Das kann man in aller Ewigkeit denen nicht hoch genug anrechnen; aber es ist auch hier das eigentliche Ziel nicht erreicht, solange es sich um einen Zusammenschluß der Arbeitnehmer handelt, der den Arbeitgeber nicht einbezieht. Solange das nicht gegeben ist, besteht die Grundlage des Klassen*kampfes* – und dieses Wort bietet mir den rechten Übergang zurück zur Klassen*gemeinschaft*, ich zitiere in diesem Zusammenhang Alfred Adler: ,,Vor der Autorität des Wir wird das bisherige Über- bzw. Unterordnungsverhältnis Lehrer – Schüler hinfällig." Was könnte eine solche echte Gemeinschaft bringen? Zweifelsfrei lernen unsere Schüler Dinge, die sie nicht entscheidend im Leben brauchen, und damit ist in gewissem Sinne das Schlagwort von der „Überforderung durch die Schule" zumindestens diskussionswürdig. Gültig bis zu einem gewissen Grade übrigens auch für den Lehrer. In einer Studie, die ich gemeinsam mit Dr. Köppel durchführte, haben wir festgestellt, daß viele Lehrer an psychosomatischen Beschwerden leiden.) Ein viel entscheidenderes Problem aber bleibt, daß man sich um den Menschen, nämlich um die gesunde psychische Entwicklung des Schülers nicht genügend kümmert. Ich darf für einen Moment nochmals zurückkommen auf die heutige Feierstunde für Dorothea Neff. Da gab es eine kurze, aber tief inhaltsreiche Ansprache des Unterrichtsministers, der die Jugend aufrief, sich an dieser Schauspielerin ein Beispiel zu nehmen; aber leider, die Jugend war unter der Zuhörerschaft gar nicht vertreten. In der Schule jedoch ist sie da, muß sie ja da sein und diese Gelegenheit sollte man benützen, das Menschsein zu fördern. Was dort jedoch geschieht, ist vorwiegend Wissensvermittlung, die Gefühlswelt des Schülers, in gewissem Sinne sein wichtigster Schatz, bleibt unberücksichtigt. Mit Recht sagt Ingmar Bergmann: „Unsere Kinder verlassen die Schule als Analphabeten des Gefühls." Zahlreiche Untersuchungen zeigen, welche verheerenden Folgen diese unbewältigten Gefühle (Haß, Neid, Geiz, Angst usw.) für die Träger, aber auch für ihre Umgebung haben können. Ein Patient aus Norwegen hat mir eindrucksvoll geschildert, daß sie dort zweimal in der Woche das haben, was sie die „Stunde der Klasse" nennen, wo man sich also zusammensetzt mit allen Lehrern und die zahlreichen und vielfältigen Probleme bespricht; dabei erfährt man einiges über sich selber und auch über den anderen, man lernt, aus der eigenen Haut zu schlüpfen und in andere sich hineinzuversetzen, man erkennt, daß man einander helfen muß, daß man gemeinsam Krisen besser überwinden kann. Daß unsere Schule heute weniger Menschen in den Selbstmord treibt, will ich gerne annehmen, aber dieser Beitrag zur Selbstmordverhütung ist noch keineswegs ausreichend. Wir brauchen vielmehr eine Schule, *die den Menschen gegen den Selbstmord erzieht, indem sie ihn lehrt, besser mit dem Leben fertig zu werden.*

Damit bin ich beim Thema Schulreform, das leider zu einem Zankapfel der politischen Parteien geworden ist. Hier die Ganztagsschule, dort die Tagesheimschule, hier die Gesamtschule, dort weiterhin die Trennung von höheren Schulen und Pflichtschulen – sicherlich sind das wichtige Fragen, die unsere zukünftige Gesellschaftsstruktur wesentlich beeinflussen werden; aber was wir wirklich zuvorderst brauchen, *das ist eine gute Schule,* und die haben wir noch nicht! Dies ist umso tragischer, als wir sie in den Ansätzen bereits gehabt hatten. Es hat einen Mann gegeben, der uns gezeigt hat, wie man die Schule, die Klasse zu einer wirksamen Form der Gruppentherapie und der Gruppenarbeit machen kann, es war Oscar Spiel, den ich mit Stolz als meinen individualpsychologischen Lehrer bezeichnen darf. Er hat in den Jahren nach dem 1. Weltkrieg unter der Patronanz von Glöckl und Furthmüller bis zum Jahre 1934 eine solche individualpsychologische Versuchsschule aufgebaut und dann wieder nach 1945 bis zu seinem Tod im Jahre 1961. Es ist kein Zufall, daß diese Schule gerade geschlossen wurde, als die Demokratie abgewürgt und es finster wurde in Österreich. Aber so weit ich weiß, leben wir jetzt auch über das Jahr 1961 hinaus in einer Demokratie und es ist daher doppelt unverständlich, daß kein Versuch gemacht wurde, diese Versuchsschule weiterzuführen (Walter Spiel, der Sohn Oscar Spiels, versicherte mir immer wieder, daß genug geeignete Persönlichkeiten für diese Aufgabe zur Verfügung stünden), geschweige denn, andere neue aufzubauen. Ich möchte aus Spiels Buch „Am Schaltbrett der Erziehung", jetzt in Neuauflage erschienen, zitieren:

„Daraus ergibt sich eine weittragende Folgerung: wird die Schule eine Erziehungsgemeinschaft, deren höchstes Ziel die Weckung und Pflege einer sittlichen Gemeinschaftsgesinnung ist, gleich wertvoll für alle Gemeinschaftsformen, dann wird das Lehramt in ganz anderem Ausmaße Erzieheramt, als es bisher war und sein konnte. Daß diese Entwicklung kommen muß, empfinden wir alle, in allen Kulturvölkern regen sich oft ganz unabhängig voneinander die Versuche, in welchem Umfang sie aber möglich ist, das kann niemand voraussagen. Mag es auch noch viele Generationen dauern, die Elementarschule und die Berufsschule wird einst eine völlig andere Gestalt haben als heute. Das organisierende Prinzip wird nicht mehr die Übermittlung eines immer herrischer sich gebärdenden Wissensquantums sein, sondern die Erzeugung einer sittlichen Gemeinschaftsgesinnung, der sich das Prinzip einer Wissensübermittlung und Fertigkeitsgestaltung erst als sekundäres Prinzip unterordnet. Dann wird auch im Lehrer der Erzieher den Unterrichter weit überragen müssen. Dann wird freilich auch die Nachfrage nach dem Lehrererzieher viel größer sein als das brauchbare Angebot, bis die Völker sich bewußt werden, daß sie kein heiligeres Amt zu vergeben haben, als das Erziehungs- und Lehramt."

Hier kann man nur Fichte assoziieren, der die Erziehung als „das Heilmittel der Menschheit" bezeichnet hat. Ich möchte hinzufügen: eine solche gute Erziehung könnte vielleicht in Zukunft eine beträchtliche Zahl von Psychiatern überflüssig machen.

Am Schluß darf ich nochmals zurückkommen auf Torberg. In seinem Nachruf auf den Dichter sagt Erich Gottgetreu: „In meiner Bibliothek steht Torberg zwischen den Werken von Karl Kraus und Alfred Polgar." Das ist ganz legitim, könnte man kommentieren, denn das sind ja die beiden Dichter, die ihm während seiner ganzen Laufbahn, in seiner Entwicklung als Vorbilder am nächsten gestanden sind. Bei mir jedoch steht Torberg neben Manès Sperber. Dafür gibt es viele Gründe: beide durfte ich bzw. darf ich Freunde nennen, beide sind Individualpsychologen, begeisterte Adlerianer, aber da ist noch etwas Gewichtiges, daß nämlich Manès Sperber ein Buch geschrieben hat mit dem Titel „Alfred Adler oder das Elend der Psychologie". Dieses Elend sieht er darin manifestiert, daß Tiefenpsychologie und Psychotherapie zwar dem einzelnen Kranken helfen können, aber nicht imstande sind, die Gemeinschaft und Gesellschaft zu verändern, weil sie an die gestaltenden Politiker nicht herankommen. Da bleibt immer eine Distanz, man kann noch so gute Vorschläge zur Verbesserung der psychohygienischen Verhältnisse machen, der Transmissionsriemen zu den Politikern versagt. In einem exzellenten Interview hat seinerzeit Hermi Löbl den Meister gefragt: „Herr Torberg, wie ist denn das, kann der Dichter in die Politik eingreifen?" Die Antwort lautete sinngemäß: „Das ist so wie das Verhältnis zwischen einem Schneider und dem Menschen, der dem Schneider das Zubehör bringt. Die Politiker, das sind die Schneider, und die Psychologen und die Dichter, das sind die, die das Zubehör liefern, ob der Schneider das Zubehör auch verwendet, das ist wieder eine andere Frage."

Damit bin ich genau bei dem Punkt, zu dem ich hin wollte. Ich habe, wie ich hoffe, im Geiste Torbergs, eine Reihe von Forderungen erhoben, und es ergibt sich die große Frage, wie kann man sie realisieren? Bei der Ankündigung dieses Vortrages habe ich sehr ehrende Epiteta Ornantia bekommen, z. B. im „Schaufenster", in der „Presse" ist gestanden: „Wiens geliebtester Psychotherapeut"; im „Falter" war zu lesen, „Wirklich nur für Feinschmecker und Kenner der Materie ist der Vortrag von Ringel. Die dürfen sich aber auf einen vergnüglichen Abend freuen." In diesem Zusammenhang möchte ich klarstellen: Natürlich freue ich mich, wenn Sie einen vergnüglichen Abend haben, selbstverständlich bin ich überglücklich, wenn Sie mich liebhaben; aber erreichen will ich etwas ganz anderes: Ich möchte Sie zu Trägern einer Bewegung machen, denn jeder einzelne von Ihnen kann vielleicht beim Durchsetzen unserer Ziele wichtig sein. Max Brod, der Kafka, Janacek, Werfel und nicht zuletzt unseren Torberg entscheidend gefördert hat, schreibt in seinem Erinnerungsbuch „Streitbares Leben": „Der Schüler Gerber ist ein Buch, das enormen Sprengstoff enthält." Zweifelsfrei befindet sich die Problematik, über die ich heute berichtete, in einem gewissen Fortschritt, aber die eigentliche Explosion ist noch nicht erfolgt. In diesem Zusammenhang darf ich an ein Lieblingswort Torbergs erinnern: „Was ich weiß, macht mir heiß!" Ich habe mich heute bemüht, dieses Wissen zu vermitteln; jetzt soll Ihnen heiß werden, und Sie sollen einen Beitrag leisten zu dieser unbedingt notwendigen Explosion. Dann mag es geschehen, daß eines Tages eine Botschaft zu den Ohren unseres geliebten Torberg im Olymp kommt, die da heißt: Der Schüler Gerber, er war nicht nur eine literarische Großtat, sondern er hat auch die Realität der Schule verwandelt.

Angeregt durch den vorangehenden Vortrag hat Roswitha Smolle folgende Skizze verfaßt:

Lieber Ringel, lieber Mensch!

Das hier habe ich im Herbst 1981 geschrieben.

FRANZ NABL

Am Abend

Mir ist, als wollte bald das Dasein enden.
Der Sonne Strahl, so innig einst begehrt,
beginnt, das müd gewordne Aug zu blenden,
das sich dem Glanz schon lange abgekehrt.

Nur seine Wärme wird noch gern empfunden
an eines stillen Hauses weißer Wand,
als könnte sie die letzten Lebenswunden
zuschließen wie ein heilender Verband.

Da ruht der Greis, umspielt von Enkelscharen,
und wünscht sich selbst ein väterlich Geleit,
wieder zum Kind geworden, unerfahren
des Weges in die fremde Dunkelheit.

So rundet sich der Ring. Unsicher tasten
wir bei dem einen Tor ins Lebenshaus,
und, schwankend noch von abgeworfnen Lasten,
sucht unser Fuß zum andern Tor hinaus.

HERMANN HESSE
Der Heiland

Immer wieder wird er Mensch geboren,
Spricht zu frommen, spricht zu tauben Ohren,
Kommt uns nah und geht uns neu verloren.

Immer wieder muß er einsam ragen,
Aller Brüder Not und Sehnsucht tragen,
Immer wird er neu ans Kreuz geschlagen.

Immer wieder will sich Gott verkünden,
Will das Himmlische ins Tal der Sünden,
Will ins Fleisch der Geist, der ewige, münden.

Immer wieder, auch in diesen Tagen,
Ist der Heiland unterwegs, zu segnen,
Unsern Ängsten, Tränen, Fragen, Klagen
Mit dem stillen Blicke zu begegnen,
Den wir doch nicht zu erwidern wagen,
Weil nur Kinderaugen ihn ertragen.

FRANZ FÜHMANN
Lob des Ungehorsams

Sie waren sieben Geißlein,
und durften überall reinschaun,
nur nicht in den Uhrenkasten,
das könnte die Uhr verderben,
hatte die Mutter gesagt.

Es waren sechs artige Geißlein,
die wollten überall reinschaun,
nur nicht in den Uhrenkasten,
das könnte die Uhr verderben,
hatte die Mutter gesagt.

Es war ein unfolgsames Geißlein,
das wollte überall reinschaun,
auch in den Uhrenkasten,
da hat es die Uhr verdorben,
wie es die Mutter gesagt.
Da kam der böse Wolf.

Es waren sechs artige Geißlein,
die versteckten sich, als der Wolf kam,
unterm Tisch, unterm Bett, unterm Sessel,
und keines im Uhrenkasten,
sie alle fraß der Wolf.

Es war ein unartiges Geißlein,
das sprang in den Uhrenkasten,
es wußte, daß er hohl war,
dort hat's der Wolf nicht gefunden,
so ist es am Leben geblieben.

Da war Mutter Geiß aber froh.

Nicht
für die Schule,
für das Leben
lernen wir.

Über die Unmenschlichkeit des Schulsystems

1.

Jakob hat am Vorabend eine schlimme Auseinandersetzung seiner Eltern miterlebt. Jetzt am Morgen umfängt ihn frostige Stimmung; er sieht die verweinten Augen seiner Mutter und registriert beklommen, daß der Vater sich grußlos auf den Weg zur Arbeit macht.

Für die heutige Musikstunde hat der Lehrer ein besonders munteres Lied ausgewählt. Der Refrain lautet:

> *„Schwinget eure Hütelein*
> *und setzt sie wieder auf,*
> *lasset der Jugend*
> *ihren freien Lauf!"*

Mit viel Begeisterung – für ihn verbindet sich mit diesem Lied die Erinnerung an einen besonders schönen Ferientag – und mit großem pädagogischem Geschick geht er daran, Text, Rhythmus und Melodie mit den Kindern zu erarbeiten.

Jakob hat anfangs der als Einstimmung gedachten Erlebniserzählung des Lehrers interessiert zugehört. Ja, das würde er auch gern: an einem Lagerfeuer sitzen, weit, weit weg von hier ... die Sterne funkeln sehen ... sich auf den morgigen Tag freuen ... Und unvermittelt werden Bilder des gestrigen Abends in ihm lebendig: der Vater, der in besinnungsloser Wut der Mutter Anschuldigungen an den Kopf wirft, sie, die weinend den Ausbruch über sich ergehen läßt, aus Angst vor Handgreiflichkeiten in einem der Kinderzimmer Zuflucht sucht ... Und gleichzeitig nimmt Jakob seine Mitschüler wahr, die leuchtenden Auges das Lied von der frohen Jugend singen, die Rhythmik-Gruppe, die mit Trommel, Triangel und Tamburin improvisiert, den Lehrer, der, mit seiner Gitarre unternehmungslustig am Katheder hockend, unbeschwerte Fahrtenstimmung zu vermitteln sich bemüht. ... All dies vermischt sich mit seinem eigenen dumpfen Unglücklichsein zur unerträglichen Dissonanz. Als die Klasse aufgefordert wird, mit den Fingern den Rhythmus zu klopfen, drischt er mit beiden Fäusten auf die Tischfläche ein, um nicht laut herausweinen zu müssen. Er nimmt das Lineal zu Hilfe, bearbeitet damit die Federschachtel, das Heft des Nachbarn, die Schultern seines Vordermannes. Schließlich verläßt er seinen Platz und nimmt zwei Mädchen, die besonders eifrig bei der Sache zu sein scheinen, die Liederbücher weg.

Der Lehrer – er ist verpflichtet, für geordnete Bedingungen zu sorgen und so allen Schülern Lernen zu ermöglichen – ergreift, nachdem Ermahnungen nicht gefruchtet haben, eine Maßnahme, von der er annimmt, daß sie den Buben besonders trifft. Er schreibt ins Elternheft: „Ihr Sohn stört den Musikunterricht."

Als das Lied gegen Ende der Stunde stehend und mit rhythmischer Begleitung gesungen wird, bewegt Jakob die Lippen, um dem Schein Genüge zu tun.

2.

Verlegen steht Rosi vor der Klasse. Die Frage, die die Lehrerin eben gestellt hat, ist eigentlich nicht schwierig zu beantworten, das weiß sie; deutlich sieht sie die entsprechende Seite im Heft vor sich. Aber die richtige Antwort will und will ihr nicht einfallen. Ihr Blick streift die Gesichter der Schulkameraden, die ihr fremd und abweisend erscheinen. Er fällt auf Anita, die hat sich hinter dem Rücken der vor ihr Sitzenden verschanzt und flüstert ihr jetzt das ersehnte Stichwort zu. Schon setzt Rosi zur Antwort an... Doch die Lehrerin hat das kleine Manöver bemerkt. „Laß das Einsagen, Anita!" mahnt sie.

Das Gebiet, über das Rosi nun Auskunft geben soll, scheint ihr völlig unbekannt zu sein; wieder blinzelt sie zu Anita, und die startet erneut eine kleine Hilfsaktion. Aber die Lehrerin war wachsam. „Wenn du alles so gut weißt," – der Ton ihrer Stimme ist schärfer geworden – „kannst du später hier heraußen dein Wissen unter Beweis stellen." Nun, das möchte Anita doch lieber vermeiden. Sie nimmt von jeglicher weiterer Hilfestellung Abstand und beobachtet nur mit einiger Besorgnis, daß die Antwort der Freundin auf die dritte Frage lediglich in ratloser Miene und Achselzucken besteht. Da wendet sich die Lehrerin an die Klasse: „Wer kann ihr helfen?"

Und wirklich! Ein kaum verhaltenes „Ich, ich" auf den Lippen, schnellt Siegfried seine Hand in die Luft. Ja, das ist ein braver, ein richtiger Schüler! Mit heller, fester Stimme sagt er das Gewünschte her. Er bekommt anschließend ein Plus für seine gute Mitarbeit.

„Wer kann helfen?" hat die Lehrerin gefragt. Hat sie nicht eher zum Bloßstellen und Demütigen aufgefordert?

3.

Deutschstunde. Den Abschluß eines Rechtschreiblehrganges über die Großschreibung des Substantivs bildet ein Test: Aus einer Anzahl von Wörtern, die in wahlloser Reihenfolge in Blockschrift an der Tafel stehen, sollen die passenden ausgewählt und sinngemäß und orthographisch richtig in einen vom Lehrer vorbereiteten Lückentext geschrieben werden.

Robert kommt nur langsam voran. Mit dem Finden des entsprechenden Wortes hat er keine besondere Mühe, die Entscheidung jedoch über Groß- oder Kleinschreibung fällt ihm schwer. Er beobachtet, daß einige Kinder ihre Schreibgeräte bereits zur Seite legen; ja, Renate hat ihre Arbeit sogar schon abgegeben. Er setzt zum Schreiben eines neuen Wortes an. Da – so ein Pech! Die Füllfeder streikt. Er stupst Peter.

„Du!" raunt er ihm zu. „Meine Patrone ist leer. Kannst du mir eine leihen?"

Und Peter nickt. Er unterbricht seine Arbeit, sucht in der Federschachtel, schaut im Bankfach nach, kramt in der Schultasche.

„Nein, Patrone habe ich keine", flüstert er zurück, „aber meinen Kugelschreiber kann ich dir borgen."

„Was gibt es da zu reden, Peter?" Die Stimme des Lehrers klingt gereizt.

„Robert hat mich um etwas gefragt."

„Kümmere dich nicht um Robert. Schau lieber, daß du mit deiner Arbeit fertig wirst!"

Früh übt sich, wer ein Meister werden will!
Worin sich üben? Meister werden worin? In der Rechtschreibung? Oder im ... Sich-nicht-um-den-anderen-Kümmern?

4.

Bäuchlings liegt Martin im hohen Gras. Als Häuptling Silberpfeil ist er eben einem feindlichen Stamm entronnen. Er weiß, daß bereits Späher ausgeschickt sind, ihn zu suchen. Etwas atemlos ist er noch vom raschen Lauf. Eng schmiegt er sich an den Boden. Allmählich fühlt er die Anspannung schwinden; ruhig liegt er da, spürt die nachmittägliche Wärme, hört das Gebrumm der Käfer, atmet den Duft der sommerlichen Wiese. Auf einem Halm knapp neben seiner Hand hat sich ein Falter niedergelassen. Interessiert betrachtet ihn der Bub. Er bewundert die eigenartig gezeichneten Flügel, die langen Fühler, den gegliederten Leib, die dünnen Beine. Ja, sogar ein „Gebiß" kann er erkennen! Warum hat sich der Schmetterling gerade diesen Platz zur Rast gewählt? Martin überlegt. Wie lebt so ein Tier überhaupt? Wovon ernährt es sich? Wie übersteht es kühle Nächte, Regen und Wind? Was wohl eben jetzt in ihm vorgehen mag ...?
Ganz ruhig sitzt der Falter, als genieße er die warme Anteilnahme eines Menschenkindes an seinem kleinen Leben. Erst als in unmittelbarer Nähe gellendes Kriegsgeheul ertönt, ergreift er die Flucht – und Silberpfeil mit ihm.

Biologiestunde. Im Anschluß an einen instruktiven Kurzfilm über die Lebensweise der Weinbergschnecke entwickelt sich ein vom Lehrer geschickt gelenktes Schülergespräch, in dem die Kinder von ihren Beobachtungen und Erfahrungen mit diesen Tierchen berichten.

„Nehmt nun das Buch zur Hand und schlagt Seite hundertdreißig auf!" ordnet der Lehrer schließlich an. „Den Abschnitt über den Bau des Schneckenkörpers lesen wir gemeinsam."

Beim Suchen der entsprechenden Seite gerät Martin an das Kapitel über Schmetterlinge. Interessiert betrachtet er eine der Abbildungen. Ja, genau so hat der Falter ausgesehen, den er kürzlich während des Indianerspielens beobachtet hat! Er beginnt zu lesen: „Winzige, dachziegelartig angeordnete Flügelschuppen... große Netzaugen... pumpende Bewegungen der Speiseröhre... saugende Mundwerkzeuge..." Er blättert um und vertieft sich voll Eifer und Wißbegier in die nächste Seite. Er erfährt, daß Schmetterlinge während ihres kurzen Lebens für zahlreiche Nachkommen sorgen: die dem Ei entschlüpfte Raupe wird nach mehreren Häutungen zur Puppe; in ihr vollzieht sich – von außen zunächst unsichtbar – die Verwandlung zum Schmetterling. Aus den an die Erde gebundenen Raupen entwickeln sich diese flugtüchtigen Tiere? Martin ist verwundert. So hätte er sich das nicht gedacht! Und wieder steht vor seinem inneren Auge das Bild des Falters aus jener stillen Minute im Gras.

Da fällt ein Schatten auf sein Buch.

„Martin," sagt der Lehrer, „warum bist du nicht dabei? Schlag Seite hundertdreißig auf und lies mit!"

5.

Vorweihnachtszeit. Unterricht aus Bildnerischer Erziehung in einer Volksschulklasse. Auf ein Stück Metallfolie, das auf einer weichen Unterlage liegt, soll mit stumpfem Bleistift das Bild eines Engels geprägt werden. Nachdem die Eigenart der Technik, Fragen der Flächengliederung und der Gestaltungsmöglichkeit besprochen sind, machen sich die Kinder an die Bewältigung der gestellten Aufgabe.

Als die Lehrerin wenig später durch die Reihen geht, um den Fortschritt der Arbeit zu überwachen, bleibt sie erstaunt bei Annemarie stehen; die ist gerade dabei, das Blatt mit einer ganzen Heerschar winziger Engel zu füllen.

„Ja – Annemarie – das machst du ja recht hübsch", bemerkt die Lehrerin etwas gedehnt. „Aber – du weißt ja, wir haben uns darauf geeinigt(!), daß wir nur einen einzigen Engel darstellen wollen; der aber soll das ganze Blatt füllen. Schau, deine Nachbarin hat es richtig gemacht! Willst du nicht nochmals beginnen? Warte, ich hole dir eine neue Folie."

Und Annemarie nickt, läßt sich „einigen" – vereinheitlichen? – und zeichnet – nun doch mit merklich weniger Hingabe und Eifer – einen Großformat-Engel wie alle anderen Kinder auch. Ja, sicher: es wird ein Engel – aber ist es auch Annemaries Engel?

Wie glaubwürdig mag wohl in den Augen eines Schülers die Forderung nach Rücksichtnahme erscheinen, wenn die Autorität ihm diese für ein friedliches Miteinander unabdingbar notwendige mitmenschliche Haltung nicht vorlebt? Wie soll er sie jemals lernen, wenn er sie nicht in erster Linie an sich selbst erfährt? Wie soll er aufnahmefähig für Gefühlsäußerungen anderer werden, wenn er mit seinen Gefühlen so erbärmlich alleingelassen wird? Wie soll aus ihm ein Mensch mit lebendigem Interesse am Nächsten und an seiner Umwelt werden, wenn ihm dieses Interesse systematisch ausgetrieben wird? Wie soll aus ihm ein verantwortungsbewußter, liebender Mitmensch werden, wenn sein Wunsch zu helfen und zu beschützen, seine Bereitschaft, für den anderen da zu sein, als strafbar geahndet werden? Wie soll er als Heranwachsender Autorität, Gesetz, Regel und Gebot anerkennen, wenn seine kindlichen Erfahrungen ihm gezeigt haben, daß es die Autorität ist, die seinen guten Willen verkennt und ihm das Beste nimmt? Wie soll er sich zu einem kreativen, eigenständigen, unabhängigen, freien Menschen entwickeln, wenn die Beschränkung der eigenen schöpferischen Kräfte unter dem Diktat eines anderen als nachahmenswert hingestellt, ein „Tu-wie-alle-anderen-auch" zur Norm erhoben wird?

Wie wird diese Jugend, die unsere Schulen verläßt, auf Belastungen reagieren? Wird sie ebenso jämmerlich zusammenbrechen wie viele, viele aus der Generation unserer Eltern und Großeltern? Wird sie, sobald einer auftaucht, der nur laut genug schreit, die durch die Erzieher mühsam eingetrichterten Grundsätze der Menschlichkeit und Nächstenliebe über Bord werfen und als Erwachsene das praktizieren, was zu leben sie als Schüler jahrelang gezwungen waren: Gehorsam gegenüber dem, der oben ist – auch wenn es einer dumpf geahnten Stimme im eigenen Innern widerspricht? Wird sie die Grundfeste unseres Schulsystems, die schulische Disziplin – kurz gefaßt in den Worten: Wer über dich verfügen kann, will dein Bestes; handle innerhalb des von ihm gewährten Rahmens, und du handelst richtig – so verinnerlicht haben, daß sie Gefahr läuft, willfähriges Werkzeug einer unmenschlichen Macht zu werden? Die Vergangenheit hat gezeigt, daß so etwas möglich ist – und die Schule ist so naiv zu glauben, dieser Gefahr begegnen zu können, indem sie den Schülern im Geschichtsunterricht, insbesondere in Zeitgeschichte, die katastrophalen Folgen eines solchen Verhaltens vor Augen führt! In Abwandlung eines politischen Slogans rufe ich deshalb aus tiefster Seele (und alle, die ihre Arbeitskraft und Menschlichkeit in den Dienst der Schule stellen, mögen mir verzeihen): Dieses Schulsystem gehört verboten! Das schulden wir Millionen Toten!

Ja, ich weiß. Es gibt Pausen, es gibt Wandertage, es gibt Schikurse und Schwimmwochen, es gibt Partner- und Gruppenarbeit, es gibt das Recht auf Mitsprache und Mitbestimmung, es gibt das Unterrichtsprinzip Politische Bildung, und es gibt auch das starke persönliche Engagement einzelner Lehrer und verständnisvolles Eingehen auf Wünsche und Probleme der Kinder. Aber fällt dies alles letztlich wirklich ins Gewicht, wenn während der Schulzeit eines Kindes – während dieser entscheidenden Jahre, in denen alles wachsen und reifen soll, in denen die Persönlichkeit geformt und geprägt wird – Tag für Tag viele

Stunden lang jede spontane Mitmenschlichkeit verboten ist? Wie soll der junge Mensch zum „Wahren, Guten und Schönen" erzogen werden, wenn man dabei das Beste und Schönste, den Inbegriff aller Realität – die menschliche Seele und ihre spontanen Äußerungen – mit Füßen tritt? Wie sollen unter diesen Bedingungen Beziehungen glücken? Wie kann man so christlich leben lernen?

Ich war traurig.
  Ihr aber habt ein fröhliches Gesicht von mir verlangt.
Ich wollte selbsttätig Wissen erwerben.
  Ihr aber habt es verhindert.
Ich wollte meinen nackten Bruder kleiden.
  Ihr aber habt mich dafür bestraft.
Ich wollte meiner hungernden Schwester Brot geben.
  Ihr aber habt es mir aus der Hand geschlagen.
Ich wollte meinen Nächsten wichtig nehmen wie mich selbst.
  Ihr aber habt mich gelehrt, vor allem
  um mein eigenes Wohlergehen besorgt zu sein.
Ich wollte ich selber werden.
  Ihr aber habt mich in eine Schablone gepreßt.
Ich wollte, wollte, wollte ...
  Ihr aber habt mein Wollen als unreif belächelt
  und selber alles besser gewußt.
Was ich noch wollte?
Ich wollte eigentlich nur MENSCH werden.

Ich beklage die Unmenschlichkeit des Schulsystems. Und ich klage alle an, die da mitmachen! Denn sie wissen nicht, was sie tun – kann das hier als Entschuldigung gelten?

5.

Die Rolle der Sexualität im menschlichen Leben

Daß Sexualität zu den am häufigsten und intensivst verdrängten Trieben des Menschen gehört, war eine der wichtigsten Entdeckungen Sigmund Freuds. Aber heute sagen die Leute: das hatte Gültigkeit für seinerzeit, zu seiner Zeit, wir haben jetzt andere Sorgen, wir verdrängen vor allem „geistige" Probleme, und daraus entstehen die sogenannten „noogenen Neurosen" im Sinne Frankls (man sieht schon auf den ersten Blick, daß hier von den Neurosen des Erwachsenen die Rede sein muß, denn die kindliche Neurose, und sie ist die lebensentscheidende, kann ja wohl kaum schon mit „geistigen Fragen" zu tun haben), was aber die Sexualität betrifft, so hat sich doch die Situation total geändert, fast umgedreht, jedes Tabu ist gefallen, wir leben, ganz im Gegensatz zu früher, in einer nunmehr „übersexualisierten" Welt.

Meine Überzeugung ist die, daß solche Ansichten eine neue, ganz raffiniert getarnte Verdrängung der Freudschen Erkenntnisse darstellen. Den Beweis dafür will ich antreten, indem ich zu zeigen versuche, daß wir weiterhin bestrebt sind, ganze und sehr wichtige Lebensabschnitte von jeder Sexualität gleichsam zu „reinigen", zu purifizieren.

Fangen wir mit der Kindheit an: Noch immer herrscht in weiten Kreisen die Vorstellung, daß die Kinder „engelgleiche Wesen" seien, sie mit „schmutzigen" Trieben, insbesondere mit der Sexualität, in Verbindung zu bringen, wird dort fast als „Verbrechen" bezeichnet. Es ist dies eine Rückkehr in das vorige Jahrhundert, wo die Kindheit als eine asexuelle Zeit galt, wo man an die „glückliche Unschuld" der ersten Lebensjahre glaubte, eventuelle Spuren von kindlichem Sexualinteresse als ein Symptom von schwerer Abnormalität auffaßte. Die Wirklichkeit sieht aber seit den psychoanalytischen Entdeckungen ganz anders aus, und Anna Freud hat es so ausgedrückt: „Das junge Kind, seinen Triebwünschen ausgeliefert, ist ein primitives, unzivilisiertes Wesen. Es ist unsauber und aggressiv, selbstsüchtig und rücksichtslos, unbescheiden und neugierig, unersättlich und zerstörerisch. Unfähig zur Selbstkontrolle und ohne Kenntnis der Außenwelt, um seine Handlungen daran zu orientieren, hat es als innere, richtunggebende Kraft nur den Drang zur Lustsuche und Unlustvermeidung."

Zu den Trieben nun, mit denen sich das Kleinkind „herumschlagen" muß, gehört außer Zweifel auch die Sexualität, die freilich in einer ganz anderen, eben infantilen Form in Erscheinung tritt als beim Erwachsenen, nicht zuletzt deswegen, weil sie ja noch nicht im Dienste der Fortpflanzung steht. So erlebt das Kind vom Anfang der Saugtätigkeit an durch den Milchstrom eine lustvolle Stimulierung der Mundschleimhaut und dies so intensiv, daß es diesen Genuß durch das Lutschen aller möglicher anderer Gegenstände zu reproduzieren versucht. Später, beim Übergang von der oralen zur analen Phase, wird der Bereich des Afters als neue erogene Zone entdeckt und in den Mittelpunkt der Aufmerksamkeit und auch des Spielens gestellt (Schmieren mit Kot und kotähnlichen Substanzen). In einer dritten Phase gilt die Zuwendung des Kindes dem Genitalbereich selbst und seine Berührung erzeugt Lust. Man sollte vielleicht hinzufügen, daß von Anbeginn auch die Haut ein Organ darstellt, dessen liebevolle Berührung mit erotischen Gefühlen verbunden ist. Es gibt zwei eindrucksvolle, nicht zu widerlegende Beweise für die Richtigkeit dieser psychoanalytischen Entdeckungen bezüglich der kindlichen Sexualität; beim normalen Erwachsenen spielen alle diese kindlichen erogenen Zonen eine wichtige Rolle als Vorbereitung oder Begleitung des Coitus, unter krankhaften Bedingungen (Regression in der Kindheit) treten sie als ,,Perversion" an die Stelle des normalen Sexualverkehrs.

Es ist die Aufgabe der Eltern, dieses vielfältige triebmäßige ,,Rohmaterial" durch eine gute Erziehung so umzuformen, daß es in unsere zivilisierte Welt eingebaut werden kann. Hier beginnen aber schon die katastrophalen Mißverständnisse, denn viele Erwachsene fassen die kindlichen Triebe als ,,Unarten" auf, die man dem jungen Erdenbürger so rasch wie möglich und mit aller Härte sowie Brutalität abgewöhnen müsse. So werden die oralen Wünsche als Gier, die analen Spiele als ,,Unsauberkeit", die sexuelle Neugier als Schamlosigkeit interpretiert, die es allesamt schleunigst abzustellen gelte (,,Das werde ich dir schon noch austreiben"). Selbstverständlich muß die Wandlung vom Lust- zum Realitätsprinzip vollzogen werden, aber sie muß begleitet sein von zwei entscheidenden Verhaltensweisen: Geduld und Liebe. Ebenso wie es falsch wäre, in mißverstandener ,,Verwöhnung" dem Kind die Schwierigkeiten der Anpassung durch ungehindertes, andauerndes Auslebenlassen seiner Impulse zu ersparen, ebenso falsch wäre es, das Tempo des Anpassungsprozesses unnatürlich zu beschleunigen. Damit ein Kind einen Triebwunsch schließlich aufgibt, muß es ihn zuerst einmal eine gewisse Zeit haben ausleben dürfen. Unter uns gehen so viele Menschen herum mit der Sehnsucht, etwas, was sie in der Kindheit versäumen mußten, endlich einmal nachholen zu dürfen – sie sind die Opfer von Eltern, die glaubten, es einer „guten Erziehung" schuldig zu sein, solche „üblen Verhaltensweisen" beim Kind erst gar nicht „einreißen" lassen zu dürfen, weil sie sich dann das Kind *nie* abgewöhnen werde; hier spielt natürlich auch die bereits beschriebene „Verteufelung" der kindlichen Triebwünsche eine entscheidende Rolle. Neben der Geduld ist die Liebe bei diesem Prozeß ganz wichtig, ja sogar das Wichtigste, denn die liebenden Eltern werden sicher auch geduldig sein. Das Kind muß Triebwünsche aufgeben, die Eltern wünschen es. Das Kind ist in diesem Kampfe natürlich der Schwächere, es will ja die Liebe der Eltern um keinen Preis verlieren, also wird es sich fügen. Umso wichtiger aber ist es, daß es intensiv spürt, dafür auch die Liebe der Eltern zu bekommen. Unter solchen Umständen, aber *nur* unter ihnen, wird sich jener Prozeß abspielen, den wir als Sublimierung bezeichnen, d. h., die ursprünglich primitiven Triebwünsche werden allmählich höheren Zielen zugewendet. Anna Freud schreibt in diesem Zusammenhang: „Viele der frühen Freuden des Kindes – wie das Spielen und Schmieren mit Fäzes, das Zeigen des nackten Körpers, das Herausfinden sexueller Geheimnisse – können auf Bereiche umgelenkt werden, die den ursprünglichen ähnlich, aber für die Außenwelt akzeptabel sind. Im Malen und Kneten z. B. kann viel von der alten Lust am Schmieren wiederaufleben; die Zurschaustellung von Kleidern, von Körper- oder Verstandesleistungen ist kaum weniger befriedigend als reiner Exhibitionismus; die Neugier für sexuelle Geheimnisse kann sich in allgemeinen Wissensdurst verwandeln und ein Gutteil ihrer Lustqualität an das Lernen abgeben."

Es kann in diesem Zusammenhang nicht nachdrücklich genug auf den Unterschied zwischen Sublimierung (als Folge einer liebevollen und geduldigen) und Unterdrükkung (als Folge einer befangenen und lieblosen Erziehung) der kindlichen primitiven Triebtendenzen hingewiesen werden. Wo eine Triebregung unterdrückt wird, niemals ausgelebt werden darf, ins Unbewußte verdrängt werden muß, bleibt der ihr innewohnende Betrag an Energie im Unbewußten blockiert und ist für die Weiterverwendung verloren. Wenn die Sublimierung hingegen gelingt, wird deren Triebkraft von dem ursprünglichen Ziel abgelöst und auf soziale Aktivitäten gerichtet, ,,die zu erwerben dann mühelos, die auszuüben nicht lästig, sondern erfreulich ist" (Anna Freud). Wir sehen also: die Sexualität ist im Leben des Kindes nicht nur eine Realität, sondern mehr noch, ihre Kenntnisnahme und richtige Handhabung werden eine große Rolle spielen nicht nur für die Sexualität des Erwachsenen, sondern auch für sein gesamtes menschliches Verhalten.

Haben wir bis jetzt vom Beginn des Lebens gesprochen, müssen wir uns nun mit der Periode des Alters beschäftigen, die man auch am liebsten als eine asexuelle oder, wie man in Wien sagt, als ,,jenseits von Gut und Böse" ansehen möchte. Obwohl es medizinisch längst feststeht, daß auch der alte Mensch noch sexuelle Wünsche hat oder haben kann (die bedeutende österreichische Gerontologin Franziska Stengel: ,,Sexuelle Gefühle können bis zum letzten Tag erhalten bleiben, und auch Großeltern haben noch das Bedürfnis nach Liebe"), wird ihm dieser Genuß von den anderen gleichsam nicht mehr gegönnt, er gilt als

„unschicklich", ja mehr noch, als „verpönt". Als der Wiener „Kurier" in einer Serie über Probleme alter Menschen völlig zu Recht auch das Sexuelle behandelte, kam eine Flut empörter Zuschriften, darunter etwa solche: „Was machen Sie mit den Alten? Sie sind sicher am Gewinn von Sex-Shops beteiligt! Stellen Sie Ihre Gemeinheiten ein!"; „Sie schreiben unverschämterweise über Sex im Alter. Ja, sagen Sie, machen sie nicht einmal vor diesem Thema halt? Wenn solche Sachen schon vorkommen, geht man darüber hinweg!"; „Jeder normale ältere Mensch ist über Sex im Alter erhaben, das ist doch das eigentlich Achtenswerte am älteren oder alten Menschen. Abnorme Alte, die noch mit 80 oder 90 Geschlechtsverkehr begehen(!), sollte man einschläfern(!). Ich bin 59 Jahre, zwei Kinder, ein Enkelkind und bin empört, daß Sie darüber schreiben, ..."; „Als Pfarrer muß ich mein Befremden darüber ausdrücken, daß Sie ausgerechnet am Allerseelentag, der jeden irgendwie tieferen Menschen auf das eigentliche Ziel des menschlichen Lebens besinnlich werden läßt, keine größere Sorgen haben, als daß ja auch im Alter Sex betrieben werden soll."

Glücklicherweise sind auch Anzeichen dafür vorhanden, daß verantwortungsbewußte Leiter von Altenheimen dieses Problem erkennen und positiv zu lösen versuchen. So hat Pöldinger in der Schweiz darüber einen vorbildlichen und wegweisenden Film gedreht, in dessen Rahmen sich erfreulicherweise auch der Seelsorger positiv äußerte.

Nur ein paar Kilometer von der türkischen Küste liegt eine wunderbare griechische Insel, die ich besonders liebe. Chios ist ihr Name. Dort haben lange Zeit Frauen, die keinen Geschlechtsverkehr mehr hatten, eine Steuer zahlen müssen, ihr Name war Argomuniatikon (ich traue mich gar nicht, das hier laut zu sagen, falls ein Regierungsmitglied anwesend ist, die sind ja immer auf der Suche nach neuen Steuermöglichkeiten). Man sieht aus diesem Beispiel, es war eher die Norm, daß man auch im Alter noch Geschlechtsverkehr hat. Ich werde nie im Leben einen Studienrat vergessen, den ich als Wahlonkel angesehen habe. Er erkrankte mit 85 Jahren an einem Prostatakarzinom und wurde mit weiblichen Hormonen behandelt. Die Erkrankung wurde damit längere Zeit beherrscht, aber wie es schon geht in der Medizin, er wurde nicht über die Diagnose informiert, noch wurde ihm gesagt, worin die Behandlung besteht und daß man dabei seine Potenz verliert (offenbar dachte man: die hat er ja sowieso schon lange nicht mehr). Eines Tages kam er aber völlig vernichtet zu mir und klagte: ,,Ich mag nicht mehr leben, es ist bis vor kurzem noch so gut gegangen und jetzt ist alles vorbei". Als ich ihm erklärte, daß dies die Folge der Therapie sei und daß er derselben sein Leben verdanke, er daher nach dem derzeitigen Wissensstand nur zu wählen habe zwischen Verlust des Lebens oder Verlust der Sexualität, da sagte er keineswegs, wie viele erwarten würden, ,,Da wähle ich selbstverständlich das Leben", sondern er erbat sich Bedenkzeit! Wohl entschied er sich schließlich für die Fortsetzung der Therapie, aber das Beispiel muß uns doch nachdenklich stimmen über den Stellenwert, den Sexualität bis ins hohe Alter für den Menschen haben kann. Einmal kam in meine Ordination eine 72jährige Bäuerin aus dem Waldviertel, ich stellte bei ihr eine schwere Melancholie fest, erklärte ihr die Erkrankung, verschrieb ihr das Antidepressivum, wollte den nächsten Ordinationstermin festsetzen, da sagte sie: ,,So geht das nicht, ich habe eine wichtige Frage: ,Hat man bei der Depression sexuelle Bedürfnisse oder erlöschen sie bei dieser Erkrankung?'" Als ich ihr erklärte, daß es charakteristisch für die Depression sei, daß die sexuelle Appetenz wesentlich reduziert, ja oft völlig aufgehoben sei, rief sie aus: „Gott sei Dank, daß ich das nun weiß, aber bitte, rufen Sie gleich meinen Mann herein und sagen Sie ihm das auch, denn der will täglich mit mir Verkehr haben." Dann habe ich also den 75jährigen Mann informiert. Er hat es mühsam eingesehen und mir beschwörend zugerufen: „Bitte, machen Sie meine Frau möglichst rasch gesund." Ich aber habe aus diesem und anderen Beispielen ein für alle Mal gelernt, das sexuelle Problem bei keinem Menschen, auch beim Alten, zu unterschätzen!

Als überzeugtem Christen fällt es mir sehr schwer zu bekennen, einen wie großen Anteil diese Religion, besonders in ihrer katholischen Ausformung, an der anhaltenden Verdrängung der Sexualität in unserer Zeit hat. Man muß einfach zugeben, daß es der Kirche bis zum heutigen Tag nicht gelungen ist, ihre befangene Einstellung zu diesem Problem aufzugeben. Ich will gerne konzedieren, daß sich, rein verbal gesehen, gewisse Änderungen abzeichnen, aber in der Praxis haben sie noch kaum Auswirkungen. Das hat viele Gründe: zuerst einmal die Darstellung Evas als der Urverführerin (durch das Weib kam das Übel in die Welt). Noch heute glauben viele Christen, die Erbsünde habe darin bestanden, daß Eva Adam zum Coitus überredete. Auf der anderen Seite fällt die vollständige Entsexualisierung Marias äußerst hemmend ins Gewicht. Schon die „unbefleckte Empfängnis" wird von gar nicht so wenigen Gläubigen fälschlich als „ohne Sexualverkehr" interpretiert (statt „ohne Erbsünde"). – Es hängt wohl damit zusammen, daß in christlicher Nomenklatur Onanie auch Selbstbefleckung genannt wird. Es folgt dann die Zeugung Jesu ohne Coitus, die Betonung der Jungfräulichkeit Marias, sicher auch aus der Tendenz, damit die Göttlichkeit ihres Sohnes zu betonen und nachzuweisen. Ich persönlich habe zum Beispiel überhaupt keine Schwierigkeiten, das zu glauben, aber ich würde auch keine Schwierigkeiten zeigen, an Christus als Sohn Gottes zu glauben, wenn ein menschlicher Coitus stattgefunden hätte. Warum sollte es Gott, dem alles möglich ist, nicht auch möglich sein, sich dieses Weges zu bedienen? Jedenfalls erfolgt durch die Polarisierung Eva–Maria eine verhängnisvolle Dissoziation auf sexuellem Gebiet, hier Sexualität ohne Liebe, dort Liebe ohne Geschlechtlichkeit. Beides kann von vielen Menschen nicht zuletzt auch deswegen nicht vereint werden. Auch Jesus selbst erscheint der Entsexualisierung total unterworfen. Wenn man die Darstellung Christi durch die Kirche verfolgt, so sieht man, daß zugunsten der Göttlichkeit sein Mensch-Sein grundsätzlich zu kurz kommt. Das ist besonders bedauerlich, weil dadurch vielfach die Opfertat sondergleichen, Leid und Tod für die Menschheit auf sich zu nehmen, in ihrer einmaligen Bedeutung herabgesetzt wird, gleichsam unter dem Motto: Für Gott mag es nicht schwer gewesen sein, das alles zu erdulden.

Zu jenen menschlichen Eigenschaften von Jesus, die bei diesem Prozeß völlig unter den Tisch fallen, gehört natürlich auch und vor allem seine Sexualität. Schon bei seiner Zeugung bleibt sie ausgeschaltet und in seiner Existenz wird sie niemals erwähnt. Wenn er nicht ein Mann sein müßte, weil ein „weiblicher" Gott für die Kirche kaum vorstellbar wäre und es ein drittes Geschlecht nicht gibt, könnte man annehmen, Jesus sei ein „Neutrum" gewesen: Denn mit keinem Wort wird irgendeine sexuelle Problematik von Christus angedeutet, ja man gewinnt immer wieder den Eindruck, auch nur dieses Thema zu streifen, grenze an Blasphemie (für mich tut es dies keineswegs).

Schließlich ein weiterer sehr entscheidender Grund: der Zölibat. Ich möchte an dieser Stelle ausdrücklich betonen, daß ich keineswegs prinzipiell gegen die Ehelosigkeit der Priester bin, obwohl es unbestreitbar ist, daß bei ihrer Aufhebung der Priestermangel schlagartig beseitigt wäre. Aber, wenn schon, müßte es sich um einen freiwilligen Verzicht handeln. Daß ich Sexualität für einen großen Wert halte, geht aus meinen bisherigen Ausführungen wohl eindeutig hervor; dennoch habe ich dafür Verständnis, daß bestimmte Menschen (freiwillig) aus bestimmten, ernstzunehmenden Gründen auf Sexualität verzichten und diesen Verzicht sogar als Gewinn erleben (ein *solcher* Verzicht wäre mit Unbefangenheit gegenüber Frauen und Sexualität gekoppelt). Bei der gegenwärtigen Situation ist dieser Verzicht aber mit einer Angst des Theologiestudenten (und auch der Kirche) vor der Frau verbunden, sie wird als die große Feindin erlebt, die der Kirche wieder einen Seelsorger zu rauben droht, und das hat natürlich auch eine ganz und gar befangene Einstellung gegenüber der Sexualität zur Folge; darin sehe ich die schlimmste Gefahr des Zölibats gegeben, da helfen dann alle sprachlichen Beteuerungen von einer neuen leibfreundlichen Haltung der Religion nichts. Sie können in der Praxis nicht zum Tragen kommen, und darum bleibe ich bei einer früheren Aussage, die mir viel Kritik eingebracht hat, daß ich nämlich ein Kind nur dann in eine religiöse Schule schicken würde, wenn ich mich voher durch eine sorgfältige Prüfung davon überzeugt hätte, daß dort tatsächlich eine gesunde Einstellung zur Sexualität besteht. Man muß auch etwas bedenken: Wer von der Sexualität ausgeschlossen wird, mag dann einen Neid auf die entwickeln, die davon Gebrauch machen können. Darüber resultieren Aussprüche wie: ,,Wir können zwar nicht verhindern, daß die

Menschen koitieren, aber wir können erreichen, daß sie es mit schlechtem Gewissen tun." Wer durch eine spezifisch puritanische und prüde Erziehung dafür sorgt, daß sein Kind sexuell gehemmt und verklemmt wird, so daß es später auf diesem so wichtigen Gebiet zum „Außenseiter" wird und weder mit anderen kommunizieren kann noch „genußfähig" wird, der leistet einen wesentlichen Beitrag zur steten Verringerung der Lebensqualität, die oft das Vorstadium einer präsuizidalen Entwicklung ist. Aber leider ist bis heute für viele Erzieher das bloße Wort „Genuß" ebenso wie „Lust" tabu, es darf nicht einmal ausgesprochen werden. Im Falle einer anerzogenen Hemmung gegenüber der Sexualität tritt ja jener unbeschreiblich qualvolle Zustand ein, in dem eine bewußte oder zumindest unbewußte Sehnsucht nach Sexualität – ganz natürlicherweise – besteht, die aber überall auf Mauern des Verbotes stößt. Es erfüllt sich schließlich das Gesetz: Je intensiver ein Verbot, desto stärker auch die Sehnsucht. Diese unvermeidliche Eskalation des Konfliktes führt dann verständlicherweise zum Gefühl der Ausweglosigkeit.

Hier ist auch das Problem der Selbstbefriedigung zu erwähnen. Obwohl jeder Mensch im Verlauf seiner sexuellen Neugierde schon als Kind und dann als Jugendlicher dieses Stadium durchläuft (Otto Kauders: „Wenn Sie wissen wollen, ob jemand ein Lügner ist, fragen Sie, ob er jemals Selbstbefriedigung betrieben hat, verneint er es, dann ist er ein Lügner.") und es bei einer normalen Entwicklung ganz von selber aufgibt, wurde der Onanie kirchlicherseits jene übertriebene und ängstlich-befangene Aufmerksamkeit zuteil, die oft zu einer Eskalation, ja sogar Fixierung dieser normalen Durchgangssymptomatik führt. Außerdem wurden in vielen Büchern und Erklärungen die schrecklichen Folgen der Selbstbefriedigung an die Wand gemalt (z. B. „verdorren" des Rückenmarkes), die in Wirklichkeit natürlich nicht existieren. Bis zum heutigen Tag gibt es Patienten, die aus diesen künstlich erzeugten Schuldgefühlen heraus Krankheiten, die sie bekommen, als späte Strafe jugendlicher Onanie interpretieren.

Es gehört kein besonders vorausahnendes Wissen dazu, um zu prophezeien, daß die Kirche drei Positionen nicht wird halten können. Ich werde dies persönlich zwar nicht mehr erleben, denn gerade bei der Kirche braucht gut Ding besonders lange Weile, aber eines Tages wird es dennoch so weit sein.

1. Das Verbot des vorehelichen Verkehrs.
2. Die Ehe als einziges Kriterium eines sittlich erlaubten Beischlafes.
3. Den vollzogenen Beischlaf als entscheidendes Kriterium einer gültigen Ehe.

Der dritte Punkt demonstriert eine enorme Überbewertung der Sexualität, fast jenen „Pansexualismus", den die Kirche von allem Anfang an der Psychoanalyse vorgeworfen hat. Es wäre grotesk, wenn durch *einen* Coitus eine Verbindung untrennbar zustande käme, die auf einer *anhaltenden seelischen* Harmonie beruht. Es ist leider eine Erfahrungstatsache, daß es einer enormen Reife bedarf, den wirklichen Lebenspartner zu entdecken, einer Reife, die vielen Menschen in dem Alter, wo die Mehrzahl der Ehen geschlossen wird, noch nicht zur Verfügung steht. Die Kirche prüft diese Reife auf der einen Seite kaum, setzt sie dann aber voraus, und mit einem (!) vollzogenen Coitus schließt sich dann für die Betreffenden eine Falle, aus der sie nie mehr herauskommen! (Als mein Freund van Lun seinerzeit formulierte: „Eine Ehe, die zerbricht, war keine", blieb ich skeptisch, heute jedoch verstehe ich ihn gut.)

Die beiden ersten Punkte bezeigen hinwiederum eine ungeheure Unterschätzung der Kohabitation, wie ich im folgenden zu beweisen versuchen werde.

Dazu muß aber nun wohl erklärt werden, was ich unter Sexualität verstehe. Als Schüler Alfred Adlers, als Individualpsychologe, sehe ich sie nicht als einen isolierten, nur organisch-libidinös-determinierten Trieb an, sondern betrachte sie im Zusammenhang mit dem ganzen Menschen als eine ,,Ausdrucksform der Person" (der Terminus stammt von Adler), und zwar als eine ganz wesentliche, die immer zu einem Du hinüberleitet, somit ein ganz wichtiges interpersonelles Kommunikationsmittel darstellt. In diesem Sinne ist Sexualität niemals Selbstzweck, sondern immer ein Mittel zu einem Zweck, wenn auch keineswegs lediglich zu dem der Fortpflanzung. Diese persönliche Aussage ist das Spezifische der menschlichen Sexualität, selbst wenn ich versuche, sie in den Dienst reiner Triebwünsche zu stellen, ohne die geringste Gefühlsbeteiligung, ist dies noch immer eine (wenn auch sehr negative) menschliche Stellungnahme zu meinem Trieb und zu einem Partner, die den Verlauf der Kommunikation ganz wesentlich beeinflussen wird. Es ergibt sich daraus von selbst, daß es ganz ausgeschlossen erscheint, die Anwendung eines so wichtigen und intensiven Kommunikationsmittels auf die Ehe zu beschränken. Der Mensch muß und wird es benützen, sobald er sich dieser Möglichkeit bewußt wird, und zwar in der überwiegenden Mehrzahl keineswegs nur zum Ausleben seiner Triebe, sondern durchaus auch seiner Gefühle. Die Statistiken über den vorehelichen Verkehr von Jugendlichen sprechen hier eine deutliche Sprache, und die Antwort des Tiroler Bischofs darauf: ,,Statistiken sind noch keine Moral", geht am wesentlichsten des Problems völlig vorbei, weil hier einfach menschliche Begegnungen ihren unvermeidlichen, natürlichen Ausdruck suchen, der mit genug Problemen verbunden ist und nicht noch zusätzlich mit Schuldgefühlen belastet werden sollte. Umso erfreulicher erscheint es, daß gerade auch aus Innsbruck die Stimme des Moraltheologen Rotter tönt, der mit beharrlichem Nachdruck auf die Unhaltbarkeit der moralischen Verurteilung jedes vorehelichen Verkehrs hinweist.

Wenn wir somit bei jener wunderbaren Begegnung angelangt sind, die der Coitus darstellt oder darstellen kann („Sie erkannten einander" hieß es im alten Testament), sollte ein entscheidendes Kriterium herausgearbeitet werden für das Gute, für die Güte einer solchen Begegnung: daß sie nämlich nicht nur der Erbauung im primitiven, sondern auch im höheren Sinne diene, man sich also nicht gegenseitig zerstört (was oft genug der Fall ist), sondern beglückt, ermutigt, aufbaut. Die Sexualität stellt ein unvergleichlich intensives „Transportmittel" anderer Gefühle dar, die von zärtlicher Partnerschaft auf der einen Seite hin bis zur heftigsten Aggression auf der anderen Seite oder zur Manifestation von Macht und Geltungsstreben bis hin zur Bereitschaft, sich zu unterwerfen, reichen. Die Begegnung zwischen Mann und Frau ist leider bis zum heutigen Tag eine Art von Kampf, die keine andere Lösung zu kennen scheint, als daß einer der Sieger und der andere der Verlierer sein muß. Nehmen wir jenes erschütternde Gedicht, in dem Peter Turrini den Koitus seiner Eltern beschreibt:

Mein älterer Bruder
schlief auf einem Notbett in der Speis.
Mein jüngerer Bruder und ich
schliefen mit den Eltern
in einem Zimmer.

Manchmal erwachte ich durch ein Geräusch.
Es klang wie Jammer und Reiben.
Wie Weinen und Stoßen.
Wie Keuchen und Drücken.
Es wurde immer heftiger
und erfüllte den dunklen Raum.

Es klang, als würde mein Vater schlagen.
Es klang, als würde meine Mutter erschlagen.
Dieser Kampf endete mit einer plötzlichen Stille.
Ich hielt den Atem an
und drückte die Hand auf meine Brust.
Das laute Pochen meines Herzens
durfte mich nicht verraten.

Auch in der Zeit einer fortschreitenden Frauenemanzipation ist noch immer die Frau viel zu häufig die (auch der Position nach) unten Liegende, ,,Unterlegene", wird noch immer dem Knaben geraten, sich ,,auszutoben", während das Mädchen ermahnt wird, sich rein zu bewahren, arbeiten wir also mit einer doppelten Moral, die durch jene Umkehrung ins gerade Gegenteil, welche bestimmte Feministinnen anstreben, nicht besser würde. Oft sind die Erfahrungen, die Liebende machen, so triste, daß die Devise entsteht: ,,Nur ja kein Gefühl zeigen, sonst zahlt man nur drauf" und ,,Immer ist der, der stärker liebt, das Opfer!"
Darf man also in diesem Sinne auf die ungeheure, gerade in unserer Zeit viel zu wenig ernstgenommene Verantwortung hinweisen, die in jeder menschlichen Kommunikation, auch der sexuellen, enthalten ist, so muß betont werden, daß dazu auch diejenige für die Dauer der Beziehung zu zählen ist. Hier sind zwischen den Extremen der flüchtigen einmaligen Begegnung und der Bindung, ,,bis daß der Tod uns scheidet", alle Übergänge möglich. Als klassisches Beispiel der vergänglichen Liebe möchte ich hier das Gedicht von **Bert Brecht** anführen:

Erinnerung an die Marie A.

An jenem Tag im blauen Mond September,
still unter einem jungen Pflaumenbaum,
da hielt ich sie, die stille, bleiche Liebe
in meinem Arm wie einen holden Traum.

Und über uns im blauen Sommerhimmel
war eine Wolke, die ich lange sah.
Sie war sehr groß und ungeheuer oben,
und als ich aufsah, war sie nimmer da.

Seit jenem Tag sind viele blaue Monde
geschwommen still hinunter und vorbei.
Die Pflaumenbäume sind wohl abgehaun.

Und fragst Du mich, was mit der Liebe sei,
so sag ich Dir: Ich kann mich nicht erinnern,
und doch gewiß, ich weiß schon, was Du meinst.
Doch das Gesicht, das weiß ich wirklich nimmer.

Ich weiß nur eins: ich küßte es dereinst.
Und auch den Kuß, ich hätt' ihn längst vergessen,
wenn nicht die Wolke dagewesen wär'.
Die weiß ich noch und werd' ich immer wissen:
sie war sehr weiß und kam von oben her.

Die Pflaumenbäume blühn vielleicht noch immer,
und jene Frau hat jetzt vielleicht das 7. Kind.
Doch jene Wolke blühte nur Minuten,
und als ich aufsah, schwand sie schon im Wind.

Etwas Erschütternderes über die Momenthaftigkeit der Liebe, über ihre Augenblicklichkeit, als dieser Vergleich mit der schwindenden Wolke (die andere Dichter an den Tod gemahnt) ist meines Wissens nach nie geschrieben worden. Ein Österreicher, Alfred Polgar, aber hat gesagt: „Liebe ist ein privates Weltereignis, die Welt hat ein Gesicht bekommen: dieses." Aber wird sie es bewahren können? Wird das Gesicht andere Züge annehmen?

Knut Hamsun schreibt in seinem Roman „Viktoria":
„Aber nachdem der Mönch Vendt von so vielen Arten der Liebe gesprochen hat, erzählt er von noch einer Art und sagt: Denn so berauschend ist eine besondere Art der Liebe! Die jungen Herrschaften sind eben heimgekehrt, ihre lange Hochzeitsreise ist zu Ende, und sie begeben sich zur Ruhe. Eine Sternschnuppe erstrahlt über ihrem Dach. Im Sommer gingen die jungen Herrschaften miteinander und wichen eines nicht von des anderen Seite. Sie pflückten gelbe, rote und blaue Blumen, die sie einander schenkten, sie sahen das Gras sich im Winde bewegen und hörten die Vögel im Walde singen, und jedes Wort, das sie sprachen, war wie eine Liebkosung. Im Winter fuhren sie mit Pferden, die Glocken trugen, und der Himmel war blau, und hoch oben rauschten die Sterne über unendliche Ebenen dahin. So vergingen viele, viele Jahre. Die jungen Herrschaften bekamen drei Kinder und ihre Herzen liebten einander wie am ersten Tag beim ersten Kuß. Da erfaßte den stolzen Herrn eine Krankheit, diese Krankheit, die ihn so lange ans Bett fesselte und die Geduld seiner Frau auf eine so harte Probe stellte. Als er wieder gesund war und vom Bett aufstand, erkannte er sich nicht wieder; die Krankheit hatte ihn entstellt und ihn seiner Haare beraubt. Er litt und grübelte. Eines Morgens sagte er: Jetzt liebst du mich wohl nicht mehr? Aber errötend schlang seine Frau die Arme um ihn und küßte ihn so leidenschaftlich wie im Frühling der Jugend und antwortete: Ich, ich liebe, liebe dich immer. Ich vergesse nie, daß ich es war und keine andere, die du nahmst und die so glücklich wurde. Und sie ging in ihr Zimmer und schnitt all ihr blondes Haar ab, um ihrem Mann, den sie liebte, zu gleichen. Und wieder vergingen viele, viele Jahre. Die junge Herrschaft wurde alt und ihre Kinder waren erwachsen. Wie früher teilten sie

immer noch jedes Glück; im Sommer gingen sie immer noch ins Freie und sahen das Gras wogen, und im Winter hüllten sie sich in ihre Pelze und fuhren unter dem Sternenhimmel dahin. Und ihre Herzen waren immer noch warm und froh wie von seltsamem Wein. Da wurde die Frau lahm. Die alte Frau konnte nicht mehr gehen; sie mußte in einem Fahrstuhl gefahren werden und der Herr selbst schob sie. Aber die Frau litt durch dieses Unglück unsäglich, und ihr Gesicht bekam tiefe Furchen vor Trauer. Da sagte sie eines Tages: Ich würde jetzt gern sterben. Ich bin so lahm und häßlich, und dein Gesicht ist so schön, du kannst mich nicht mehr so lieb haben wie früher. Aber der Herr umarmt sie, rot vor Bewegung, und antwortet: Ich, ich liebe dich mehr, mehr als mein Leben, du Liebe, liebe dich wie am ersten Tag, wie in der ersten Stunde, als du mir die Rose gabst. Erinnerst du dich? Du reichtest mir die Rose und sahst mich mit deinen schönen Augen an; die Rose duftete wie du, du errötetest wie sie, und alle meine Sinne wurden berauscht. Aber noch mehr liebe ich dich jetzt, du bist schöner als in deiner Jugend, und mein Herz dankt dir und segnet dich für jeden Tag, den du mein gewesen bist. Der Herr geht in sein Zimmer, gießt Säure über sein Gesicht, um es zu verunstalten, und sagt zu seiner Frau: Ich hatte das Unglück, Säure in mein Gesicht zu bringen. Meine Wangen sind voller Brandwunden – du liebst mich wohl jetzt nicht mehr? Oh, du mein Bräutigam, mein Geliebter, stammelt die alte Frau und küßt seine Hände. Du bist schöner als irgendein Mann auf Erden, deine Stimme macht mir noch heute das Herz heiß, und ich liebe dich bis in den Tod."
Nun werden viele sagen: das ist eben nur in der Ehe möglich, und deswegen bleibe die sittliche Bejahung der Sexualität ausschließlich an sie gebunden. Aber ist es in

Wirklichkeit nicht so, daß gerade in der Ehe der Verkehr sehr oft aus reiner Gewohnheit, als Routine ohne jede Liebe, als Erfüllung der „ehelichen" Pflicht (ein verhängnisvolles Wort!) „durchgeführt" wird? So kann es also in der Ehe Kohabitationen geben, wo die körperliche Vereinigung keineswegs „die Dankbarkeit des Leibes für das ist, was die Seele für den Partner empfindet" (Peter Altenberg) und somit außer Zweifel eine unsittliche Handlung darstellt. Die Aufforderung von Papst Johannes Paul II., die Ehemänner sollten ihre Frauen nicht begehrlich ansehen, wird die Situation auch nicht verbessern können, denn das eben ist ja die Tragödie, daß Ehemänner dies mit der Zeit, des sicheren „Besitzes" müde und überdrüssig, immer weniger tun. Und ein solcher Coitus sollte dann die Bestätigung einer anhaltend guten Ehe, das Vorbild einer moralisch einwandfreien Ehe sein? Mit anderen Worten: Ein Coitus ist nicht automatisch dadurch sittlich einwandfrei, weil er ehelich vollzogen, und nicht automatisch unsittlich, weil er unehelich vollzogen ist. Hier müssen auch andere Kriterien berücksichtigt werden, die ich versucht habe zu skizzieren. Ehe, dieser Begriff wird bedauerlicherweise nur allzuoft mit einem immerwährenden, quasi garantierten Besitz gleichgesetzt, der die unbedingte notwendige Einsicht, „Du bist nicht das einzige, was in der Liebe möglich ist" (Max Frisch), einfach auslöscht. Dadurch entsteht das verhängnisvolle Gefühl, man brauche sich infolge „verbotener Konkurrenz" um den Partner nicht mehr zu bemühen. So sorgt gerade eine Institution, die den Menschen auf die höchste Stufe seiner diesbezüglichen Möglichkeiten heben will, in der praktischen Durchführung dafür, daß das Zusammenleben zweier Menschen vom Scheitern bedroht ist.

Zusammenbleiben auf längere Sicht stellt den Menschen vor enorme, mitunter seine Kräfte fast übersteigende Probleme. Unverantwortlich scheint es daher zu sein, daß auch heute noch vielen durch die Kindheit gestörten, verstörten, zerstörten Menschen geraten wird, sie sollten nur heiraten, dann werde schon alles gut werden! (In Wirklichkeit wird dann nur ein zweiter Mensch in das Mißgeschick mit hineingerissen.) Die Mutter ist für den Sohn die erste Frau, der Vater für die Tochter der erste Mann, da werden durch zu starke Bindung oder durch lieblose Enttäuschung Wunden geschlagen, die spätere Beziehungen schwerstens belasten, selbstverständlich auch das sexuelle Verhalten negativ beeinflussen. Aber auch ohne eine solche Behinderung in der Wurzel, ,,in radice" (die meiner Meinung nach einen gültigen Ehekonsens nicht zustande kommen läßt!), bleibt die Gewöhnung eine ungeheure Gefahr. Man könnte in diesem Zusammenhang auch von einer ,,Diätetik der Sexualität" sprechen. Peter Altenberg: ,,Essen und Trinken sollte man nur, wenn man Hunger und Durst hat, daß schon der Gedanke an eine Brotkrume einem das Wasser im Munde zusammenlaufen läßt. In sexuellen Dingen ist es ganz genauso." Sexualität ist am schönsten, wenn man sich zutiefst gedrängt fühlt, wenn die ,,unentrinnbare Stunde" gekommen ist. Es ist daher an beide Partner zu appellieren, ihre Phantasie zu bemühen, um alles zu unternehmen, füreinander stets aufs Neue anziehend, verführerisch und interessant zu bleiben. Diese weltbewegende Kraft kann auch hier Welten verändern, Wunder wirken, und es darf daran erinnert werden, daß sich wohl in keiner Vereinigung etwas ereignen kann, was nicht schon in der Phantasie vorbereitet wäre. Sicherlich ist die Sexualität nicht unbedingt Voraussetzung für eine dauernde Partnerschaft (siehe früher), andererseits wird die

Stabilität einer Verbindung nach meiner Erfahrung enorm gestärkt, wenn die sexuellen Phantasien der beiden Partner auf längere Sicht zusammenpassen.

Ich bin weit davon entfernt, den Orgasmus zu vergötzen und aus der Sexualität einen ,,Leistungssport" machen zu wollen, was nur zum Erlöschen jeder geschlechtlichen Freude führen kann. Aber andererseits glaube ich, daß Reich recht gehabt hat, als er den Orgasmus als elementares menschliches Recht bezeichnet hat. In dieser Beziehung schneiden wir Männer, fürchte ich, besonders schlecht ab: Haben wir uns doch Jahrhunderte lang vorwiegend um unsere Befriedigung gekümmert und die Frauen diesbezüglich sträflich vernachlässigt. Man kann nur hoffen, daß uns das die Frauen nicht eines Tages mit gleicher Münze heimzahlen. Daß Sexualität an das größte Geheimnis der menschlichen Existenz, den Schöpfungsakt neuen Lebens, heranführt, ist uns stets bewußt oder sollte uns bewußt sein, viel weniger bekannt ist die Nähe von Eros und Thanatos, Liebe und Tod. Ein zutiefst empfundener Orgasmus reicht an ein Auslöschen des Menschen heran, wie es Othello ausdrückt: ,,Komme der Tod nun, geh nicht auf mehr, o Sonne, in dem Augenblick erfüllt sich mein Leben." Welch intensiver Beweis dafür, daß in der Sexualität das ganze Leben des Menschen enthalten erscheint, ist doch auch das Sterben ein Teil des Lebens!

Selbstverständlich ist es unmöglich, alle Probleme, vor welche die Sexualität den Menschen stellt, in diesem Rahmen auch nur anzudeuten. Nur zwei möchte ich noch erwähnen:

Wie auf allen anderen Gebieten auch, müssen wir lernen, Menschen, die in der Sexualität ein von der ,,Norm" abweichendes Verhalten zeigen, dennoch anzunehmen. Heute wissen wir, daß Homosexualität nichts mit einer abnormen Veranlagung, mit einer hormonellen „Entgleisung" zu tun hat. Es sind psychologische, in der jeweiligen Familie gegebene Konstellationen (z. B. das Fehlen des gleichgeschlechtlichen Elternteiles, seine psychische Schwäche oder aber eine überstarke Bindung an den entgegengesetztgeschlechtlichen Elternteil oder eine Ablehnung des Geschlechts des Kindes durch die Eltern), welche ein Kind veranlassen, das ihm von Geburt zugewiesene Geschlecht psychologisch nicht zu bejahen, also z. B. anatomisch ein Mann zu sein, aber psychologisch ein Mädchen sein zu wollen und umgekehrt. Manche leiden unter diesem Zustand, manche empfinden sich als „Homosexuelle aus Neigung" und sind sehr glücklich. Wir dürfen außerdem nicht vergessen, daß homosexuelle Tendenzen in jedem Menschen zu finden sind, die in der Periode der Pubertät deutlich anklingen und unter bestimmten beeinflussenden Umweltfaktoren sogar fixiert werden können. Mit andern Worten: Herablassende Toleranz gegenüber diesen Menschen ist einfach zu wenig, wir müssen ihnen vielmehr Respekt und Verständnis erweisen.

Ein Wort muß noch gesagt werden über die Sexualität als Problem in der ärztlichen Praxis. Die Humanmedizin unterscheidet sich von der Veterinärmedizin dadurch, daß sie es mit Patienten zu tun hat, die sprechen können. Zur humanen Medizin wird sie vor allem auch dadurch, daß diese Chance entsprechend genützt wird. Aus Erfahrung ist nun bekannt, daß der Patient besondere Hemmungen hat, über sexuelle Probleme zu sprechen, betreffen sie doch seinen intimsten Bereich, den er nur schwer und widerstrebend preisgibt. Und doch muß man mit Geduld und Ausdauer darum ringen, daß es geschieht, denn sehr viele körperliche (keineswegs nur im Bereich der Sexualorgane) und psychische Symptome stehen mit sexueller Frustrierung in

Zusammenhang. Weit entfernt davon, *alles* aufs Sexuelle zurückzuführen, sollte man umgekehrt auf diese Möglichkeit nicht vergessen. Dies umsomehr in Österreich, über dessen sexuelles Verhalten unser großer Sexualforscher Ernest Bornemann (ich zögere nicht mit dieser Anerkennung, obwohl er mir manchmal viel Ärger bereitet) unter anderem sagt:

„In Österreich wird am schlechtesten aufgeklärt, die Eltern tun es nicht und die Schule oft genug rein mechanistisch, ohne die so notwendige menschliche Dimension; Österreich steht bezüglich der Sexualhygiene unter den Ländern Europas an einer der letzten Stellen; es gibt unter den Nationen Europas keine, die ihr Geschlechtsleben so zielstrebig vor den Augen anderer verbirgt wie Österreich, und dies keineswegs nur aus Taktgefühl, sondern weil es mit der Sexualität nicht so gut geht wie wir gerne glauben und andere glauben machen möchten." Die sexuellen Probleme seines Patienten wird natürlich nur der Arzt annehmen können, der seine eigene Sexualität zuläßt. Und das ist eine Frage, die keineswegs automatisch mit „ja" zu beantworten ist. Wenn man Statistiken glauben darf, haben nämlich Ärzte oft sowohl ein geringes sexuelles Wissen als auch kein glückliches Sexualleben. Das mag dann z. B. dazu führen, daß auch der Arzt dem Sexualproblem des Patienten ausweicht oder höchstens die verklausulierte Frage stellt: „Wie steht es mit Ihrer Vita sexualis?", eine Formulierung, die sicher nicht geeignet ist, den sowieso schon gehemmten Patienten zu bewegen, aus sich herauszugehen. Das mag ferner zur Abweisung der sexuellen Probleme des Patienten (z. B. Antwort an eine Frau, die um Verschreibung der Pille bittet: „Können sie sich nicht beherrschen, so daß sie die Pille nicht brauchen?!"), als auch zu einem unnatürlich verstärkten Interesse an diesem Thema führen (ähnlich wie Beichtväter, übrigens auch Beichtspiegel, die durch lange Zeit das sechste Gebot in den Mittelpunkt ihrer Aufmerksamkeit stellten und es damit fast zum ersten Gebot „aufwerteten"). Wir alle sollten nie vergessen, daß jede therapeutische Beschäftigung mit diesem Gebiet ja nicht dem schrankenlosen Ausleben der Triebe dient, sondern einer besseren Bewußtmachung und damit einer besseren Kontrolle, ganz im Sinne des großen Moralisten Sigmund Freud: „Wo Es war, soll Ich werden."

Eine Schlußbemerkung. Doris Lessing schreibt: „Die Pille ist die große Befreiung der Frau. Als ich jung war, war es eine wichtige Entscheidung, mit einem Mann zu schlafen. Heute hat es – durch die Pille, durch den Verlust der Angst vor Schwangerschaft – die Bedeutung eines Händeschüttelns in der Horizontalen." Ich bin, weiß Gott, für die Pille, sofern sie verantwortungsvoll gehandhabt wird, aber wenn *das* die Folge wäre, wäre es schlimm. Es wäre schrecklich, wenn uns nicht das Staunen über die sexuelle Freude gewahrt bliebe, wenn diese wunderbare Gabe so abgewertet würde, diese Kostbarkeit nicht dankbar ausgekostet und auf sie mit tiefem Schmerz und doch in Würde verzichtet werden würde, wenn die Stunde des Abschieds schlägt. In diesem Sinne sei das Gedicht von Franz Werfel zitiert:

Ich staune, daß die rote Farbe rot ist.
Ich staune, daß die Gelbe gelb erklingt.
Ich staune, daß was ringsum lebt, nicht tot ist,
und daß, was tot ist, nicht ins Leben schwingt.
Ich staune, daß der Tag alltäglich,
wenn das Licht verwest, zur Ruhe geht.
Ich staune, daß frühmorgens überfrachtet von
Sonnenglück ein neuer kommt in Schwung.
Ich staune, daß durch alle Lebenssprossen

*das Männ- und Weibliche geschieden bleibt
und diese Zwieheit, niemals ausgenossen,
als Wonne unsere Herzensfluten treibt.
Mein Staunen ist kein Forschen nach dem Sinn,
mein Staunen ist des Sinnes selbst der Sinn.
Nur durch Erstaunung werd ich meiner inne.
Ich staune, daß ich staune, daß ich bin.*

6.

Von der Krankheit zum kranken Menschen

Diesen Vortrag halte ich in meiner Funktion als Vorstand des neuen Institutes für medizinische Psychologie an der medizinischen Fakultät der Universität Wien, ich widme ihn den Problemen der Patienten ebenso wie der Frage der Ausbildung künftiger Ärzte, und es wird sich ergeben, daß diese beiden Problemkreise auf das engste miteinander verbunden sind.

Es war Krehl, der darauf hingewiesen hat, daß es eigentlich gar keine Krankheiten gibt, sondern nur kranke Menschen. In der Tat: eine Krankheit als solche hat noch niemand gesehen, weil sie eben der Person bedarf, um zu existieren. Dementsprechend ist es die Aufgabe des Arztes, nicht bloß nach Krankheiten zu suchen, nicht nur die richtige Diagnose zu stellen (was freilich von entscheidender Wichtigkeit ist), sondern auch den kranken Menschen in seiner Gesamtheit wahrzunehmen, und zwar im doppelten Sinne des Wortes, so wie es mein erster Lehrer Otto Kauders ausgeführt hat. Dabei geht es also zum ersten um ein echtes Zurkenntnisnehmen des Patienten, scheinbar eine Selbstverständlichkeit, in der Realität jedoch viel zu oft nicht verwirklicht. Ich bin vielen Patienten begegnet, die monatelang in Behandlung gewesen sind bei irgend jemandem, und wenn man sie fragt: „Wie hat der Arzt geheißen", sagen sie, „das weiß ich nicht." Ein deutlicherer Hinweis auf eine unpersönliche Beziehung kann nicht gegeben werden, ein erschütterndes Symptom der Entfremdung zwischen Arzt und Patient, die z. B. auch darin zum Ausdruck kommen kann, daß bei einer Operation ein Patient verwechselt wird: Man kennt eben einander nicht! Nun hat aber das Wahrnehmen noch eine andere Bedeutung: Ihn für wahr nehmen, d. h. nicht nur die objektiven Befunde zu sammeln, sondern auch die subjektive Wirklichkeit des Patienten anzunehmen. Jede Krankheit ist ja mit einer seelischen Veränderung gekoppelt, jede ernstere Erkrankung mit einer Krise, einem seelischen Notstand, auf diesen nicht einzugehen, würde ein schlimmes ärztliches Versagen bedeuten. Nur ein Arzt des Körpers zu sein und nicht auch der Seele, wäre selbst bei gewissenhaftester Berufsausübung zu wenig, „distanzierte kühle Sachlichkeit" nützt dem Patienten nicht, schadet ihm vielmehr, weil sie ihn seiner persönlichen Einmaligkeit beraubt und zum „Fall" degradiert, entwürdigt.

Um nun näher auf diese subjektive Wirklichkeit einzugehen, der ich auch meine Antrittsvorlesung gewidmet habe: Nichts ist kostbarer im Leben als die Begegnung zweier Subjekte. Und auf der anderen Seite haben wir aus dem Subjekt etwas Minderwertiges gemacht; wir sagen: „So ein Subjekt" mit einem deutlichen Unterton der Verachtung. Wenn wir betonen: das sind nur subjektive Empfindungen (weil wir sie nicht „objektivieren" können), ist dies ein Synonym für: Das bilden Sie sich bloß ein! Durch das Nur-zur-Kenntnis-Nehmen der „objektiven Befunde" wird der Mensch genau zu dem, was eben diese Vorgangsweise postuliert: zur seelenlosen Maschine. Ich muß in diesem Zusammenhang gerade in Salzburg Thomas Bernhard zitieren: „Vom Menschen ist in der Medizin niemals die Rede, sondern nur von der Summierung seiner Organe." Dabei muß zwangsläufig das Spezifische, das Einmalige jedes Patienten verlorengehen, es findet eine unheimliche Uniformierung (ein Wort, das in jeder Form Negatives bedeutet), eine „Gleichschaltung", statt. Peter Altenberg hat sie mit folgenden Worten beschrieben:

„Kein einziger Arzt hat das wissenschaftlich-menschenfreundliche Interesse, den Individualfall eines besonderen Kranken gleichsam als eine ‚neue bisher unbekannte' Welt zu studieren und selbst daran erst zu lernen. Im Gegenteil, sogleich versucht er es heimtückisch-mechanisch, dich zu ‚subsumieren', dich zu rubrizieren, und das Wort ‚solche Fälle sind mir leider seit Jahren nur allzu bekannt' rinnt ihm liebenswürdigst von den verbrecherischen Lippen! Ihm ist aber eben gar nichts bekannt. Der Kranke ist ihm keine willkommene Chance, seinen Gesichtskreis (?!?) naturgemäß zu erweitern, sondern, im Gegenteil, der unglückselige Kranke muß das sein, was der bequeme Idiot von ihm seit jeher geglaubt hat! Äußerste Interessenlosigkeit für den merkwürdigen komplizierten Individualfall ist fast seine eigentlichste wissenschaftliche Lebensdevise. Jeder hält sich für besonders erkrankt, na, das wollen wir ihm baldigst austreiben! Die Beobachtung eines mehr oder weniger unverständlichen Falles müßte eine Art von besonderer Wissenschaft werden! Aber wird sie es?! Keineswegs."

Betrachten wir doch in diesem Zusammenhang den medizinischen Unterricht. Im ersten Studienabschnitt findet keine Begegnung des Studenten mit dem Patienten statt, er ist ein Musterbeispiel der Versachlichung. Erst in der Anatomie kommt es zu dieser Konfrontation, aber in welcher Form? Der Mensch tritt als Leiche, weniger noch, als Präparat in Erscheinung, er ist eine Unperson, ohne jede persönliche Geschichte. Mitscherlich hat gemeint: „Es muß die an der Leiche beginnende Erziehung des Arztes sein, die das natürliche Problembewußtsein für eine so schwierige zwischenmenschliche Beziehung wie die zwischen Arzt und Krankem ertötet."

Ich habe einmal mit meinen Studenten eine sehr interessante Erfahrung gemacht: Es hatte eine Diskussion über die „kranke Medizin" im Fernsehen stattgefunden (Club 2); wir sind dann in das ORF-Zentrum hinausgepilgert mit einer Gruppe von 60 Studenten und haben uns die Aufzeichnung des Clubs angesehen, die Teilnehmer hatten die Möglichkeit, auf einen Knopf zu drücken, dann wurde unterbrochen und diskutiert. Da sagte ein Diskutant: „Heute habe ich mich entschlossen, mein Medizinstudium aufzugeben." „Ja, warum, junger Freund?" „Ich famuliere auf einer internen Abteilung und ich habe erlebt, ein Mann ist gestorben, ich hatte noch vor einer Stunde mit ihm gesprochen, wir hatten ein gutes Gespräch, als ich später wiederkam, war er tot. Einen solchen Beruf kann ich nicht ausüben." „Junger Freund, haben Sie nicht in der Anatomie begriffen, daß die Menschen sterben?" – „Nein, denn das waren Personen, die ich nicht gekannt habe, das waren gar keine Menschen mehr, das waren eben Leichen, das war kein Problem für mich. Aber was ich jetzt erlebt habe, das halte ich nicht aus." Oft denke ich mir: Vielleicht ist unser Unterrichtssystem aus der geheimen Absicht geboren, gerade jetzt in der Zeit der sogenannten „Medizinerschwemme" möglichst viele Adepten dazu zu bewegen, das Studium wieder aufzugeben? Haben wir denn eine Ahnung davon, welche Konflikte durch dieses System in den Studenten heraufbeschworen werden, die „überleben" wollen, koste es, was es wolle. Konflikte, bei deren Bewältigung sie vom „Management" (den Lehrpersonen) weitgehend im Stich gelassen werden? Es gibt jetzt eine wunderbare Einrichtung der medizinischen Fakultät in Wien, „Studenten betreuen Schwerstkranke". Es handelt sich dabei um rein menschliche und nicht medizinisch-therapeutische Handlungen. Wir sehen dabei immer wieder, daß die beteiligten Studenten durch das Leid, das sie mitansehen müssen, hart an die Grenze ihrer Tragfähigkeit gelangen. Um diese Schwierigkeiten zu mildern, haben wir selbstverständlich Gruppen eingerichtet, in denen die entstehende psychische Belastung im Gespräch mit dem Gruppenleiter und untereinander reduziert wird. Es gibt aber viele Ärzte, die der Meinung sind, daß eine flankierende Gruppenbetreuung überflüssig sei, denn sie sagen: Wer nicht imstande ist, eine solche Tätigkeit ohne „Stärkung" auszuhalten, der ist sowieso ungeeignet, Arzt zu werden. Sie verhalten sich hiemit so, als wäre das Arzt-Werden ein Ausleseprozeß, den nur die seelisch Härtesten überstehen sollten. Wenn dem so wäre, mit welchem „schrecklichen" Arzttypus hätten wir dann zu rechnen? Muß aus solchen Ansichten und aus solchem Vorgehen nicht eine Zerstörung der künftigen Arzt-Patienten-Beziehung resultieren, eine Flucht in die Vergötzung des Technisch-Machbaren? Die Technik an sich soll wirklich nicht verteufelt werden, im Gegenteil, sie ist ein unschätzbarer Gewinn zur Diagnose und zur Erhaltung menschlichen Lebens, es kommt nur darauf an, daß sie nicht seelenlos angewandt wird, sondern im Dienste des Menschen steht. Die Technik kann noch so intelligent und perfekt arbeiten, zwei Dinge kann sie nicht aufbringen: Gefühl und Moral. Beide sind notwendig, soll das Orwellsche Gespenst „1984" vermieden werden. Betrachtet man alle diese Faktoren, will es mir als Fehler scheinen, daß die medizinische

Psychologie in Österreich erst im zweiten Studienabschnitt unterrichtet wird. Wir haben jetzt zwar durch das Entgegenkommen und die Einsicht der Lehrkanzelinhaber für Physiologie und Anatomie dort bereits Vorträge über psychosomatische Erkrankungen und Sterben und Tod. Ob dies aber ausreicht, um dem Studenten ein anderes Bild der Medizin zu vermitteln, muß abgewartet werden.

Was könnte gegen die beschriebene Materialisierung der Medizin getan werden? Vermittlung von Ganzheitsmedizin, Besinnung auf den Satz Viktor von Weizsäckers: „Der Patient ist ein Objekt mit Subjekt" (Seele), eine knappe und treffende Formulierung dieses großen Mediziners. Das ist nicht Aufgabe eines einzigen Faches, auch nicht der medizinischen Psychologie allein (sie kann ein Motor dafür sein), das muß in jedes Fach integriert werden. Lernen, das Schicksal des Patienten mit *dessen* Augen zu sehen, mit *dessen* Ohren zu hören und mit *seinem* Herzen zu fühlen, wie es Adler vortrefflich ausgedrückt hat. Die erste Folge eines solchen Verhaltens wäre die Wiederherstellung der Würde des Kranken. Haben wir Ärzte wirklich vor dem Kranken Achtung? Der Kranke ist in unserer Bevölkerung ein Herabgesetzter, auch der körperlich Kranke, noch viel mehr aber der psychisch Kranke. Frage: Sind wir nicht an dieser Herabsetzung beteiligt, weil wir selber den Kranken nicht für voll und ernst nehmen? Wie stehen wir z. B. zu unserer eigenen Krankheit? Wir schämen uns doch ihrer – oder nicht? Wir haben gelernt: Arzt, heile dich selbst, und wenn du das nicht kannst, bist du nichts wert. Und dann schleicht man, wenn man selber krank ist, herum und schämt sich seines Leidens, weil man eben die Herabsetzung des Kranken auf sich selber ausdehnt. Wir müssen mitarbeiten, daß der Kranke wieder in der Welt als gleichberechtigter Mensch geachtet wird, das gehört auch zu der Wiederherstellung der Würde des Patienten.

Die Annahme der subjektiven Wirklichkeit des Patienten ist aber nicht nur eine moralische Pflicht, sondern auch ein medizinisches Gebot. Denn heute können wir nicht nur wohlbegründet sagen, daß es Krankheiten gibt, die unter psychischem Einfluß entstehen, daß also der Satz stimmt „Was kränkt, macht krank", er stimmt vielmehr auch umgekehrt: „Jede Krankheit kränkt." So ist jeder körperlich kranke Mensch auch von einer Fülle von seelischen Empfindungen bewegt, seinen Schmerzen, seiner Verunsicherung, seinen Ängsten, seinen Befürchtungen, wie die Umwelt auf seine Krankheit reagieren wird. Viele Ärzte bezeichnen diese Feststellungen als „Binsenweisheit". Dagegen wäre nichts einzuwenden, die Frage bleibt aber offen, warum sie denn die „Binsenweisheit" so wenig zur Kenntnis nehmen. Denn eines steht heute zweifelsfrei fest: *Von der Art dieser psychischen Verarbeitung hängt der Verlauf jeder Erkrankung ganz wesentlich ab.* Es gibt in diesem Sinne kaum an und für sich tödliche Krankheiten, sondern nur Verläufe, die zum Tode führen. Was könnte es Wichtigeres für den Patienten geben? Und was könnte daher für den Arzt wichtiger sein, als auf diese subjektive Wirklichkeit des Kranken einzugehen, das oft chaotische Durcheinander seiner Gefühle wahrzunehmen, Verständnis für seine Not aufzubringen und all seine Kunst aufzuwenden, um eine positive Reaktion auf die Erkrankung zuwege zu bringen?

An dieser Stelle möchte ich ein wenig auf die verschiedenen Verarbeitungsformen von Krankheiten eingehen.

1. *Regression.* Fast bei jedem Menschen wird die erste Reaktion auf Krankheit darin bestehen, daß er in gewissem Sinne wieder zum Kinde wird und sich verwöhnen lassen

will. Diese Tendenz ist nicht nur verständlich, sondern durchaus legitim, und die so häufig anzutreffende Reaktion der Umgebung (auch vieler Ärzte), nämlich die Regressionen nicht zuzulassen und „Härte gegenüber sich selbst" zu empfehlen, ist grundlegend falsch (natürlich nur, sofern wirklich Krankheit besteht). Der psychisch gesunde Mensch wird immer bestrebt bleiben, dieses Stadium der „Kindlichkeit" wieder abzulegen, er will ja wieder als Mitgestalter in das Leben zurückkehren können. Unter bestimmten Bedingungen freilich wird es zur Fixierung der Regression kommen, z. B. wenn man in der Kindheit nicht genügend Liebe erfahren hat und man jetzt auf eine „späte Wiedergutmachung" hofft oder aber, wenn man in der Kindheit zu sehr verwöhnt worden ist. Dann droht der Übergang in eine andere Verarbeitungsform, nämlich

2. *Die Flucht in die Krankheit.* Dabei spielen natürlich die gegebenen Lebensumstände eine entscheidende Rolle, sie können so geartet sein, daß Kranksein als immer noch „besserer" Zustand erlebt wird. Viele Krankheiten sind nichts anderes als der Versuch, einer unerträglichen Konfliktsituation auszuweichen.

3. *Viele Menschen zerbrechen an ihrer Krankheit.* Das kann dann einen chronischen Verlauf, Invalidität, Tod, eventuell auch durch Selbstmord, zur Folge haben. Es ist ja sogar im Volksmund bekannt, daß Menschen, die sich selbst aufgeben, auch durch die besten ärztlichen Maßnahmen oft nicht zu retten sind. Viele alte Menschen sterben z. B., wenn sie von den Angehörigen ins Spital abgeschoben werden, ohne daß man sagen könnte, woran sie gestorben sind. Sie regiert das Alleingelassensein, die Ausweglosigkeit. Für sie steht, unsichtbar für andere, über dem Spital der Satz von Dante: „Ihr, die ihr hier eintretet, laßt jede Hoffnung fahren", sie haben keine Zukunft. Das

führt zu einer solchen Lähmung der Abwehrkräfte, daß sie an ,,Bagatellen" zugrunde gehen. Zusammen mit Hans Hoff habe ich diesen Vorgang, der allzuoft anzutreffen ist, als ,,psychosomatische Dekompensation" bezeichnet.

4. *Hypochondrische Verarbeitung.* Es gibt viele Menschen, die durch Krankheit so verunsichert werden, daß sie die ,,objektive" Besserung subjektiv nicht glauben können, von Symptomen psychisch nicht loskommen bzw. in ständiger Angst vor ihrem Wiederauftreten leben. Besonders ältere Menschen neigen verständlicherweise zu dieser Verarbeitungsform, ist man doch in diesem Lebensabschnitt mit immer neuen Funktionsverlusten konfrontiert, gleichsam jeden Tag darauf vorbereitet, neue Einbußen und Schmerzen hinnehmen zu müssen. Shakespeare hat gesagt: ,,Wenn die Leiden kommen, so nicht einzeln, sondern in Geschwadern." Dieser Ausspruch gilt ganz besonders in diesem Lebensabschnitt.

5. *Die ,,Ausgliederung der Krankheit".* Viele Menschen weigern sich einfach, das Bestehen einer Krankheit zur Kenntnis zu nehmen, sie tun so, als seien sie gesund, ein äußerst gefährlicher Mechanismus, der oft zum vorzeitigen Tode führt, eigentlich eine Form schwerer Selbstschädigung. Die einen zögern solange zum Arzt zu gehen, bis es zu spät ist (und es hat dann wahrlich keinen Sinn, ihnen vorzuwerfen: Warum kommen sie erst jetzt?!), die anderen halten sich nicht an ärztliche Vorschriften und Verordnungen und ziehen einen raschen Tod vor.

6. *Die Eingliederung der Krankheit.* Darunter haben wir ein Verhalten zu verstehen, welches die Krankheit in ihrem gesamten Umfang und in allen ihren Konsequenzen wissend zur Kenntnis nimmt und bemüht ist, aus den Gegebenheiten das Bestmögliche zu machen. Dabei handelt es sich sicherlich um die reifste Form der Auseinander-

setzung mit der Krankheit, und es ist klar, daß sie daher die seltenste ist.

Ich möchte diese Punkte dahingehend zusammenfassen, daß jede ernstere Erkrankung mit „situativer Not" verbunden ist und es nun darauf ankommt, ob dieselbe gemeistert wird oder zu situativer Einengung führt.

Situative Not

Bewältigung	*Situative Einengung*
Selbstvertrauen, Mut	Gefühl des Ohnmächtig-ausgeliefert-Seins
Pläne, Aktivität	Passivität, Hoffnungslosigkeit
Unterstützung durch andere	Resignation, Isolation
Zeit vergehen lassen können	Fixierung des Augenblicks (die Zeit steht still)

Daraus ergibt sich, daß für die Art der Krankheitsverarbeitung jedes Patienten mehrere Faktoren entscheidend sein werden:
1. Seine Persönlichkeitsstruktur, seine psychische Entwicklung von Kindheit an.
2. Die psychische Lebenssituation, in der er sich befindet.
3. Die sozialen Verhältnisse: Wer wollte leugnen, daß trotz vieler guter Bemühungen auch bei der Versorgung des Kranken zwischen Arm und Reich sich immer noch gewaltige Unterschiede finden lassen?
4. Das Verhalten der nächsten Angehörigen. Ida Cermak hat in ihrem Buch „Ich klage nicht", in eindrucksvoller Weise gezeigt, wie oft von ihrer Reaktion im Wortsinn Leben und Tod abhängig sind.

5. Eine bedeutende Rolle spielt aber sicher auch das Verhalten des Arztes, eben ob er bereit ist, auf die subjektive Wirklichkeit des Patienten einzugehen und sie so positiv wie möglich zu gestalten.

Darf ich nun das Gesagte anhand eines Problems erläutern, das mir besonders am Herzen liegt: Seit drei Jahren betreue ich eine Gruppe Krebskranker psychotherapeutisch und habe dabei viel gelernt. Schon das bloße Wort „Krebs" erzeugt Panik und Todesangst. Noch heute ist und bleibt die irrige Auffassung, daß diese Diagnose einem Todesurteil gleichkommt, weit verbreitet, wie z. B. die folgenden zwei Sätze aus dem Brief eines Krebskranken beweisen: „Ich bin wöchentlich konfrontiert mit Kranken, welche in Resignation und Selbstaufgabe verfallen. Wir werden zu Schauspielern, und derjenige Patient spielt seine Rolle am besten, der ohne Aufhebens, so geräuschlos wie möglich stirbt, wie ein Stein, der ohne Wellen zu schlagen ins Wasser taucht." „Spricht jemand über die Einzelheiten seiner ‚Krebserkrankung'?! Niemand. Man spricht und beklagt sich über eventuell noch heilbare Dinge! Der Hoffnungslose verstummt tragisch", sagt Peter Altenberg. Diese Gefühle unserer Krebskranken wurden bisher gar nicht oder nur ungenügend wahrgenommen, und ich bin überzeugt, daß dies vielen sehr geschadet hat. Offenbar sind wir Ärzte bisher noch nicht imstande gewesen zu erfassen, welche Ängste, welche Nöte gerade hier aufgestaut sind und welche menschlichen Probleme somit ihrer Entflechtung harren. Wir haben irrigerweise immer geglaubt, mit dem Einsatz von Stahl und Strahl, mit der verbesserten medikamentösen Behandlung unsere ganzen Pflichten erfüllt zu haben. Dies umso mehr, als ja alle diese Therapieformen oft den vollen Einsatz einer Person beanspruchen.

Im übrigen schien es die beste Lösung zu sein, dem Patienten die Diagnose möglichst zu verheimlichen. Dies wurde unterstützt durch die Auffassung, das Wissen um die Krebskrankheit bringe den Patienten um. Möglicherweise sind wir Ärzte aber nicht allein aus menschenfreundlichen Motiven zu diesem Schluß gekommen, sondern auch aus egoistischen; weil wir nämlich Angst vor dieser „peinlichen Aufgabe" haben, weil es wohl das Bequemste ist, ein Problem durch Schweigen zu übergehen.

In der jüngsten Zeit haben sich aber neue Aspekte ergeben: Zuerst wurde es immer fraglicher, ob eine Verheimlichung überhaupt möglich sei. Heute weiß fast jede Frau, der man eine Brust entfernt, daß dies praktisch nur bei Krebs geschieht, dasselbe gilt für die Nachbehandlung mit Bestrahlung und den Cytostatika. Mit Recht wurde auch allmählich angenommen, daß eine Gewißheit psychisch auf die Dauer eher verkraftet werden könne, als eine ständige Ungewißheit, in der eine schreckliche Angst verborgen ist. Schließlich haben neue Untersuchungen in der ganzen Welt Anhaltspunkte dafür erbracht, daß es sich hier nicht nur um eine Frage der Menschlichkeit und Barmherzigkeit handelt, sondern auch um eine der medizinischen Notwendigkeit. Einiges spricht dafür, daß der wissende Patient mit einer besseren Abwehrlage seines Organismus rechnen kann, wenn es ihm einmal gelungen ist, den Schock zu überwinden und dann neue Strategien im Kampf mit der Krankheit zu entwickeln. Dadurch aber können möglicherweise auch seine Aussichten insgesamt entscheidend gebessert werden. So beginnt sich heute die Ansicht durchzusetzen, daß man eher aufklären als belügen soll: Wissen kann auch auf diesem Gebiete zu Macht werden, Macht, mit dem nun bekannten Feind besser fertig zu werden.

Die Aufklärung des Patienten bleibt aber eines der heikelsten Probleme ärztlicher Verantwortung. Es kann nicht genug davor gewarnt werden, dafür generelle Richtlinien zu geben (z. B. ,,Immer Aufklären"). Viele Kriterien müssen dabei berücksichtigt werden. Um nur die wichtigsten zu nennen:

Das Stadium der Erkrankung

Die Fortschritte der modernen Krebstherapie haben die Grenzen zwischen ,,hoffnungsvoll" und ,,hoffnungslos" fließender gemacht. Es muß immer die Möglichkeit in Rechnung gestellt werden, daß schon in allernächster Zeit neue Mittel gegen den Krebs zur Verfügung stehen könnten. Für die Praxis wird dies eine zunehmende Einengung jener Fälle mit sich bringen, die als hoffnungslos anzusehen sind und in denen man daher auf die Aktivierung des Widerstands des Patienten keinen Wert mehr zu legen brauchte.

Die psychische Belastbarkeit des Patienten

Die Angehörigen neigen im allgemeinen dazu, die Toleranzfähigkeit des Patienten zu unterschätzen. Ärzte hingegen sind gelegentlich dazu bereit, sie zu überschätzen. Zunächst gilt es, nicht nur das psychische Zustandsbild des Patienten zu beurteilen, sondern auch dessen allgemeine Einstellung zu Krankheiten der Vergangenheit. Jeder Mensch entwickelt auf diesem Gebiete spezifische Verhaltensmuster, die durch Erziehung und Vorbild der Eltern geprägt werden. Ihre Kenntnis und Berücksichtigung wird wesentlich zur richtigen Beurteilung der Belastbarkeit des Patienten beitragen.

Eine gute und somit belastbare Arzt-Patienten-Beziehung

Je größer das Vertrauen des Patienten, desto günstiger die Voraussetzung für die Übermittlung der Diagnose. Eine solche Beziehung ergibt sich in der Regel nicht über Nacht, sie ist das Resultat einer längeren persönlichen Begegnung. Daher bleibt die sofortige Eröffnung der Krebsdiagnose durch einen (zufällig) einmal konsultierten Arzt unverantwortlich.

Die Art der Mitteilung

Genauso wichtig wie das „Wann" ist das „Wie" („Und in dem Wie, da liegt der ganze Unterschied", Hugo von Hofmannsthal). Befragungen von Patienten haben ergeben, daß sie ihrem Arzt über die Eröffnung der Krebsdiagnose nicht böse, ja, daß sie rückblickend sogar dankbar dafür sind, vorausgesetzt, es geschieht in der richtigen Weise. Zu vermeiden ist jede überfallartige Eröffnung. Im Patienten kämpft eine Ahnung um die Wahrheit mit einer Verdrängungstendenz. Diese „Vorahnung", man könnte auch von einer „Vorgestalt" sprechen, ist – wie bereits erwähnt – ein starkes Argument dafür, daß eine ärztliche Information stattfinden soll.

Durch den Dialog des Arztes mit dem Patienten, durch Zuhören und Eingehen auf seine Äußerungen ist das Bewußtwerden der Wahrheit zu fördern. Für einen so entscheidenden Vorgang wie die Eröffnung der Krebsdiagnose muß Zeit zur Verfügung stehen. Außerdem ist hier die richtige Wortwahl nötig: „Die Wahrheit ist nicht identisch mit Kälte und Brutalität."

Der Begriff „unheilbare Krankheit" muß aufgeschlüsselt, es muß gezeigt werden, daß es in Wirklichkeit gerade bei dieser Krankheitsgruppe sehr verschiedene Verläufe gibt und die individuelle Verlaufsform nicht zuletzt vom

Verhalten des Patienten abhängt, der nicht nur wehrloses Opfer der Erkrankung ist, sondern sie von sich aus, natürlich mit ärztlicher Hilfe, beeinflussen und zum Günstigeren wenden kann.

Die Einstellung der nächsten Umgebung, besonders der Familienangehörigen

Teilnahmslose Gleichgültigkeit, den Kranken seinem Schicksal zu überlassen, ihn verlassen, ist ebenso gefährlich wie übertriebene Besorgnis. Schon mehrmals habe ich Angehörige von Krebskranken behandelt, die die Nachricht von dem Karzinom in ihrer Familie (z. B. bei der Gattin) in solche Angst und Drepression versetzte, daß die Kranken ihrerseits aus deren Depression den Schluß zogen, ihre Krankheit sei unheilbar und hoffnungslos. Es erübrigt sich darauf hinzuweisen, daß ein solches Gefühl der Schwächung der Widerstandskraft die Wege ebnet.

Mit Nachdruck muß nun betont werden, daß der Krebskranke eine andauernde psychische Betreuung braucht, auch wenn er die Diagnose nicht kennt, besonders aber dann, wenn er sie kennt.

Eine noch so rücksichtsvolle und psychohygienisch orientierte Eröffnung der Diagnose durch den Arzt allein reicht nicht aus. Man muß den Patienten vielmehr konsequent weiterbetreuen, ihn psychisch unterstützen und stabilisieren. Diese Betreuung muß durchaus nicht durch einen Psychotherapeuten erfolgen, jeder Arzt könnte sie durchführen, sofern er eine medizinisch-psychologische Schulung erfahren hat. Es gibt nach allgemeiner Erfahrung zwei Reaktionstypen, die sich allmählich herauskristallisieren (dazwischen natürlich viele Übergangsformen), die in der folgenden Tabelle zusammengefaßt sind:

Im günstigen Falle	Im ungünstigen Falle
Eingliederung und Ernstnehmen der Krankheit	Verdrängung und Verleugnung der Krankheit
Bereitschaft zu emotionellen und affektiven Reaktionen (vegetative Instabilität neurotische Symptome)	Emotionelle Verkümmerung, keine neurotischen Symptome
Richtung der Aggressivität nach außen	Gehemmte Aggressivität, Wendung der Aggressionen gegen die eigene Person
Fähigkeit, Angst und Spannung abzureagieren	lähmende Angst
Hypomanische Einstellung, Optimismus	Depression, Pessimismus
Bereitschaft zu kämpfen, Aufbau neuer Ziele	Passives, nicht zielbezogenes Verhalten
Fähigkeit zur Kommunikation	Tendenz zur Isolation

Mit aller Vorsicht darf gesagt werden, daß die aktive Reaktion Anlaß zur Hoffnung gibt, einen günstigeren Krankheitsverlauf erwarten zu dürfen. Während eine bestimmte Angst, nämlich die, welche Lähmung und Passivität (von mir als Schlange-Kaninchen-Reaktion bezeichnet) zur Folge hat, die Prognose zu verschlechtern scheint, eröffnet jene Angst, welche zu einer Fülle von Aktivitäten gegen die Krankheit führt, nach übereinstimmenden Befunden verschiedener Forscher zu einer verbesserten Prognose. Zu fördern ist jedenfalls der Ausdruck von Gefühl, Angst und Spannung, das Kommen mit Beschwerden, eigentlich alles, was den Patienten für den Arzt zu einem „unangenehmen" Fall werden läßt. Einiges spricht dafür: der für uns Ärzte „angenehme" Fall hat die schlechtere, der uns belastende Fall hat die bessere Prognose. Man darf dabei auch nicht das folgende vergessen: Oft werden gerade durch die lebensrettende Operation sekundäre Probleme heraufbeschworen, die für den Patienten eine beträchtliche Belastung darstellen (z. B. Verlust der Brust usw.). Mit all dem kann man den Patienten, der nicht nur überleben, sondern auch zum Leben der Allgemeinheit weiter einen Beitrag leisten will, nicht alleinlassen.

Man soll sich, weiß Gott, davor hüten, unberechtigte Hoffnungen zu erwecken, aber aufgrund meiner bereits erwähnten dreijährigen Arbeit mit Krebskranken möchte ich sagen: Die günstige Auseinandersetzung mit der Erkrankung, ihre Akzeptierung ebenso wie die Aufhebung der Todesverdrängung, eine neue positive Beziehung zur eigenen Person, auch zum eigenen Körper und ein daraus resultierender neuer Lebensstil können einen Beitrag zu günstigerem Krankheitsverlauf leisten. Dieser schließt immer häufiger auch Metastasenbewältigung ein. Ärztliche und mitmenschliche Zuwendung können die Widerstandskraft des Patienten wesentlich stärken. Ich meine daher, daß eine solche Behandlung eine wichtige Unterstützung der selbstverständlich unbedingt notwendigen organischen Krebsbehandlung darstellt, vielleicht wird sie eines Tages als obligatorische Ergänzung derselben angesehen werden. Da es sich beim Karzinom sicher um einen Kampf zwischen den Krebszellen und dem menschlichen

Immunsystem handelt, scheint mir die Notwendigkeit, die psychische Verfassung des Kranken zu verbessern, ganz logisch zu sein: Der Einfluß der Psyche auf die Widerstandskraft des Organismus ist ja längst tausendfach erwiesen. Auf die wichtige Frage, ob ein Mensch sich seinen Krebs nicht unbewußt selbst erzeugen könne, wenn er sich in einer ausweglosen seelischen Situation zu befinden vermeint, es sich also um einen indirekten Selbstmord handelt, wie Fritz Zorn in seinem Buch „Mars" behauptet, kann ich hier nicht näher eingehen. Nur so viel möchte ich sagen: Früher habe ich solche Annahmen für Hirngespinste gehalten, je länger ich mich mit Krebspatienten beschäftige, desto mehr halte ich diese Theorie in bestimmten Fällen (natürlich nicht bei allen Krebspatienten) für durchaus möglich, ja sogar wahrscheinlich.

Wenn ich das für den Krebs Beobachtete auf die meisten Erkrankungen des Menschen übertrage, so komme ich zu dem Schluß, daß die Zeit bevorsteht, wo sich nur der wird Arzt nennen dürfen, der diese Zusammenhänge in seinem ärztlichen Handeln berücksichtigt.

Mit das Schlimmste bei der Ignorierung der subjektiven Wirklichkeit des Patienten, bei seiner Uniformierung durch bloßes Sammeln von Befunden, scheint mir aber auch zu sein, daß die eigentliche menschliche Dimension (die spirituelle im Sinne von Jaspers) verlorengeht. Die wichtigsten menschlichen Probleme können dementsprechend nicht wahrgehabt werden, sein Leid, seine Not, sein Ausgesetztsein, auch seine Sterblichkeit.

So wird die Wahrnehmung der Gefühlswelt des Patienten letztlich auch zum weltanschaulichen Problem. Arzt sein ohne Auseinandersetzung mit den sich daraus ergebenden ethischen Problemen ist undenkbar. Wie der Dekan der medizinischen Fakultät in Wien, Holczabek, betont hat, gibt es dabei keine ärztliche Ethik, sondern nur eine Ethik des jeweils betroffenen Arztes. Dies schließt natürlich Konflikte ein, Pflichtenkollisionen, die das Maß der Tragfähigkeit des einzelnen Arztes fast übersteigen. Und doch kann ihm die Entscheidung niemand abnehmen. Für diese Not sollten wir Verständnis haben. Jede Entscheidung, wenn sie nach äußerstem inneren Ringen getroffen wurde, sollten wir ehrfurchtsvoll respektieren.

Gerade vom Standpunkt der Ausbildung müssen wir uns fragen: Was können wir tun, um künftige Ärzte – von den gegenwärtigen rede ich hier nicht – dazu zu bringen, ihren Patienten wirklich wahrzunehmen? Damit sind wir bei der Persönlichkeitsentwicklung des zukünftigen Arztes. Die Willensbildung, Arzt zu werden, findet gewöhnlich schon zwischen 14 und 18 Jahren statt. Sie müßte eigentlich parallel gehen mit einer entsprechenden Vorbereitung der menschlichen Grundlagen für eine solche Berufsausübung. Da aber haben wir schon größte Schwierigkeiten: Unser Schulsystem ist so, daß es die Menschwerdung nicht nur nicht fördert, sondern eher hemmt. Wir haben eine Schule, die Wissen vermittelt, die sich aber um die persönliche, gefühlsmäßige Entwicklung *zu wenig* kümmert, weil zu wenig Zeit dafür da ist, weil sie auch als Lernziel nirgends aufscheint. Direktor und Landesschulinspektor fragen nicht danach, was das für ein Mensch geworden ist, sondern was der Kandidat kann, und wenn das nicht reicht, so hat der Lehrer eben versagt. Wer wollte dann dem Lehrer verargen, daß er sich – oft sehr contre coeur – einseitig der Wissensvermittlung widmet? Und wer wollte sich darüber wundern, daß unter solchen Umständen unsere Kinder, wie es Ingmar Bergmann ausdrückt, die Schule als ,,Analphabeten des Gefühls" verlassen? Das ist in jedem einzelnen Fall schlimm, besonders schlimm aber, wenn der

Betreffende für einen Beruf bestimmt erscheint, der eine besondere Hilfeleistung für andere beinhaltet, wie es beim Arzt der Fall ist oder sein soll.

Ich halte diesen Vortrag in Salzburg, knapp an der Grenze zur Bundesrepublik Deutschland, und ich glaube, daß es daher berechtigt ist, nicht nur von österreichischen, sondern auch von Problemen anderer deutschsprachiger Länder zu reden. Und so möchte ich in diesem Zusammenhang ausdrücklich feststellen, daß ich das ,,Numerus clausus''-System, welches in der Bundesrepublik zur Auswahl der Medizinstudenten angewendet wird, für ein Unglück halte. Wer nimmt diese Hürde? Die Streber, die Ehrgeizlinge, die Einseitigen, die, gefühlsmäßig unterentwickelt und eingeengt, nur rationell-intellektueller Perfektion nachlaufen, die den Erfolg über andere als Eintrittskarte zum erstrebten Ziel vergötzen und von einem mitmenschlichen Solidaritätsgefühl weit entfernt sind. Ich möchte mich vor Verallgemeinerungen hüten, aber da all diese Eigenschaften bei Untersuchungen von Medizinstudenten dort immer wieder gefunden worden sind, wird man wohl befürchten müssen, daß hier eine negative Auslese getroffen wird, was noch doppelt schlimm ins Gewicht fällt, wenn man bedenkt, welche Aufgaben eigentlich auf diese Menschen warten.

Wir haben glücklicherweise in Österreich diesen Zustand nicht, aber es kann nicht früh genug vor einem solchen Unglück auch hier gewarnt werden. Und außerdem: haben wir deshalb ideale Verhältnisse? Genügt es, die Eltern und die Schule anzuklagen, sind die Universitäten nicht auch Schulen? Was geschieht denn während des medizinischen Unterrichtes für die Persönlichkeitsentwicklung? Man wird, wenn man ehrlich ist, antworten müssen: viel zu wenig! Der Kontakt des Lehrers zu den

Studenten im medizinischen Unterricht ist bei der Überfüllung des Studiums einerseits, bei dem Mangel an Lehrkräften andererseits ein viel zu dünner, es kann kaum ein persönliches Verhältnis zustande kommen. Als ich genau vor zwei Jahren das Fach „Medizinische Psychologie" als Ordinarius in Wien übernommen habe, war mir klar, daß damit ein Pflichtkolloquium, durchschnittlich für 500–700 Hörer im Semester, verbunden war. Da haben mir sehr wohlmeinende, das möchte ich ausdrücklich betonen, auch sehr liebevolle Kollegen gesagt: „Wenn du nicht zugrunde gehen willst, dann mußt du natürlich dieses Kolloquium schriftlich abhalten." Meine Antwort lautete: „Wenn man ‚medizinische Psychologie' schriftlich prüfen will, dann kann man das Fach gleich abschaffen, dann ist es schade um jedes Wort, das man in einer Vorlesung darüber spricht." Medizinische Psychologie, der Gegenstand, welcher der Begegnung zwischen Arzt und Patienten dienen soll, darf einfach nicht so stattfinden, daß es im Unterricht und in der Prüfung zu keiner persönlichen Begegnung zwischen den Studenten und den Lehrern kommt. Ich denke, daß dies auch für die anderen medizinischen Fächer gilt und benütze die Gelegenheit, angesichts gewisser Bestrebungen, das Prüfungssystem der Bundesrepublik auch bei uns einzuführen, um nachdrücklich zu warnen: Eine schriftliche ärztliche Prüfung nach Art des Multiple-Choice-Systems ist ein Nonsens, eine „Contradictio in adjecto", weil Arzt-Sein ohne menschliche Begegnung nicht möglich ist.

Ich darf zur medizinischen Psychologie zurückkehren. Sie ist unter diesen Umständen der einzige Gegenstand, vorläufig, bei dem es nicht nur um Wissensvermittlung, sondern auch um Wesensveränderung geht. Erklärtes Lernziel muß sein: das Reifwerden der Persönlichkeit für den Arztberuf. Und das wirksamste Mittel dazu heißt: vertiefte Selbsterkenntnis.

Die Selbsterkenntnis, Selbstreflexion, besser gesagt, das Sich-selbst-Infragestellen, sollte am Beginn jeder ärztlichen Tätigkeit stehen. Ich möchte ganz unmißverständlich sagen: Niemand kann einen anderen erkennen, der nicht vorher sich selbst erkannt hätte. Niemand kann einem anderen helfen, der nicht vorher über seine eigenen Verhaltensweisen sich Rechenschaft gegeben hätte. Es klingt ja so wunderbar: Der Arzt als Inbegriff „des Helfers", er will nur Gutes tun, will selbstlos sein, nur dem anderen dienen; nur sind das alles Phrasen, die oft nicht stimmen. Sigmund Freud antwortete einmal auf die Frage, ob er Arzt geworden sei, um seinen Patienten unter Aufopferung der eigenen Person zu dienen: „Ich bin kein Sadist, so daß ich meine aggressiven Impulse durch masochistische Opfergesinnung ausgleichen müßte." Das Beispiel lehrt uns Vorsicht gegenüber unseren Motiven und fordert uns zugleich auf, das Negative in unserem Inneren zu erkennen. Denn dort, wo wir einen „blinden Fleck" haben, werden wir uns im Patienten täuschen, werden von ihm getäuscht werden können, werden auch den Patienten für unsere eigenen Zwecke benützen, besser gesagt: mißbrauchen. In diesem Sinne wollen viele Ärzte ihre Patienten zu ihrem Glück zwingen, nur erhebt sich dann die Frage, ob es da wirklich um das Glück des Patienten oder nicht vielmehr um das des Arztes geht. In seinem Bedürfnis, eine Selbstbestätigung zu erleben, muß er um jeden Preis recht haben und sich durchsetzen.

Ich habe noch Erwin Stransky, einen wirklich beeindruckenden Altmeister der Psychiatrie, erlebt, der überzeugt davon war, daß jede „Arzt-Patienten-Beziehung auf einer Autoritäts-Subordinationsrelation (ASR)" beruhe, also auf einer Herrschaft des Arztes und einer Unterordnung des Patienten. Er hat diese Haltung des Arztes geradezu als eine ärztliche Pflicht bezeichnet, denn nur so könne der Arzt das Vertrauen des Patienten gewinnen: Ich weiß, daß auch heute noch sehr viele Ärzte dieser Meinung sind. Dennoch bin ich überzeugt, daß es sich um eine Fehlansicht handelt, weil sie von einer falschen Auffassung des Autoritätsbegriffes ausgeht. Ein Mann, den ich mit größter Ehrfurcht meinen Freund nenne, nämlich Manès Sperber, hat hier in Salzburg auf der einen Seite gewarnt vor einer autoritätslosen oder auch antiautoritären Erziehung, weil es ohne das Angebot von geeigneten Identifikationsobjekten keine gesunde menschliche Entwicklung geben könne. Auf der anderen Seite hat er aber einen Mißbrauch des Autoritätsbegriffes verurteilt, der auf angemaßter Macht beruht, weil man größer, stärker, älter ist und eine „höhere" Position innehat und, solchermaßen schlecht legitimiert, bedingungslose Unterordnung verlangt. Sicherlich, der Weg zwischen Autoritätsanmaßung und Autoritätsverlust, also die echte Autorität, die durch Beispiel und Vorbild überzeugend, aber nicht vergewaltigend wirkt, ist nicht leicht zu gehen, er muß aber gesucht werden, gerade auch vom Arzt. In diesem Zusammenhang ist an den Begriff, den Balint geprägt hat, zu erinnern: apostolische Funktion. Ob nun das Wort „apostolisch", aus welchen Gründen auch immer, positive oder negative Assoziationen hervorruft (dies sollte jeder bei sich prüfen, und auch analysieren warum), Balint hat es jedenfalls negativ, also nicht vorbildlich gesehen. Er schreibt: „Wir meinen mit der apostolischen Sendung oder Funktion in erster Linie, daß jeder Arzt eine vage, aber fast unerschütterlich feste Vorstellung davon hat, wie ein Mensch sich verhalten soll, wenn er krank ist. Obwohl diese Vorstellung keineswegs klar und konkret ist, ist sie unglaublich zäh und durchdringt jede Einzelheit der Arbeit des Arztes. Es ist fast, als ob jeder Arzt eine Offenbarung darüber besäße, was das Rechte für seine Patienten sei, was sie also hoffen sollten, dulden müßten, und als ob es seine, des Arztes, heilige Pflicht sei, die Unwissenden und Ungläubigen unter den Patienten zu diesem, seinem Glauben zu bekehren. Dies nannten wir die apostolische Funktion."

Außer Zweifel, von dieser ,,apostolischen Funktion", von dieser falschen Autorität, müssen wir Abschied nehmen, sie ist mit Partnerschaft unvereinbar. Ich habe vor kurzem in meiner Vorlesung einen Krebspatienten vorgestellt, dem der eine Arzt gesagt hat: ,,Wenn Sie sich nicht weiter röntgenbestrahlen lassen, sind Sie verloren." Der andere sagte: ,,Wenn Sie sich weiter bestrahlen lassen, gibt es keine Chance für Sie." Das ist das klassische Beispiel des Aufeinanderstoßens zweier apostolischer Funktionen, zwischen denen der Patient schier zermalmt wird. Zweifellos ist sie ein Hauptgrund dafür, daß unsere Zeit durch zunehmende Auflehnung gegen Ärzte gekennzeichnet erscheint. Da ist das Aufbegehren in Form des Nicht-Nehmens verordneter Medikamente, ihrer Dosisveränderung bis hin zum Suizid, von stetem Wechsel des Arztes, Bildung arztfeindlicher Selbsthilfegruppen, kritikloser Verallgemeinerung des Versagens einzelner Ärzte, da ist schließlich die Abwanderung zu Magiern aller Art! Wir sollten über all dies nicht empört sein, sondern uns vielmehr fragen, welchen Beitrag wir dazu geleistet haben, daß es zu solchen Unmutsäußerungen kommen konnte, deren Opfer oft genug die Patienten selber sind.

Die Kunst des Findens einer echten Autorität ist aber noch in anderem Sinne eine Frage der medizinischen Psychologie. Sie kann nämlich an der Tatsache nicht vorbeigehen, daß die falschen Autoritätsstrukturen, die der Student und später der junge Arzt erlebt und erleidet, einen wesentlichen Beitrag dazu leisten, daß er sich selber nicht zu einer echten Autorität entwickeln kann. Ich bin sicher kein Revolutionär, der alles abschaffen möchte, aber unser System in Kliniken und auch im medizinischen Unterricht muß wirklich evolutionär verändert werden. Wie sollen wir hoffen können, daß unsere Studenten dereinst den Patienten als Subjekt annehmen werden, wenn sie selbst während des Unterrichtes nicht als Subjekte behandelt worden sind? Das Kind bleibt Objekt, der Schüler auch, der Student ist zwar älter, aber noch immer in derselben Position. Und wer will mir erzählen, daß es während der Facharztausbildung anders ist? Da herrschen überall Strukturen, wo man gehorchen oder aufgeben muß, und wo man sich dann letztlich anpaßt; wo man nicht mehr lernt, kritisch zu denken, Kritik zu äußern, sondern kritiklos zu parieren. So ein Mensch, der niemals als Subjekt behandelt worden ist, wird schleunigst trachten, aus der ,,verfluchten" Position des Unterdrückten herauszukommen und wird dann triumphieren: Jetzt sitze *ich* auf dem Sessel und jetzt werde ich anderen zeigen, wer ich bin. Da haben wir eine der Ursachen, die dann die Arzt-Patienten-Beziehung in entscheidenden Punkten zerstören.

Als ein weiteres wesentliches Kriterium der Partnerschaft darf bezeichnet werden, daß der Kranke ein echter Gesprächspartner ist, mit dem Recht zu sagen, was ihm am Herzen liegt, also alle seine Sorgen auszudrücken. Das Gespräch ist von einer schicksalhaften Bedeutung für diese Partnerschaft. Und wir müssen gleich wieder fragen: Wo kann ein Student im medizinischen Unterricht wirklich lernen, mit dem Patienten zu sprechen? Das wirkt dann später natürlich auch in die Ordinationen hinein, woher soll er es denn plötzlich können? Und außerdem, reden kostet Zeit, und Zeit ist sehr kostbar, Zeit haben wir keine (eigentlich ein Ausspruch von apokalyptischer Dimension) und wollen oft auch keine haben: Denn ich habe beobachtet, daß dieser Satz sehr häufig nur eine Ausrede darstellt und der Betreffende in Wirklichkeit Angst vor dem Gespräch und *deshalb* keine Zeit hat. Einmal formulierte ich es pointiert so: „Ein Arzt, der keine Zeit hat, soll die Ordination zusperren, weil sie ist in diesem Fall eine Vorspiegelung falscher Tatsachen." Ich muß allerdings in diesem Zusammenhang auch den Krankenkassen einen Vorwurf machen. Seit Jahren kämpfe ich vergeblich dafür, daß für ein „psychosomatisches Gespräch" auch etwas verrechnet werden kann. Denn mit Recht sagen die Ärzte: Wenn ich mit dem Patienten ein Gespräch führen muß, kann ich weniger Menschen in der gleichen Zeit behandeln und erleide daher einen empfindlichen finanziellen Verlust. Ich lehne den Satz: „Zeit ist Geld" als ethische Maxime entschieden ab, aber ich verstehe auch, daß die Ärzte für ihre menschliche Zuwendung und das Gespräch nicht auch noch bestraft werden wollen. Dies zu vermeiden ist, finde ich, ein durchaus legitimer Anspruch. Wie dem auch sei: Die Grundlage der Partnerschaft bleibt die Bereitschaft, einander ernst zu nehmen und anzuhören. Nur so kann die subjektive Wirklichkeit wahrgenommen werden.

Am Schluß möchte ich der studierenden Jugend meine Bewunderung aussprechen. Sie ist trotz aller beschriebenen Hindernisse idealistisch eingestellt und echt begeisterungsfähig. Mit Recht hat mein verehrtes Vorbild Thure von Uexküll jedoch darauf hingewiesen, daß diese Haltung nach Beendigung des Studiums aus Gründen, die hier erläutert worden sind, von Reduktion bedroht ist. Umso mehr wünsche ich ihr aus ganzem Herzen, daß sie sich über die Jahre hinaus in diesem Zustand erhalten kann und zu diesem Zweck immer wieder die Begegnung mit einigen „guten Leuten" im Brechtschen Sinne mit jener merkwürdigen, aber wichtigen Balance zwischen Aktivität und passiver Geduld erfährt, von der die östlichen Religionen viel zu sagen wissen.

Lied über die guten Leute

1

Die guten Leute erkennt man daran
Daß sie besser werden
Wenn man sie erkennt. Die guten Leute
Laden ein, sie zu verbessern, denn
Wovon wird einer klüger? Indem er zuhört
Und indem man ihm etwas sagt.

2

Gleichzeitig aber
Verbessern sie den, der sie ansieht und den
Sie ansehen. Nicht indem sie einem helfen
Zu Futterplätzen oder Klarheit, sondern mehr noch dadurch
Daß wir wissen, diese leben und
Verändern die Welt, nützen sie uns.

3

Wenn man zu ihnen hinkommt, sind sie da.
Sie erinnern sich ihres eigenen
Alten Gesichts bei dem letzten Treffen.
Wie immer sie sich verändert haben –
Denn gerade sie ändern sich –
Sie sind höchstens kenntlicher geworden.

4

Sie sind wie ein Haus, an dem wir mitgebaut haben
Sie zwingen uns nicht, darin zu wohnen
Manchmal erlauben sie es nicht.

Wir können jederzeit zu ihnen kommen in unserer kleinsten
  Größe, aber
Was wir mitbringen, müssen wir aussuchen.

5
Für ihre Geschenke wissen sie Gründe anzugeben
Sie weggeworfen wiederfindend, lachen sie.
Aber auch darin sind sie verläßlich, daß wir
Uns selber verlassend auch
Sie verlassen.

6
Wenn sie Fehler machen, lachen wir:
Denn wenn sie einen Stein an die falsche Stelle legen
Sehen wir, sie betrachtend
Die richtige Stelle.
Sie verdienen jeden Tag unser Interesse, wie sie sich
Ihr Brot verdienen jeden Tag.
Sie sind an etwas interessiert
Was außer ihnen liegt.

7
Die guten Leute beschäftigen uns
Sie scheinen allein nichts fertigbringen zu können
Alle ihre Lösungen enthalten noch Aufgaben.
In den gefährlichen Augenblicken auf untergehenden Schiffen
Sehen wir plötzlich ihr Aug groß auf uns ruhen.
Wiewohl wir ihnen nicht recht sind, wie wir sind
Sind sie doch einverstanden mit uns.

7.

Was kränkt, macht krank
Psychosomatik und Arbeitsklima

Zuerst erscheint es notwendig, den Begriff Psychosomatik zu bestimmen, weil es, kaum zu glauben, noch immer sehr falsche Vorstellungen über ihn gibt. Die beste Definition kommt, wieder einmal, von Mitscherlich: „Psychosomatik ist die Lehre, wie die Seele den Körper krankmachend beeinflußt." Psychosomatische Erkrankungen sind demgemäß solche, bei deren Entstehung nachgewiesenermaßen seelische Faktoren eine beträchtliche oder entscheidende Rolle spielen. Schon aus dieser Definition geht eigentlich hervor, daß der psychogenetische Faktor beim Zustandekommen einer solchen Erkrankung nicht isoliert, sondern nur im Zusammenspiel mit anderen, hinzukommenden Faktoren Berücksichtigung finden darf: Sein Stellenwert wird im einen Fall höher, im anderen geringer sein – Krankheiten aber, die *nur* auf seelische Einflüsse zurückgehen, wird es eher selten geben.

Um das Vorliegen einer psychosomatischen Erkrankung zu diagnostizieren, wird man daher zwei Voraussetzungen erfüllt finden müssen:

1. Es muß eine nachweisbare körperliche Veränderung vorliegen.

2. Es muß eine seelische Konfliktsituation bestehen, die in einen ursächlichen Zusammenhang mit der somatischen Störung gebracht werden kann.

Wenn auch heute noch keineswegs alle Fragen der psychogenen Pathogenese geklärt erscheinen, so können einige Punkte dennoch bereits als gesichertes medizinisches Wissen gelten, deswegen gesichert, weil sie durch zahlreiche Experimente ebenso bewiesen wurden wie durch die sorgfältige Analyse ungezählter, sogenannter psychosomatischer Krankheitsfälle. Mit Nachdruck muß der auch heute noch immer wieder zu hörenden Meinung widersprochen werden, daß es sich gerade bei den Thesen der psychosomatischen Medizin um unbewiesene Behauptungen und Deutungen handle: Im Tierversuch ist es möglich, eine Reihe von psychosomatischen Störungen zu erzeugen (z. B. Bluthochdruck bei einem Hund, dem man ständig eine Katze vor seinen Käfig hält, der ihn daran hindert, die durch den Anblick der Katze entstehenden Aggressionen abzureagieren); beim Menschen gelang es wiederholt, eine Reihe von wichtigen Organfunktionen durch psychischen Einfluß (besonders unter Hypnose – siehe später) entscheidend zu verändern; aus all diesen Erfahrungen können die folgenden Erkenntnisse abgeleitet werden:

1. Das, was psychisch krankmachend wirkt, sind bestimmte Gefühle, nicht der rationale, sondern der emotionale Bereich ist hier entscheidend. Dies unterstreicht die Bedeutung eines gesunden Gefühlslebens auch für die körperliche Gesundheit.

2. Die entscheidende Schaltstelle zwischen Seele und Körper ist das vegetative oder autonome Nervensystem, also jenes, welches alle Funktionen beherrscht, die sich

unserer Willkür entziehen. Jedes menschliche Gefühl ist – wovon sich jedermann durch Eigenbeobachtung überzeugen kann – mit typischen vegetativen Reaktionen gekoppelt (z. B. Angst mit Herzklopfen, Atembeschleunigung, Schweißausbruch, Hautblässe im Gesicht), d. h., die Emotionen haben einen besonderen Einfluß auf das Vegetativum (Schneider und Genefart haben gezeigt, daß sich dabei die Konsequenzen an den Erfolgsorganen in die folgenden 3 Gegensatzpaare zusammenfassen lassen: Überfunktion – Unterfunktion, vermehrte und verminderte Sekretion, Gefäßerweiterung oder -verengung; sie sind innerhalb des vegetativen Nervensystems durch die Gegenspieler Sympathicus und Parasympathicus repräsentiert). Es ist daher leicht zu verstehen, daß bei längerem Anhalten eines solchen Gefühls eine körperliche Störung zustande kommen kann; dabei werden wir ein erstes Stadium, in dem nur Organfunktionsstörungen (z. B. erhöhte Magensaftproduktion) auftreten, von einem späteren zweiten zu unterscheiden haben, in dem bereits Erkrankungen mit pathologisch-anatomisch faßbaren Veränderungen (z. B. Ulcus ventriculi = Magengeschwür) bestehen (siehe die Tabelle später).

3. Aus den beiden ersten Punkten folgt logisch, daß sich psychosomatische Erkrankungen vor allem in jenen Organen manifestieren werden, die dem vegetativen (unwillkürlichen) Nervensystem unterstehen, also: im Herz-Kreislauf-System, im Atmungs-, Magen-Darm-, Urogenitaltrakt, im Endokrinum (Drüsen mit innerer Sekretion) und im Bereich der Haut (die ebenfalls, was noch viel zu wenig bekannt ist, in die vegetativen Reaktionen einbezogen erscheint). In den folgenden Tabellen möchte ich die wichtigsten psychosomatischen Störungen zusammenfassen.

Psychosomatische Organfunktionsstörungen

Magen-DarmTrakt	Kreislauforgane	Atmungsorgane	Urogenitalsystem	Nervensystem
Schluckkrampf Aerophagie (Luftschlucken) Magenkrampf Funktionelles Erbrechen Chronische psychogene Obstipation Nervöse Diarrhoe Spasmen der Gallenabflußwege und der Gallenblase	Funktionelle Tachycardie Bestimmte Formen von Arhythmie (unregelmäßige Herztätigkeit) Kollapszustände Angina pectorisähnliche Anfälle auf nervöser Grundlage	Psychogene Veränderungen der Atmungsfrequenz bzw. Atmungstiefe Hyperventilationstetanie Bronchospasmus	Psychogene Veränderungen der Diurese (Polyurie, Oligurie, Pollakisurie) Menstruationsstörungen (Amenorrhoe, Dysmenorrhoe, Zyklusschwankungen) Vaginismus (Scheidenkrampf) Psychogene Impotenz	Vegetative Neurose Migräne

Psychosomatische Erkrankungen

Magen-Darm-Trakt		Kreislauforgane	Atmungsorgane
Gastritis (Magenentzündung)	Magen- und Zwölffingerdarmgeschwüre	Hypertonie (Hochdruck)	Heuschnupfen
Ulkus ventriculi		Hypotonie (Niederdruck)	Spastische Bronchitis
Ulkus duodeni	Dickdarmentzündung	Managerkrankheit (Coronarsklerose)	Asthma bronchiale
Kolitis mucosa			
Spastische Kolitis			
Kolitis ulcersoa			
Hyperthyreose (Überfunktion der Schilddrüse)		Adnexitis (Eierstockentzündung)	Bestimmte Hautentzündungen und Ekzeme
Anorexia nervosa (Magersucht)		Fluor vaginalis (bestimmte Ausflußformen)	
Fettsucht		Prostatitis	
Hyperemesis grav. (Schwangerschaftserbrechen)			

(Die in den Tabellen angeführten Störungen bzw. Krankheiten können psychosomatisch sein, sind es auch sehr oft, *müssen* es aber nicht sein; in jedem einzelnen Fall ist daher eine diesbezügliche Klärung notwendig!)

Zurück zu den Emotionen: Wir unterscheiden akute und chronische, bewußte und unbewußte, und uns interessiert in diesem Zusammenhang natürlich die Frage, ob sie hinsichtlich ihrer krankmachenden Wirkung gleichwertig sind.

Ich habe bereits gezeigt, daß jede akute Emotion mit vegetativen Veränderungen gekoppelt ist (z. B. Blutdruckanstieg bei Aufregung); ebenso klar aber ist, daß solche Veränderungen im selben Moment abklingen, in dem auch die Emotionen zu einem Ende kommen; daraus folgert, daß plötzliche, kurzdauernde Gefühle im allgemeinen den Körper nicht krankmachend beeinflussen werden – nur unter zwei Bedingungen kann dies der Fall sein:

1. Wenn sie einen bereits vorgeschädigten Organismus treffen (z. B. ein Mensch mit Hochdruck erfährt eine Aufregung, die zu einer weiteren Erhöhung des Blutdruckes führt, welche in einen Schlaganfall mündet).

2. Wenn es sich um besonders schwerwiegende akute seelische Traumatisierungen handelt (z. B. plötzliches Ergrauen der Haare bei Verschüttetwerden im Luftschutzkeller, Schreckbasedow nach panikartigen Erlebnissen usw.).

Eine völlig andere Situation aber wird gegeben sein, wenn eine chronische emotionale Erregung besteht, die das Vegetativum gleichsam ständig in einseitiger Richtung beeinflußt. Ich habe schon auf die beiden Gegenspieler Sympathicus und Parasympathicus innerhalb des vegetativen Nervensystems hingewiesen. Der Sympathicus sorgt für die Bereitstellung des gesamten Organismus zu Anspannung, Leistung, Auseinandersetzung, der Parasympathicus dient der Entspannung, Kontemplation, dem Genuß, der Erholung. Im normalen Leben wechseln auch, innerhalb von 24 Stunden, Perioden, in denen der Sympathicus betont wird, mit solchen ab, in denen der Parasympathicus dominiert. Gesund sein heißt in diesem Sinne nicht zuletzt, diese beiden in der richtigen Balance zu halten, ein neuer Beweis dafür, wie wichtig für den Menschen das Leben in Gegensätzen ist, welches jede Einseitigkeit vermeidet. Es wird ja leicht einzusehen sein: Bei einer Person, die sich in einem solchen seelischen Spannungszustand befindet, daß sie auch abends nicht „abschalten" kann, muß sich das Gleichgewicht zwischen Sympathicus und Parasympathicus zu ungunsten des letzteren verschieben; sie wird dann dementsprechend nicht gut schlafen können, der Blutdruck wird ständig in die Richtung der Erhöhung beeinflußt, die Gegenregulationsmechanismen werden bei längerem Anhalten einer solchen Erregung mit der Zeit zusammenbrechen und zuletzt wird ein chronisch erhöhter Blutdruck daraus resultieren; hier ist dementsprechend die Gefahr der Entstehung einer psychosomatischen Erkrankung sehr groß. Noch einen zweiten Unterschied bezüglich der pathogenetischen Wirksamkeit von Emotionen muß man aber hier gleich herausarbeiten, nämlich den zwischen bewußten und unbewußten: Unbewußte Emotionen sind pathogenetisch *ungleich wirksamer* als bewußte. Beweisend für dieses Faktum sind vor allem folgende Tatsachen:

1. In der Hypnose gelingt es, einen besonders intensiven Einfluß auf alle vegetativen Funktionen zu erreichen. In den zwanziger Jahren haben u. a. Hoff und Heilig gezeigt, wie sehr in der Hypnose suggerierte Emotionen alle Körperfunktionen, die dem vegetativen Nervensystem unterliegen, verändern. Diese späterhin wiederholt bestätigten Befunde gewinnen eine besondere Bedeutung, wenn man bedenkt, daß in der Hypnose, im hypnotischen Dämmerzustand bzw. Schlaf, wie Kauders und Schilder betonen,

die bewußte Repräsentanz der Persönlichkeit – (die Gehirnrinde) – weitgehend ausgeschaltet ist und statt dessen die „vegetative Tiefenperson" (das Zwischenhirn als Zentrale des vegetativen Nervensystems) dominiert. Der unvergleichlich intensive Einfluß der Hypnose auf das Vegetativum bedeutet also mit anderen Worten, daß unbewußte Emotionen eine direktere Beziehung zum neurovegetativen System besitzen als bewußte. Diese Feststellung wird noch durch einen anderen Umstand unterstrichen, den jedermann bei sich selbst kontrollieren kann:

2. Wenn ein Mensch sich in einem Konflikt zwischen bewußten und unbewußten Tendenzen befindet, dann wird das Vegetativum niemals den bewußten, sondern immer den unbewußten gehorchen. Es hat also gleichsam das Unbewußte den „ersten Ruf" bezüglich der vegetativen Reaktionslage und mit all unseren bewußten Bemühungen sind wir nicht imstande, diese fast reflexhaft funktionierende Verbindung zu beeinflussen; so entstehen die vielen Fälle von sogenannter „paradoxer Innervation", wobei die vegetative Reaktion die wahre Einstellung des betreffenden Menschen, genauer gesagt, seine unbewußte Haltung entgegen seinen bewußten Wünschen verrät: z. B. vegetative Angstzeichen, etwa in Form von Durchfall, in einer Situation, in der man bewußt tapfer sein will – der Volksmund sagt mit Recht symbolisch: „Er macht in die Hose." Wenn ich zu einer Arbeit gehen muß, die ich unbewußt ablehne, so wird eine Parasympathicotonie (Müdigkeit, niederer Blutdruck) meinen inneren Widerstand ausdrücken. Ein anderes eindrucksvolles Beispiel liefern die Fälle von psychogener Impotenz, bei denen trotz völlig normaler anatomischer und neurologischer Bedingungen die Erektion des männlichen Gliedes ausbleibt: eine Analyse zeigt, daß dem bewußten Wunsch dann immer eine unbewußte

Ablehnung, die natürlich verschiedene Ursachen haben kann, gegenübersteht: Im Kampf dieser beiden konträren Tendenzen setzt sich dann die unbewußte durch, indem sie über das vegetative Nervensystem jene parasympathische Einstellung, welche Voraussetzung für das Zustandekommen der Erektion ist, verhindert – tragischerweise reagieren die betroffenen Männer oft mit Entmutigung, Angst, ja Verzweiflung, halten sich also für unheilbar organisch krank, statt zu begreifen, daß hier einmal mehr unter Benützung der vegetativen Schaltung ein „Ich will und will auch nicht" in ein „Ich will – kann aber nicht" verwandelt worden ist.

In der Pathogenese der psychosomatischen Erkrankung hat man also vor allem nach chronischen und unbewußten Emotionen zu forschen, wobei der besondere Zusammenhang zwischen diesen beiden Qualitäten gleich klar wird. Während der Mensch die Möglichkeit hat, bewußte Emotionen in irgendeiner Form abzureagieren und damit ihre Chronifizierung zu verhindern, muß das unbewußte Gefühl, dessen Existenz ja dem Betreffenden gar nicht bekannt ist, notgedrungenerweise chronifiziert werden und bleiben.

Daß auch bewußte langdauernde Gefühle einen körperlich krank machenden Einfluß ausüben können, sei nicht bestritten; ihre diesbezügliche Wirkung wird aber mit der von unbewußten Emotionen nicht zu vergleichen sein, nicht nur deswegen, weil die Chronifizierung bewußter Gefühle, wie eben betont, viel leichter verhinderbar ist, sondern auch, weil sich für ihre Abreaktion verschiedene Möglichkeiten anbieten, die eine Entlastung des Vegetativums mit sich bringen. Bewußtgewordene Emotionen können nach den neurophysiologischen Gegebenheiten unseres Gehirnes mehrfach entladen werden: in Worten, in der Motorik (Bewegung) und in vegetativen Reaktionen (z. B. kann Zorn in heftigem Schimpfen, lebhaftem Gestikulieren und Auftreten von Zornesröte Ausdruck finden); Sprache und Bewegung werden also in all diesen Fällen das Vegetativum entlasten. Selbst die fortschreitende Zivilisation, welche sprachliche und motorische Aggressionskanalisation immer mehr erschwert und uns überall ,,Beherrschung" auferlegt, kann nicht verhindern, daß die bewußten Aggressionen zumindestens mit einer Hintergrundsbewegung in Mimik und Gestik ausgedrückt werden. Die Darstellung von Enttäuschung und Erbitterung dadurch, daß man, wie es im Wienerischen heißt: ,,ein Gesicht macht", kann niemand verbieten, und selbst diese bescheidene Aggressionsabfuhr wird noch das Vegetativum entlasten.

Wenn es sich aber um neurotische Konflikte handelt, liegen unbewußte Emotionen vor, die bewußt nicht beeinflußt werden können und daher chronisch anhalten; außerdem ist aber hier auch die Abreaktion durch Sprache und Motorik verunmöglicht. Eine einzige Kanalisierung bleibt offen, die Abfuhr über das vegetative Nervensystem – dessen Überforderung wird konsequenterweise zu einseitiger Ausrichtung und damit, infolge des Verlustes der Balance, zu psychosomatischen Störungen führen. Wenn also vom neurophysiologischen und psychologischen Standpunkt bewiesen und geklärt ist, daß und warum gerade chronische, unbewußte Gefühle so intensiv in Richtung psychosomatischer Störungen krankmachend wirksam sein können, ist damit die zentrale Bedeutung der Neurosenlehre für die Psychosomatik aufgezeigt, denn chronische, unbewußte Emotionen seit der Kindheit sind nun einmal das charakteristische Kennzeichen einer Neurose. Hier gewinnt das Weizsäckersche Wort entscheidende

Bedeutung, wonach die psychosomatische Medizin, um Bestand haben zu können, unbedingt tiefenpsychologisch orientiert sein muß.

Je früher ein Kind neurotisiert wird, desto wahrscheinlicher ist es, daß die Neurose mit einer psychosomatischen Erkrankung ausgedrückt wird. Denn in den ersten Lebensjahren steht dem Kind keine andere Sprache, seinen Konflikt darzustellen, zur Verfügung, als eben die Organsprache. So wird es z. B. mit seiner Haut darüber zu klagen beginnen, daß es zu wenig gestreichelt wird, mit ständigem Erbrechen gegen mangelnde Liebeszuwendungen protestieren, mit vermehrten Durchfällen oder intensiver Verstopfung gegen ein falsches „Toilette-Training" rebellieren. In diesem Sinne ist die früheste Kindheit oft die Geburtsstunde psychosomatischer Erkrankungen, weil in dieser Zeit das entsteht, was ich zusammen mit Hoff als „erstes psychosomatisches Reaktionsmuster" bezeichnet habe, ein Muster, welches dann unter Belastungssituationen beim Erwachsenen wieder erwacht und die Erkrankung fixiert. Da die psychosomatischen Störungen in unserer Welt im Zunehmen begriffen sind, bedeutet dies auch, daß immer mehr Kinder sehr frühzeitig neurotisiert werden, was uns veranlassen müßte, die Familienproblematik gerade in diesem Zeitraum neu zu überdenken.

Sicherlich kann die Kindheit als Geburtsstunde psychosomatischer Erkrankungen prophylaktisch und therapeutisch nicht ernst genug genommen werden. Dennoch können diese Erkrankungen auch zu anderen Zeitpunkten und auf anderen Wegen entstehen als in der Kindheit: Hier müssen wir uns alle anklagen, lange Zeit (berechtigterweise), fasziniert auf die Kindheit starrend, diese anderen Möglichkeiten, die mich direkt zu meinem heutigen Thema führen, übersehen oder zu gering eingeschätzt zu haben. Holliday war der erste, der einen neuen Namen für all diese Störungen geprägt hat, er hat nicht mehr von psychosomatischen, sondern von psychosozialen Erkrankungen gesprochen, und hier ergibt sich ganz von selbst der enorme Zusammenhang dieser Krankheiten mit dem Arbeitsklima, in dem ein Mensch einen beachtlichen Teil, zeit- und gefühlsmäßig, verbringt. Bevor ich jedoch darauf eingehe, wo die krankmachenden Faktoren eines Betriebsklimas zu suchen sind, möchte ich sagen, wo sie *nicht* zu finden sind.

Streß, dieser so wichtige, von Selye entdeckte Begriff, ist heute nicht nur zu einem Modewort geworden, sondern er wird auch völlig falsch verstanden. Streß bedeutet, gefordert zu werden und die eigenen Kräfte zu mobilisieren. Wohin kämen wir ohne Streß? Das würde bedeuten, daß wir keine Ziele mehr hätten, daß es sich nicht mehr lohnte, an etwas heranzugehen. Mit anderen Worten: ohne Streß wären wir lebendig tot und wahrscheinlich auch nicht in der Lage, uns längere Zeit am Leben zu halten. Dementsprechend hat auch Selye zwischen Eu- (einem guten) und einem Dysstreß (einem schlechten) unterschieden. Alles, was uns Freude macht, kann uns kaum schaden (bei großer Übertreibung natürlich schon, weil es letztlich unsere vegetativen Ausgleichsreaktionen überfordert), was uns Kummer und Erbitterung beschert, das ist der eigentlich krankmachende Streß. Darum ärgere ich mich immer wieder, wenn man z. B. vom krankmachenden Schulstreß spricht: Lernen an sich hat noch keinem Menschen geschadet, im Gegenteil, es kann sehr anregend sein! Es ist immer wieder der Mensch, der diesen Eustreß in Dysstreß verwandelt, der Lehrer, der zu viel zu rasch verlangt, keine Rücksicht darauf nimmt, daß auch andere Gegenstände vorhanden sind, die Eltern, die das Kind unter Angstdruck setzen, usw. Und damit bin ich endgültig beim Betriebsklima. Auch hier, ja hier erst recht, gilt der Satz: Was kränkt, macht krank. Und die nächste Frage muß daher lauten: Was kränkt denn? Und die beste Antwort: was die Würde des Menschen verletzt. Im folgenden möchte ich verschiedene diesbezügliche Möglichkeiten aufzählen, ohne Anspruch auf Vollständigkeit natürlich, denn der Mensch ist im Erfinden demütigender Bedingungen ja unerschöpflich. Noch eines möchte ich vorausschicken: Diese meine Ausführungen beruhen nicht auf statistischen Erhebungen (ich bin weder Statistiker noch Soziologe, es läuft aber jetzt in Österreich mit dem Titel „Arbeitsorganisation – menschengerechte Arbeitswelt" ein für fünf Jahre geplantes Projekt unter der Leitung von Prof. Franz Wojda, auf dessen Ergebnisse man sehr gespannt sein darf), ich will vielmehr versuchen, die Erfahrungen wiederzugeben, die ich seit langem in meiner psychotherapeutischen Tätigkeit bei den Patienten, die sich auf der psychosomatischen Abteilung in stationärer Behandlung befinden, und bei denen, die wir ambulant untersuchen bzw. betreuen, sammle, so daß man in Anlehnung an Peter Altenberg diesen Feststellungen auch den Titel geben könnte: „Was der Tag mir zuträgt."

Zuerst möchte ich versuchen, in einigen Punkten zusammenzufassen, was die Patienten hinsichtlich der Psychohygiene in ihren Arbeitsstätten am meisten beanstanden:

1. *Menschenunwürdige Arbeitsbedingungen.* Immer wieder wird beklagt, daß man in einen Arbeitsprozeß eingebunden sei, der zu keiner wirklichen Zusammenarbeit führe. Man bleibe ein winziger Teil eines großen Räderwerkes und werde dementsprechend nicht ernst genommen. Man könne das Gefühl nicht los werden, an einer methodenorientierten Arbeit, nicht aber an einer auf-

gabenorientierten teilzunehmen. Besonders gilt dies für die Fließbandarbeiter (auf die ich später noch zurückkommen werde), die ständig die gleichen Bewegungen wiederholen müssen, die sich in ihrem Handlungsspielraum eingeschränkt und vor allem vom Arbeitsprodukt und damit vom Arbeitserlebnis entfremdet fühlen, genauso wie von ihrer Arbeitsumgebung. Eine ähnliche Entfremdung empfinden auch die Schichtarbeiter (heute ist in Österreich jeder neunte unselbständig Erwerbstätige in dieser Arbeitsform tätig), auch hier wird über eine große Distanz vom Arbeitsziel und den Mitarbeitern berichtet. Mit anderen Worten: Die gefühlsmäßige Beteiligung an der Arbeit ist ebenso reduziert wie die mitmenschliche Verbundenheit der Arbeitenden untereinander; es bleibt bei einem Nebeneinander, das zu keiner wirklichen Gemeinschaft führt. Obwohl immer wieder versucht wird, von mangelnder Arbeitsmoral in unserer Zeit zu sprechen, halte ich das für grundlegend falsch; der Mensch strebt auch heute nach Zielerfüllung, und diese liegt neben einem geglückten Familienleben in seiner Beitragsleistung zum Arbeitsprozeß, wie schon Alfred Adler vor Jahrzehnten erkannt hat. Das Wort von Ruskin, wonach nicht das, was er mit seiner Arbeit erwirbt, der eigentliche Lohn des Menschen sei, sondern das, was er durch sie wird, hat bis in unsere Tage Gültigkeit, und zwar, wie ich betonen möchte, für beide Geschlechter. Menschen, denen es gleichgültig ist, wie und womit sie ihr Geld verdienen, wenn sie es nur bekommen, gibt es natürlich, aber viel seltener, als oft angenommen wird. Dementsprechend will die überwältigende Mehrheit der Arbeitstätigen an der Gesamtleistung verstandes- und gefühlsmäßig beteiligt sein. Gerade diese beiden Komponenten aber werden weitgehend vermißt, für die meisten Arbeitnehmer vollzieht sich die Arbeit ohne über den engsten Tätigkeitsbereich hinausreichende Perspektive und ohne betriebliche und arbeitsorganisatorische Mitwirkungsmöglichkeit. Wiederholt haben sie das Gefühl, daß sich der Mensch den Arbeitsabläufen anpassen müsse, statt daß das Produktionsverfahren, so weit es geht, auf die allgemeinen Bedürfnisse der Menschen abgestimmt wird.

2. *Intrigante Atmosphäre.* Die Patienten schildern, daß es im Betrieb oft nicht nur ein Nebeneinander gäbe, sondern – schlimmer noch -- ein Gegeneinander. Vor einiger Zeit wurde in den Vereinigten Staaten in einer Untersuchung festgestellt, daß der arbeitende Mensch im Durchschnitt 40% seiner Energie – und die ist ja sein kostbarster Besitz – während des Arbeitsprozesses darauf verwendet, sich gegen feindselige Aggressionen anderer zu verteidigen. Es läßt sich leicht ausrechnen, daß es für jeden Betrieb sehr nachteilig sein muß, wenn somit nur mehr etwas über die Hälfte der strategischen Reserve für die Bewältigung der Betriebsaufgaben zur Verfügung bleibt. Sehr häufig gehört es zur Strategie der Betriebsleitung, den Konkurrenzkampf bewußt dazu zu benützen, einen gegen den anderen auszuspielen und nach dem Motto des „divide et impera" zu regieren. So entsteht ein sehr ungünstiges psychohygienisches Klima, eine der Tierwelt nachgebildete Hackordnung, wo genau festgelegt erscheint, wem gegenüber man zu buckeln hat und wen man „ungestraft" treten kann. Dazu kommt noch, daß erfahrungsgemäß in jedem Betrieb zumindest eine Person existiert – sie muß durchaus nicht an der obersten Spitze stehen –, die sich prinzipiell querlegt und die den anderen mit ihrer Bereitschaft zu Intrigen und einer ständigen Erzeugung von künstlicher Spannung und Feindseligkeit das Leben zur Qual macht. Man könnte hier den Begriff verwenden, den Renée Spitz in anderem

Zusammenhang geprägt hat, nämlich, daß es sich dabei um Psychotoxine, um Seelenvergifter, handelt, die die Betriebsatmosphäre zerstören – sie sind es oft, die, abgesehen von der immer noch notwendigen Verbesserung der Arbeitsbedingungen, eine Vermenschlichung der Arbeitswelt verhindern. Auf ihr Konto geht es nicht zuletzt, daß, wie Steinkühler an Arbeitern der IG-Metall in Stuttgart zeigte, 30% der Arbeitnehmer ihren Arbeitstag als sehr belastend empfinden. In einer solchen Atmosphäre kann eine gute Leistung wirklich nicht gelingen; umso rätselhafter erscheint es, daß Bemühungen, solche Störenfriede zu entschärfen, ohne Erfolg bleiben – wenn schon nicht aus menschlichen, müßte dies ja zumindestens aus ökonomischen Gründen angestrebt werden.

3. *Erhöhter Angstdruck.* Sehr viele Vorgesetzte herrschen nach dem Motto: Oderint, dum metuant, sie mögen mich hassen, wenn sie mich nur fürchten. Sie sind der Überzeugung, die Untergebenen müßten in einem ständigen Angstdruck gehalten werden, sonst leisteten sie nichts. Dies mag dort stimmen, wo das „Arbeitsgewissen" eines Menschen nicht in Ordnung ist, was wohl nur selten vorkommt. Bei verantwortungsbewußten Persönlichkeiten ist aber ein solches Verhalten nicht nur ausgesprochen unmoralisch, sondern darüber hinaus auch unklug. Brigitte Rollett in Bochum hat in eindrucksvoller Weise gezeigt, daß von außen auf einen Menschen ausgeübter Leistungsdruck sich umgekehrt proportional zu Arbeitslust und Ehrgeiz verhält; der unter Druck Gesetzte wendet seine Kräfte nur noch dafür an, der Pression auszuweichen, an die Stelle des Arbeitszieles tritt das Pseudoziel, nicht unangenehm aufzufallen und seinen Platz mit allen Mitteln zu verteidigen, mit anderen Worten: Aus einem sachlichen wird ein ichzentriertes Verhalten.

4. *Fehlende Anerkennung.* Alfred Adler hat gezeigt, daß der Mensch von der Kindheit an nicht leben kann ohne Anerkennung, Ermutigung, Ausdruck, daß man mit ihm zufrieden ist; das alles brauchen wir wie das tägliche Brot, erhalten es aber in unserer Betriebswelt selten und in viel zu geringem Ausmaß. Einmal war ein Patient auf meiner Klinik, der mir gestand, sein größter Kummer sei, niemals ein Wort des Lobes von seinem Chef zu hören, er könne das Gefühl, von ihm nicht geschätzt zu werden, nicht länger ertragen. Zufällig traf ich diesen Chef bei einer Gesellschaft, brachte das Gespräch auf meinen Patienten und warum er ihn nicht positiv bewerte. ,,Wieso denn, das ist doch mein bester Mann", war die Antwort. Und auf meine neuerliche Frage: ,,Warum sagen Sie es ihm nicht?" hörte ich: ,,Schauen Sie, mein Prinzip ist, wenn ich zufrieden bin, schweige ich, wenn ich unzufrieden bin, schreie ich." Hier muß man mit aller Deutlichkeit sagen: Bloßes Schweigen ist als Anerkennung, Ermutigung und Belobigung wirklich zu wenig, all das ist ohne direkten sprachlichen Ausdruck nicht existent.

5. *Ein schlechtes Gesprächsklima.* Der wichtigste Faktor zur Verbesserung des Arbeitsklimas ist das befreiende menschliche Gespräch. Der Angestellte muß die Möglichkeit haben sich auszusprechen, was ihn bedrückt, sich von der Seele zu reden. Vorschläge zur Verbesserung der Situation müssen zugelassen werden, ihr Nichtanhören erzeugt ein Gefühl unendlicher Frustrierung. Natürlich, man wird nicht alle Anregungen akzeptieren können, aber sie zur Diskussion zu stellen, muß möglich sein. Aufgrund meiner Erfahrungen würde ich sagen: je schlechter das psychohygienische Klima in einem Betrieb, desto weniger wird auf einzelne Vorschläge der Mitarbeiter eingegangen. – Auch ausgesprochene Kritik muß erlaubt sein. Das erst bedeutet

echte Demokratie, nicht nur von „oben" können Fehler bemerkt werden, sondern durchaus auch von „unten". Vieles an den Arbeitsbedingungen (ich denke hier wieder ganz besonders an die Fließband- und Schichtarbeiter) gehört wesentlich verbessert – die Folgen negativer Arbeitsumstände sind sowohl im seelischen als auch im somatischen Bereich anzutreffen. (So hat z. B. eine Studie bei uns ergeben, daß der trostlose Rhythmus des Fließbandes sogar in die Art des Musikmachens während der Musiktherapie hineingenommen wird!) Dennoch haben Untersuchungen in den Vereinigten Staaten gezeigt, daß selbst schlechte Arbeitsbedingungen ertragen werden, wenn man das menschliche Gespräch mit dem Untergebenen pflegt. Ich will damit natürlich nicht dafür plädieren, dieses Gespräch dazu zu mißbrauchen, die Akzeptierung schlechter Arbeitsbedingungen zu erreichen, ich will nur sagen, daß die erste Voraussetzung dafür, daß ein Mensch das Gefühl hat, seine Menschenwürde wird respektiert, die Möglichkeit einer partnerschaftlichen Kommunikation mit dem Vorgesetzten ist. Viele klagen darüber, daß der Weg zum „Chef" für sie so ähnlich verläuft wie die Suche der Kafkaschen Helden nach der höchsten Instanz – das Ziel wird niemals erreicht. Schicht- und Nachtarbeiter meinen sehr oft, daß die durch den spezifischen zeitlichen Arbeitsablauf häufig gegebene Entfremdung von ihren Chefs gleich schlimm sei wie die Zerreißung der Familiengemeinschaft und die Zerstörung des natürlichen Biorhythmus. Das Nicht-die-Wahrheit-sagen-Dürfen oder -Können ist oft die Vorstufe zur Verdrängung negativer Empfindungen ins Unbewußte, von denen wir gesagt haben, daß sie besonders die Entstehung psychosomatischer Krankheiten heraufbeschwören. Vor einiger Zeit hat eine Untersuchung der Salzburger Arbeiterkammer ergeben (Karl Fink), daß zumindestens ein Viertel von 180.000 Arbeitnehmern dort unter dem Zwang zur Freundlichkeit, zum Lächeln, leiden. Dies spricht dafür, daß ihnen nicht zum Lachen ist, weil sie unter Aggressionsdruck stehen und es daher doppelt qualvoll empfinden, sich zur Freundlichkeit zwingen zu müssen. Hier handelt es sich immerhin um Menschen, die sich wenigstens der Tatsache ihrer Verbitterung noch bewußt sind. Wenn man bedenkt, daß vor einigen Jahren bei einer offiziellen Untersuchung in Österreich eine beträchtliche Mehrheit versicherte, mit ihren Arbeitsbedingungen sehr zufrieden zu sein, muß wohl angenommen werden, daß dieses Fehlresultat entweder auf angstvolle Verleugnung der wahren Ansichten oder auf beträchtliche Verdrängung der Unzufriedenheitspotentiale ins Unbewußte zurückgeht. Man muß diese Menschen verstehen. Wenn man Tag für Tag die gleichen quälenden Bedingungen vorfindet, aber jede Hoffnung aufgeben muß, sie auch nur irgendwie zu ändern, bleibt nur die Resignation oder aber die Verdrängung: Es ist sowieso alles in Ordnung. Man redet sich so lange ein, daß es einem gut geht, bis es einem schlecht geht, weil man dann eben psychosomatisch erkrankt. Manche empfinden die Erkrankung dann fast als „Erlösung", weil sie von der psychischen Notsituation ablenkt und die Problematik ins Körperliche verschiebt. Und daher hat Horst E. Richter recht, wenn er fragt, ob ein Mensch wirklich erst krank ist, wenn er seinen Herzinfarkt bekommt oder nicht schon in all den Jahren, in denen er gerade jene Arbeitsbedingungen erträgt, die mit unerbitterlicher Konsequenz eben zu diesem Infarkt führen. Nicht zufällig hat die Weltgesundheitsorganisation Gesundheit als Voraussetzung für körperliches, seelisches und soziales Wohlbefinden definiert.

Man sollte sich mit den Vorgesetzten, wenn nötig, auch über eventuelle private Probleme aussprechen können. Das dürfte nichts mit sogenannter Hausmeister-Neugierde zu tun haben, sondern müßte Bereitschaft signalisieren, Beistand zu leisten, wo immer möglich. Im übrigen: Ein Angestellter mit familiären Schwierigkeiten ist immer in einen Zweifrontenkampf verwickelt und als Konsequenz davon *muß* seine Leistung nachlassen.

6. *Mangelnde Information.* Auch im Betrieb ist Wissen in gewissem Sinne Macht, und es besteht ein Recht jedes einzelnen, zu wissen was vorgeht. Es ist oft schrecklich mitanzusehen, wie alle bereits wissen, daß sich gegen einen Bestimmten etwas „zusammenbraut", nur der Betroffene ist ahnungslos (ähnlich manchem betrogenen Ehemann). Aus meiner ärztlichen Erfahrung weiß ich, daß manche Entlassung nicht mit so schlimmen psychosomatischen Folgen verbunden gewesen wäre, wenn sie nicht so überraschend und scheinbar aus „heiterem Himmel" ausgesprochen worden wäre. Dies leitet mich hinüber zum nächsten Punkt.

7. *Entwürdigende Entlassung.* Besonders ältere Mitarbeiter sind von ihr bedroht. Man kann sich des Eindruckes nicht erwehren, daß hier oft nur auf einen Vorwand gelauert wird, gewöhnlich in Form einer Krankheit, oft einer Krankheit, die sich der Betroffene im Dienst zugezogen hat. Dann heißt es brutal: „Weg mit dir!" Vor kurzem habe ich diese Vorgangsweise gesehen bei einem 54jährigen Mann in angesehener Position, der während seiner ganzen Dienstzeit nicht einen einzigen Tag (!) Krankenstand aufzuweisen hatte; eine Frau wurde entlassen zu einem Zeitpunkt, wo ihr noch ein Tag (!) fehlte, um das Recht auf Abfertigung zu haben. Das sind alles schwere Verstöße gegen die menschliche Würde. Viele geraten

dadurch in eine seelische und auch körperliche Verfassung, die Frühpensionierung erzwingt, ganz abgesehen davon, daß es ja in dieser Alterskategorie kaum mehr möglich ist, einen neuen Posten zu erhalten, wenn man den alten, langjährigen verloren hat. Das Wort Pensionsschock, ja sogar Pensionstod, ist wohlbekannt, dabei handelt es sich aber um Menschen mit einem „normalen" Pensionierungstermin. Wie viel schlimmer wird es erst sein im Falle einer erzwungenen, konstruierten frühen Entlassung; sie bedeutet, einen Menschen in die soziale Invalidität und in den sozialen Tod hineinzutreiben.

Daß diese Situation in der derzeitigen Lage mit steigender Arbeitslosigkeit noch besonders akzentuiert wird, braucht nicht betont zu werden. In Caracas habe ich ein Inserat in der Zeitung gelesen: Familienvater mit fünf Kindern sucht Arbeit jeglicher Art und bietet dafür ein Auge oder eine Niere! Dies erinnert an die Zeiten, wo Menschen bereit waren, alles zu verkaufen, auch ihre Seele, um Brot nach Hause bringen zu können. Man kann nur sagen: Wehe den Menschen, die eine so entsetzliche Situation zur Entwürdigung von Menschen benützen! Ich pflege zu sagen: Alle die, die sich beklagen, daß sie der Wecker morgens aus dem Schlaf reißt, mögen an die schreckliche Lage derer denken, die keine Arbeit haben und denen damit alles, jedes Ziel, jede Initiative, jede Tageseinteilung verlorengeht!

8. Eine negative Strukturierung der Führungspersönlichkeiten. Wir sehen heute oft Menschen in der Chefposition, die ihre tiefe Ich-Unsicherheit durch ein abnormes Macht- und Geltungsstreben überkompensieren (selbstverständlich gibt es auch großartige Chefs auf allen Ebenen!). Solche in ihrer Identität verunsicherten Menschen aber kennen, wie Erikson gezeigt hat, keine Toleranz, sie wollen weder andere fragen noch andere hören, weil ihnen das als Autoritätsverlust erschiene; sie wollen auch Macht nicht delegieren, aus der tiefsten Sorge heraus, daß man sie betrügen, sich gegen sie zusammenrotten könnte, ja, daß sie gar überflüssig werden; es handelt sich also um in ihren sozialen Empfindungen neurotisch gestörte Persönlichkeiten. Oft sind sie unter den härtesten Kindheitsbedingungen aufgewachsen, haben Liebe, oder wenigstens eine Art von Anerkennung, nur durch extreme Leistungen erringen können, bleiben dann dem Götzen Erfolg auf Leben und Tod verpflichtet, sind bereit, wenn es sein muß, über Leichen zu gehen, nur um ihre Position zu halten; Macht scheint ihnen vorwiegend ein Mittel zu sein, um sich vor anderen zu schützen. Schließlich darf nicht übersehen werden, daß Ansammlung von Macht eine wesentliche Rolle dabei spielt, daß eine solche ,,mächtige Persönlichkeit" in ihrer Weiterentwicklung steckenbleibt und somit in erstarrten Formen verkrustet.

Es versteht sich von selbst, daß diese ,,Führer-Struktur" das Zueinanderfinden, die Formierung einer echten Betriebsgemeinschaft enorm erschwert. Es wird zwar immer wieder darauf hingewiesen, daß die wirkliche Entscheidung nur ein einzelner treffen kann, der dann ja auch für ihre Folgen verantwortlich ist. Psychohygienisch aber muß dazu gesagt werden, daß die Beteiligung aller Angehörigen eines Betriebes an wichtigen Problemen – natürlich in Übereinstimmung mit der jeweiligen beruflichen Zuständigkeit –, somit also letztlich das, was man unter Mitbestimmung versteht, eine unbedingte Notwendigkeit für die Erhaltung der Gesundheit der einzelnen Angestellten darstellt; denn nur, wer weiß, was er tut und warum er es tut, nur wer bei der Zukunftsgestaltung Einblick und Recht auf Mitsprache hat, kann eine positive

Einstellung zum Arbeitsprozeß entwickeln.

Ein psychotoxisch wirkender Chef wird natürlich mit hoher Wahrscheinlichkeit als eheste Reaktion seiner Untergebenen ihr Zusammenrücken zu einer geschlossenen Abwehrgemeinschaft heraufbeschwören. So verständlich und richtig dies ist, die endgültige Lösung des Problems kann es nicht darstellen. In diesem Zusammenhang ist es unbedingt nötig, auf die Rolle der Gewerkschaft einzugehen. Mit Nachdruck muß dabei betont werden, daß wesentliche Ziele der arbeitenden Bevölkerung eben durch diese Gewerkschaften realisiert worden sind, sie haben einen entscheidenden Beitrag zur Verwirklichung eines menschengerechten Arbeitsplatzes geleistet. Aber, die Einbeziehung der Vorgesetzten in diese Gemeinschaft ist ihnen bis heute nicht gelungen. So besteht weiterhin die Problematik des Grabens, der zwei Parteien trennt und scheinbar nicht überwunden werden kann. In der Kindheit fängt es an, wo zwischen den Eltern und ihren Sprößlingen keine echte Partnerschaft entsteht. In der Schule setzt es sich fort; es darf wohl daran erinnert werden, daß unsere Schule sehr wesentlich aus der kirchlichen Situation hervorgegangen ist: Die Kanzel in der Kirche und die daraus resultierende Kanzelsituation – daß nämlich einer oben steht und die anderen gezwungen sind, zu ihm hinaufzuschauen, was zu dem bedauerlichen Resultat geführt hat, daß die Gläubigen nur in den seltensten Fällen den Priester als einen der ihren betrachten –, das hat sich auf die Schule übertragen, aus der Kanzel ist das Katheder geworden. Schon die Sitzordnung deutet an, daß sich die Braven vorne versammeln und daß die Schüler um so schlimmer sind, je weiter es nach rückwärts geht. Mit dem ,,Schlimmsein" ist oft die automatische Entwürdigung derer verbunden, die diese ,,minderwertige Position" einnehmen.

Was von der Kirche auf die Schule übergegangen ist, das setzt sich dann natürlich auch beim Erwachsenen fort: auch hier die verlangte „Verherrlichung und Allmacht" des Chefs, dem sich die anderen zu fügen haben, um dessen Gunst oft in der unwürdigsten und intrigantesten Form gebuhlt wird. Selbstverständlich ist mir da die Einheitsfront gegen den Chef lieber – aber des Rätsels letzte Lösung stellt auch sie nicht dar. Das Losungs- und Lösungswort muß vielmehr „Gruppe" lauten, eine Gruppe, die alle einschließt. – Dies bleibt das freilich oft sehr schwer zu erreichende Ziel. Ich werde abschließend noch darauf eingehen, welche therapeutischen Möglichkeiten hinsichtlich der Chefs (von der gesellschaftspolitischen abgesehen) bestehen, aus diesem Wunsch Wirklichkeit zu machen. Was die sogenannten Untergebenen betrifft, möchte ich an Brechts Verse aus dem „Puntila" erinnern:

> *den guten Herrn finden sie bestimmt,*
> *wenn sie erst ihre eigenen Herren sind.*

Wie wird man „sein eigener Herr"? Meiner Meinung nicht dadurch, daß man jeden „Chef" abschafft, denn es hat sich bis jetzt immer herausgestellt, daß man dabei nur einen „Herrn" durch einen anderen ersetzt hat, oft sogar durch einen schlechteren. Als Tiefenpsychologe würde ich diesen Vers eher dahin deuten, daß der sein eigener Herr wird, der sich selbst durchschaut und unter eigene Kontrolle gebracht hat.

Zum Abschluß möchte ich drei Forderungen aus meinen hier dargelegten Beobachtungen ableiten:

1. In der letzten Zeit sind wohl Gesetze beschlossen worden, welche die Position des Betriebsarztes verbessern. Es ist die Zahl der Betriebe, die einen Betriebsarzt anstellen

müssen, erhöht worden (ab 250 Angestellten ist jetzt der Betriebsarzt obligatorisch), außerdem kann nun der Betriebsarzt nur mit Zustimmung des Betriebsrates angestellt werden. Er hat damit eine ausgeglichenere Position gewonnen, bisher war er oft der verlängerte Arm des Arbeitgebers. Auch heute noch aber ist seine Entlohnung nicht ausreichend, vielfach handelt es sich daher um eine nebenberufliche Tätigkeit. Schließlich ist auch die Ausbildung des Betriebsarztes unzulänglich, solange nicht eine ausgezeichnete psychosomatische Information geboten wird, was leider noch nicht der Fall ist. Die Tätigkeit des Betriebsarztes ist aber, ebenso wie die des Arbeitsmediziners, ohne Psychosomatik im Grunde eine halbe Sache.

2. Es wäre allerhöchste Zeit, die psychosomatische Medizin in Österreich aus ihrer äußerst unbefriedigenden Situation herauszuführen. Hier gibt es heute neben einer psychosomatischen Kinderabteilung im Wilhelminenspital, geleitet von meinem Schüler Zimprich, für Erwachsene eine einzige Abteilung, eben meine, an der Psychiatrischen Klinik mit 16 (!) Betten. Diese provisorische „Lösung" muß als ein Tropfen auf einem heißen Stein bezeichnet werden. Der Patient hat auf der einen Seite ein Anrecht, in der Erfassung seiner Krankheit als leiblich-seelische Einheit betrachtet zu werden und nicht bloß als Summe von Organen, die nur einer technischen Untersuchung unterzogen werden: Somit sollte das intensive Gespräch mit dem Arzt selbstverständlich sein, weil er hier nicht nur seine Beschwerden und Befürchtungen äußern, sondern auch auf seine spezifische Lebenssituation eingehen kann, die vielleicht einen wesentlichen Beitrag zu seiner Erkrankung geleistet hat. Soeben habe ich gemeinsam mit Kropiunigg ein Buch unter dem Titel „Der fehlgeleitete Patient" veröffentlicht, in dem wir nach-

weisen, daß ein psychosomatisch erkrankter Patient im Durchschnitt $6^{1}/_{2}$ Jahre (!) braucht, bevor er eine seinem Leiden wirklich entsprechende Behandlung erhält. Worin besteht eine solche adäquate Therapie? Hier geht es um das zweite Anrecht des Patienten, nämlich im Falle des Vorliegens einer psychosomatischen Erkrankung nicht nur körperlich, sondern auch seelisch behandelt zu werden. Die somatische Behandlung mit Medikamenten hat zum Ziel, den bestehenden körperlichen Defekt zu beseitigen. Die Psychotherapie dient dem Ziele, den Rückfall zu verhindern, der umso wahrscheinlicher ist, als unveränderte Gefühle weiter den alten Druck auf das Vegetativum ausüben. Bei der derzeitigen Situation kann das fundamentale Menschenrecht auf diese ganzheitliche Therapie nur für einen minimalsten Prozentsatz der Betroffenen realisiert werden. Es besteht auch im Moment wenig Hoffnung, daß sich dieser traurige Zustand in absehbarer Zeit ändert; wären doch dazu psychosomatische Ausbildungsstellen nötig, wo Ärzte lernen könnten, später ihre diesbezüglichen verantwortungsvollen Pflichten in größerem Rahmen und in allen medizinischen Fachgebieten zu erfüllen. Meine Abteilung verfügt über zwei (!) Ausbildungsstellen, jeden Monat bewerben sich einige Ärzte um eine solche Ausbildung, müssen aber frustriert werden, da keine Planstellen dafür zur Verfügung stehen. Sicherlich gibt es auch Hoffnungssignale: In den letzten Jahren sind an einigen Kliniken und Spitälern von mutigen Pionieren psychosomatische Ambulanzen geschaffen worden; auch die Gründung eines Institutes für medizinische Psychologie hat dem psychosomatischen Denken Auftrieb gegeben. Aber letztlich wird man eines Tages nicht darum herum kommen, die Psychosomatik von der Psychiatrie zu trennen, eine eigene Ausbildungsklinik (kein neues Fach, das psychosomatische Denken muß vielmehr in alle bestehende Fächer als zentripetale Kraft integriert werden) mit entsprechenden Stellen zu schaffen. Vielleicht könnte die Initiative der Meistbetroffenen, der Patienten, einen Beitrag dazu leisten, daß hier nun endlich und möglichst bald eine Änderung eintritt.

3. Man kann die Manager (besser gesagt einen Teil von ihnen) nicht nur tadeln, man muß auch etwas für sie tun! In Amerika hat es sich als sehr wirksam erwiesen, für Manager in verantwortungsvollen und leitenden Positionen mehrere Wochen dauernde Selbsterfahrungsgruppen zu organisieren, wie ich es z. B. in Topeka erleben durfte, wo solche Kurse unter der Leitung eines der bedeutendsten amerikanischen Psychiater, Carl Menninger, stattfinden; sie führen die Teilnehmer in der Gruppenerfahrung aus ihrer angemaßten oder eingebildeten gottähnlichen Position, sodann aber auch durch Gemeinschaftsbildung aus ihrer Isolation. Untersuchungen, die die Menninger-Klinik in den von auf diese Weise Behandelten geleiteten Unternehmungen ein Jahr später durchführte, haben ergeben, daß solche Kurse Wirkung zeigten: besseres Selbstverständnis der Manager und damit verbunden mehr Verständnis für die Probleme ihrer Untergebenen. In all diesen Betrieben war eine Besserung des Arbeitsklimas, der Arbeitsfreude und auch der Effizienz festzustellen. Auch in Österreich werden jetzt solche Kurse, scheinbar in steigender Zahl, durchgeführt, wobei Michael Hofmann mit Recht darauf hinweist, daß sie keineswegs einer Uniformierung des Managertyps dienen. Wörtlich sagt er: „Die Gleichmacherei eines auf einen bestimmten Führungsstil ausgerichteten Führungsmodelles entspricht bestenfalls einer utopisch-ideologischen Weltsicht, ungünstigstenfalls der Fixkostendeckung oder Gewinnmaximie-

rung der Organisationsberater." Es bleibt zu hoffen, daß die Manager in solchen Kursen auch die Übertragungsproblematik durchschauen lernen, wie dies alle tun sollten, denen Menschen anvertraut sind. Freud hat als erster gezeigt, daß wir Gefühle, die wir in der Kindheit gegenüber Vater und Mutter entwickelt haben, später auf andere wichtige Personen unseres Lebens übertragen. Durch diesen Übertragungsmechanismus kann es also geschehen, daß ein Vorgesetzter anders gesehen wird, als er wirklich ist, z. B. daß man vor ihm Angst hat, wie man sie vor dem Vater hatte, obwohl man vor ihm keine Angst haben müßte. Nur die Kenntnis und Erfahrung dieses Übertragungsmechanismus wird den Vorgesetzten davor bewahren, auf die falsche Reaktion seines Untergebenen seinerseits wieder falsch zu reagieren: Nur durch dieses Wissen also wird die verhängnisvolle Schraube von Reaktion und Gegenreaktion, die dann zu immer größerer gegenseitiger Entfremdung führt, verhindert werden können. Der Manager, der solche Kurse besucht und wirklich erlebt hat, wird solche Provokationen, die immer wieder erfolgen, nicht zum Vorwand benützen, sich „gehen zu lassen", sondern vielmehr des Wortes des Marquis Posa aus Don Carlos eingedenk sein: „Sire, Ihr beherrscht ein großes Reich, nur einen beherrscht Ihr schlecht, das seid Ihr selbst!"

Zum Schluß möchte ich an das Verantwortungsbewußtsein jedes einzelnen Mitgliedes einer Arbeitsgemeinschaft appellieren. Wer mithilft, ein psychohygienisch gutes Arbeitsklima zu schaffen, leistet einen Beitrag nicht nur zur rechtzeitigen Entdeckung von Menschen, die unter dem Druck psychosomatisch zusammenzubrechen drohen, sondern auch, was mindestens so wichtig ist, zur Vorbeugung psychosomatischer Erkrankungen, zu einer

Prophylaxe, die umso nötiger ist, als jetzt schon Futurologen mit guten Gründen voraussagen, daß die psychosomatischen Erkrankungen im Jahre 2000 eines der wichtigsten medizinischen Probleme darstellen werden.

8.

Der Friede im Lichte der Tiefenpsychologie, dargestellt an Beispielen aus der Oper

Man hat als Psychiater, als Tiefenpsychologe und Psychotherapeut nicht nur die Aufgabe, menschliche Schicksale ins Lichte zu wenden, „auf die Tafel des Mißgeschicks das Angesicht des Glücks zu zeichnen" (Jaques Prevert), sondern man muß auch warnend rufen, ja vielleicht sogar schreien, wenn man sieht, daß in unserer Welt sich Unheil anbahnt. Erkranken können ja nicht nur Einzelpersonen, sondern auch Gemeinschaften, von der kleinsten, der Familie, angefangen bis zur größten, dem Staat. Damit bin ich beim eigentlichen Auftrag dieser Ausführungen, nämlich aufmerksam zu machen auf das Dunkel, welches auf uns zukommt und – so gut oder schlecht dies ein einzelner vermag – psychohygienisch Wege zu weisen, mit denen es verhindert werden könnte. Man darf wirklich sagen: unser Fühlen und Denken von heute ist unser Schicksal von morgen.

Meinem ersten umfangreichen wissenschaftlichen Werk habe ich den Titel „Der Selbstmord, Abschluß einer krankhaften psychischen Entwicklung" gegeben, er hat auch volle Gültigkeit für das Phänomen Krieg. Nicht nur ist der Krieg ebenfalls eine Art von Selbstmord, vielleicht sogar – ich komme später noch darauf zurück – angesichts des „Fortschritts" der Vernichtungswaffen ein Selbstmord der gesamten Menschheit. Es hat auch jeder Krieg eine lange Vorgeschichte insoferne, als er hervorgeht aus einem „Frieden", der kein echter, sondern ein „Scheinfriede", ein nur mehr „Noch-nicht-Krieg", auch „kalter Krieg" genannt, ist. Wir dürfen nun nicht übersehen oder überhören, so unangenehm uns das auch sein mag, so gerne wir es, wie alles Unangenehme, Peinliche verdrängen möchten, daß ein solcher „Vor-Krieg" heute massiv existiert, keineswegs nur in der Welt, wo sich mindestens zwei Blöcke, bis an die Zähne bewaffnet, feindlich gegenüberstehen, sondern durchaus auch in unserem Land, das wir so sehr bemüht sind, als „Insel der Seligen" darzustellen. Man kann nicht schweigen darüber, daß die einen triumphieren, wenn den anderen der AKH-Skandal passiert, und sich dieser Vorgang, nur mit umgekehrten Vorzeichen, bei der WBO-Affäre wiederholt; wenn höhnische Schadenfreude, Verachtung, Haß und offene Feindseligkeit aus allen Gesichtern und Worten abzulesen sind: nirgends auch nur eine Spur von Anteilnahme, sondern nur zwei Parteien, die sich nach Art der Urhorden zusammenrotten, um zum Appell gegen den anderen zu blasen, um auf das geringste Zeichen seiner Schwäche zu lauern. Sie haben heute noch keine bewaffneten Milizen, das ist (ein sicher nicht unwesentlicher) Unterschied gegenüber der Zeit zwischen 1918 und 1938, aber von einem Frieden sind wir dennoch weit entfernt. Mit einigem Bangen muß man dem Jahre 1984 entgegenblicken, in dem der tragischen Ereignisse des Februar 1934 und des Juli 1934 besonders gedacht werden wird (und soll): werden dabei alte Gräben wieder aufgerissen werden oder wird der Geist der Versöhnung Fortschritte machen?

Mit persönlicher Betroffenheit in engerem und weiterem Sinne müssen wir also fragen: Wie entsteht ein solcher Scheinfriede? Mit Recht hat unser Bundespräsident, Rudolf Kirchschläger, formuliert: „Der Friede beginnt in der Familie." Also wird daraus der Schluß zu ziehen sein, daß auch die Bereitschaft zum Kriege in der Familie ihren Ursprung hat, und gerade die Tiefenpsychologie ist es, die für die Richtigkeit dieser These Beweis und Erklärung liefert. Vor einiger Zeit hat David Mantell in einer eindrucksvollen Studie, welche die Psyche von 25 Vietnam-Freiwilligen mit der von ebensovielen Kriegsdienstverweigerern verglich, einen neuerlichen Beweis dafür erbracht. Die Kindheit der späteren Vietnam-Freiwilligen schildert Mantell zusammengefaßt so: „Die Eltern sind zueinander und zu ihren Kindern streng, kalt und objektiv. Häufige Strafen in Form von Drohungen, Restriktionen und Schlägen wie auch andere Formen der Einschüchterung werden im allgemeinen angewandt, um den Gehorsam der Kinder sicherzustellen. Es gibt wenig Raum für eigene Gefühle und Meinungen. Meistens gibt es nur eine Meinung, die des dominierenden Elternteils; sie wird nicht als Meinung, sondern als absolutes Gesetz geäußert. Gleichzeitig nehmen sich die Eltern Vorrechte heraus, die mit dem von ihnen gepredigten Grundsatz der Selbstbeherrschung unvereinbar sind. Ganz anders verlief die Kindheit der späteren Kriegsdienstverweigerer: Die besonderen Eigenschaften ihres Familienlebens, auf die sie wiederholt hinwiesen, waren Gewaltlosigkeit, Rationalität, Toleranz, Flexibilität, Anpassungsfähigkeit, gegenseitige Anteilnahme, Wärme und unautoritäres Verhalten. Die Jugendzeit der Kriegsdienstverweigerer ist durch ein immer stärker werdendes Ringen gekennzeichnet, ihre Glaubenssätze mit ihren Handlungen in Einklang zu bringen. Individuelle Gewissensakte, Selbstkritik und intensive intellektuelle und emotionale Anregung waren Teil dieses Prozesses, der dann in der Entscheidung, den Militärdienst zu verweigern, gipfelte."

Wenn die Eltern durch liebloses Verhalten Haßgefühle im Kinde erzeugen, zerstören sie damit die auf Liebe ausgerichtete gefühlsmäßige Einheit des Kindes, vergiften seine Seele, oft für alle Zeit. So werden häufig schon mit dem Lebensbeginn die Voraussetzungen dafür geschaffen, daß ein Mensch für den Krieg anfällig und zu ihm bereit ist. Anton Wildgans schrieb am Anfang dieses Jahrhunderts: „Die Liebe zwischen Eltern und Kindern ist ebenso selten wie die Liebe zwischen Mann und Weib. Die Gebärden dieser beiden Arten von Liebe sind zwar alltäglich, aber deswegen um so verdächtiger. Vielfach herrscht geradezu Feindschaft zwischen Mann und Weib und Eltern und Kindern, und nur der Illusionist wird das leugnen und aus der Wirklichkeit zu lügen versuchen. Der Idealist wird diesen Sachverhalt anerkennen, der Realist nach den Mitteln suchen, hier Besserung zu schaffen. Die beiden Phänomene hängen innig zusammen: würden die Ehen aus anderen Gründen geschlossen als sie meist geschlossen werden, d. h. aus wirtschaftlichen Interessen, aus Bequemlichkeit, Feigheit, Phantasielosigkeit, Gedankenlosigkeit, Berechnung, ginge diesem Bunde, der auch noch etwas anderes ist, als die vom Staat gewünschte und begünstigte Grundlage seiner Existenz, eine genaue gegenseitige Prüfung aufgrund beiderseitiger Mündigkeit voraus, dann würden die Eltern an ihren Kindern nicht jene Überraschungen erleben, die zu spät kommen und sie über die Unrichtigkeit ihrer gegenseitigen Wahl aufklären könnten." Mahler hat von seinen Eltern gesagt, sie hätten zusammengepaßt wie Wasser und Feuer. Ich fürchte, das könnten viele Kinder von ihren Eltern sagen, und wenn dann diese Kinder im wahrsten Sinne des Wortes zum Schlachtfeld werden, auf dem der elterliche Kampf ausgetragen wird, dann wird man sich nicht wundern dürfen darüber, daß sie jene Verwüstungen zeigen, die eben Schlachtfelder aufzuweisen pflegen. Jüngst hat mir ein Student geklagt, seine Eltern übten ständig eine Art von familiärem Atomkrieg. Es ist aber keineswegs nur die „Urfeindschaft" zwischen den beiden Geschlechtern, die so katastrophale Folgen zeitigt, sondern ganz besonders auch die mangelnde Respektierung des Kindes als echten Partner vom ersten Lebenstag angefangen.

Es ist eine sehr eigenartige Tatsache, daß die Erzeuger des Menschen, die Eltern, zugleich die ersten Mitmenschen des Kindes, wiederholt gleich nach der Geburt mit einem Verhalten beginnen, welches man mit Jean Amery, der diesen Ausdruck allerdings in anderem Zusammenhang geprägt hat, als eine „Zurücknahme des Schöpfungsaktes" bezeichnen könnte. Die Erzeuger beginnen nämlich oft schon vom ersten Tag an dafür zu sorgen, daß der Erzeugte sich in Richtung „Lebensunfähigkeit" entwickelt oder zumindest in seiner Lebensfähigkeit wesentlich reduziert wird. Fritz Zorn, dessen Buch „Mars" für die psychosomatische Betrachtungsweise des Krebses (die meiner Meinung nach immer mehr an Wahrscheinlichkeit gewinnt) von großer Bedeutung ist, schreibt darin: „Meine neurotischen Eltern haben in mir einen Menschen produziert, der zwar körperlich nicht schwach genug war, um gleich nach der Geburt zu sterben, der aber durch das neurotische Milieu, in dem er aufgewachsen ist, seelisch so zertrümmert wurde, daß er zu einem Dasein, das man menschlich nennen könnte, nicht mehr fähig war." Franz Kafka in einem Brief an seine Schwester: „Das sind, aus

Eigennutz geboren, die zwei Erziehungsmittel der Eltern: Tyrannei und Sklaverei in allen Abstufungen, wobei sich die Tyrannei sehr zart äußern kann (,Du mußt mir glauben, denn ich bin deine Mutter!') und die Sklaverei sehr stolz (,Du bist mein Sohn, deshalb werde ich dich zu meinem Retter machen!'), aber es sind zwei schreckliche Erziehungsmittel, geeignet, das Kind in den Boden, aus dem es kam, zurückzustampfen." In diesem Rahmen kann ich gar nicht alle Möglichkeiten ausleuchten, deren sich die Eltern dabei bedienen. Ich will nur die wichtigsten anführen: das Fehlen von Liebe, Wärme und Achtung, welches auf Seiten des Kindes zum Ausbleiben des so wichtigen Urvertrauens führt; die Tendenz, das Kind nicht als ein neues, einmaliges, selbständiges Lebewesen anzuerkennen, sondern es hartnäckig als einen Teil des eigenen Ich zu bewerten, über seinen Kopf hinweg zu verfügen, es nicht als gleichberechtigt anzusehen, weil es klein und „machtlos" uns ausgeliefert ist, es durch Manipulation und Projektion zum Erfüller unserer eigenen Wünsche zu degradieren. An dieser Stelle bin ich bei meinem ersten Opernbeispiel. Wagners „Siegfried" aus dem Ring des Nibelungen: Mime hat den Waisenknaben Siegfried aufgezogen, Vater und Mutter an ihm vertreten und doch seine Liebe nicht erringen können, höchstens eine gewisse Ambivalenz, die Siegfried so ausdrückt:

> *Vieles lehrtest du, Mime,*
> *und manches lernt' ich von dir;*
> *doch was du am liebsten mich lehrtest,*
> *zu lernen gelang mir nie:*
> *wie ich dich leiden könnt'.*
> *Trägst du mir Trank*
> *und Speise herbei,*
> *der Ekel speist mich allein;*

schaffst du ein leichtes
Lager zum Schlaf,
der Schlummer wird mir da schwer;
willst du mich weisen,
witzig zu sein,
gern bleib ich taub und dumm.
Seh ich dir erst
mit den Augen zu,
zu übel erkenn ich,
was alles du tust:
Seh ich dich stehn,
gangeln und gehn,
knicken und nicken,
mit den Augen zwicken:
beim Genick möcht' ich
den Nicker packen,
den Garaus geben
dem garst'gen Zwicker!
So lernt' ich, Mime, dich leiden.

Vergeblich klagt Mime über die Undankbarkeit seines Ziehsohnes mit den folgenden Worten:

Da ist nun der Liebe
schlimmer Lohn!
Das der Sorgen
schmählicher Sold!
Als zullendes Kind
zog ich dich auf,
wärmte mit Kleidern
den kleinen Wurm:
Speise und Trank
trug ich dir zu,
hütete dich
wie die eigne Haut.
Und wie du erwuchsest,
wartet' ich dein;
dein Lager schuf ich,
daß leicht du schliefst.

> *Dir schmiedet' ich Tand*
> *und ein tönend Horn;*
> *dich zu erfreun,*
> *müht' ich mich froh.*
> *Mit klugem Rate*
> *riet ich dir klug,*
> *mit lichtem Wissen*
> *lehrt' ich dich Witz.*
> *Sitz' ich daheim*
> *in Fleiß und Schweiß,*
> *nach Herzenslust*
> *schweifst du umhehr.*
> *Für dich nur in Plage,*
> *in Pein nur für dich*
> *verzehr ich mich alter,*
> *armer Zwerg! (Schluchzend.)*
> *Und aller Lasten*
> *ist das nun mein Lohn,*
> *daß der hastige Knabe*
> *mich quält (schluchzend) und haßt!*

Der wahre Grund dafür, daß Siegfried Mime nicht wirklich bejahen kann ist aber, daß er in seinem Innern fühlt, von Mime nicht um seiner selbst willen geliebt zu werden. Und so ist es auch: Mime hofft, mit Siegfrieds Hilfe den Schatz der Nibelungen in seinen Besitz zu bringen – der Eigennutz der Eltern kann nicht besser symbolisiert werden, es kann aber auch nicht besser gezeigt werden, daß auf diesem Weg echte Kindesliebe nicht zu gewinnen ist! In unserer Zeit haben wir es ferner auch mit ganz neuen Formen elterlichen Versagens zu tun: Manès Sperber spricht von „Waisenkindern *mit* Vater und Mutter", die jetzt aufwachsen, weil sich die Eltern vielfach von ihren Erziehungsaufgaben weitgehend zurückgezogen haben und die Kinder dadurch mehr und mehr sich selber überlassen sind. Da ist auf der einen Seite die „vaterlose Gesellschaft"

(Mitscherlich), also kein echtes väterliches Vorbild, da ist die Mutter, die der Doppelbelastung Kind-Beruf oft nicht gewachsen ist (aber nicht, weil sie berufstätig ist, sondern weil sie dabei vom Vater im Stich gelassen wird).

Bis zum heutigen Tage gilt das Wort des Märtyrers Janus Korczak, wonach die Kinder das einzige Proletariat sind, welches noch nicht erlöst wurde, jenes Proletariat, dessen sich noch keine Partei angenommen hat. Heuer im Sommer war eine ehemalige Patientin bei mir, die in Japan ein malayisches Kind adoptiert hat, weil sie selbst keines bekommen konnte, und sie sagte mir zum Abschied: „Die Eltern sind für die Kinder Stellvertreter Gottes. Wenn sie sich richtig verhalten, so entwickeln sich die Kinder zu Ebenbildern Gottes, wie es von der Schöpfung geplant ist, wenn nicht, drohen sie zu zerbrechen und an der eigentlichen Menschwerdung vorbeizugehen." Mit Recht dichtet Peter Turrini aus eigener Erfahrung und trifft damit die Erfahrung ungezählter anderer:

Die Kindheit ist ein schreckliches Reich.
Die Hände, die dich streicheln, schlagen dich.
Der Mund, der dich tröstet, brüllt dich an.
Die Arme, die dich hochheben, erdrücken dich.
Die Ohren, die dir zuhören, verstehen alles falsch.
Die Decke, die dich wärmt, gehört deinem älteren Bruder.
Die Wand, der du ein farbiges Zeichen von dir gibst,
wird einmal im Jahr übermalt.
Der Satz, den du endlich sagst, ist kindisch.

Wenn du mit deinen Sätzen und Zeichen
woanders hingehen willst,
dann heißt es,
das geht die fremden Leute nichts an.
Wohin soll ich gehen,
wenn die eigenen Leute
so fremd zu mir sind?

Ich gehe nirgendwohin.

Der letzte Vers könnte auch schon bedeuten: Ich gehe in den Krieg.

Wir sagen so oft: ,,Meine Kindheit war märchenhaft", angeblich um auszudrücken, wie schön sie war. Aber haben wir dabei bedacht, daß unsere Sprache unter ,,Märchen" etwas versteht, was schlicht und einfach nicht wahr ist? Sind wir uns dieses Doppelsinnes bewußt? Sind aber andererseits alle Märchen wirklich nur Erfindungen? Man denke in diesem Zusammenhang etwa an die griechische Sage: Selbst ein Mann von der Genialität Sigmund Freuds kam nicht darum herum zuzugeben, daß alle diese ungeheuerlichen Dinge, die er Schritt für Schritt aufgedeckt, für alle Zeiten im wissenschaftlichen Denken und Erkennen verankert hat, schon in den griechischen Sagen enthalten waren – er hat diesen Komplexen dementsprechend auch die zugehörigen griechischen Namen gegeben. Sage bedeutet: es ist noch ein Schleier zwischen der endgültigen Erkenntnis und dem ,,Gesagten"; es bleibt noch eine Möglichkeit auszuweichen, nicht daran zu glauben, es handelt sich um eine ,,Vorgestalt" (Conrad) der Wahrheit, wir ahnen sie schon, aber wir versuchen gleichzeitig noch, sie aus der Wirklichkeit herauszuhalten. Ganz ähnlich ist es mit den Märchen: in vielen von ihnen ist eine tiefe Wahrheit verborgen, man muß sie nur entdecken! Wenn wir z. B. in ,,Hänsel und Gretel" Eltern erleben, die stets daran denken, wie sie ihre Kinder loswerden könnten und selbst auf die Weise, daß ihnen ein Leid zustößt, dann ist es sehr gut, sich in die Aussage zurückflüchten zu können, es handle sich nur um ein Märchen und solche Eltern gäbe es ,,in Wirklichkeit" nicht. Es ist leicht zu erkennen, daß ich damit wieder zu einem Opernbeispiel gekommen bin, zu ,,Hänsel und Gretel". Eine sehr interessante Nuance ist da zuerst festzustellen: Für die Schwester des Komponisten

Engelbert Humperdinck, die nach dem Märchen das Textbuch der Oper verfaßte, waren Eltern, die ihre Kinder in den Tod treiben, unerträglich. Sie machte daher aus dem absichtlichen Abschieben der Kinder einen unbeabsichtigten „Unglücksfall". Das hört sich in der entscheidenden Szene so an: „Marsch, fort in den Wald", sagt die Mutter zu den Kindern, „dort sucht mir Erdbeeren. Nun wird es bald!" Von einer bösen Absicht ist hier also keine Rede mehr: man wird doch noch Kinder in den Wald schicken dürfen, um Beeren zu suchen! Dann aber kommt ein sehr interessanter Zusatz: „Und bringt ihr den Korb nicht voll bis zum Rand, so hau' ich euch, daß ihr fliegt an die Wand." Also: Mörder sind die Eltern in der Opernfassung keine mehr, sie sind nur Menschen, die unterdrücken, mißhandeln und die Kinder „zufällig" in eine äußerste Notsituation treiben. Es handelt sich also um einen Verdrängungsprozeß in mehreren Stufen: erst von der Wirklichkeit ins Märchen, dann vom Märchen ins Textbuch der Oper. – Die Eltern werden dabei „verbessert". Nun kommt in dieser Oper noch etwas vor: der Vater, ein Mann, der das ganze Geld, das er verdient, versäuft und der daher – und nicht infolge sozialer Not – arm ist, spricht eine Lehre aus, die vielen Eltern aus dem Herzen kommt: „Hunger ist der beste Koch." Auch das ist aktuell bis in unsere Tage, freilich in einer neuen Form. Denn leibliche Nahrung bekommen die Kinder in unseren Regionen genug, oft sogar zuviel, womit eine erste Grundlage gelegt wird für spätere Fett-Sucht, die ungezählte Menschen plagt, ja sogar vernichtet – dafür aber umso weniger seelische. Wofür sollen sich denn die Kinder begeistern? Sie sind alleingelassen, sind im Leeren, haben keinen Kompaß, haben keinen Stern, keine Werte, die sie leiten. Und damit halten wir wieder bei den zwei Kindern Hänsel und Gretel. Sie sind, um es einmal mit Rilke zu sagen, „ganz angstallein, haben nur aneinander Halt, jedes Wort wird (nicht nur symbolhaft) wie ein Wald vor ihrem Wandern sein", denn sie befinden sich wirklich im Wald, sind ganz einsam, kauern sich aneinander, versuchen, sich gegenseitig Mut zu machen. So schlafen sie ein und im Einschlafen hoffen sie, daß vierzehn Schutzengel sie beschützen und behüten werden, damit ihnen nichts geschieht. Ich habe diese Szene ausgewählt, nicht nur, weil das ein wunderschönes Duett ist, sondern weil es mir so sehr die Situation unserer alleingelassenen Kinder auszudrücken scheint, dieser Kinder, die in Not sind, die nicht wissen, wohin sie sich wenden sollen und die sich irgendwie sehnen, jemand zu finden, der ihnen den Weg weist.

Tiefer Wald. Im Hintergrunde der Ilsenstein, von dichtem Tannengehölz umgeben. Indessen hat die Dunkelheit immer mehr zugenommen.

GRETEL (Hänsel den Korb entreißend).
Hänsel, was hast du getan? O Himmel!
Alle Beeren gegessen, du Lümmel!
Wart nur, das gibt ein Strafgericht,
denn die Mutter, die spaßt heute nicht!
HÄNSEL (ruhig). *Ei was, stell dich doch nicht so an,*
du, Gretel, hast es ja selber getan!
GRETEL. *Komm, wir wollen rasch neue suchen!*
HÄNSEL. *Im Dunkeln wohl gar, unter Hecken und Buchen!*
Man sieht ja nicht Blatt, nicht Beere mehr!
Es wird schon dunkel ringsumher!
GRETEL. *Ach Hänsel, Hänsel! Was fangen wir an?*
Was haben wir törichten Kinder getan?
Wir durften hier nicht so lange säumen!
HÄNSEL. *Horch, wie es rauscht in den Bäumen! –*
Weißt du, was der Wald jetzt spricht? –
„Kindlein, Kindlein", fragt er, „fürchtet ihr euch nicht?"
(Er späht unruhig umher. – Endlich wendet er sich verlegen zu Gretel).
Gretel! Ich weiß den Weg nicht mehr!

GRETEL (bestürzt). *O Gott!, Was sagst du? Den Weg nicht mehr?*
HÄNSEL (sich mutig stellend). *Was bist du für ein furchtsam Wicht!*
  Ich bin ein Bub und fürcht mich nicht!
GRETEL. *Ach, Hänsel! Gewiß geschieht uns ein Leid.*
HÄNSEL. *Ach, Gretel, geh, sei doch gescheit!*
GRETEL. *Was schimmert denn dort in der Dunkelheit?*
HÄNSEL. *Das sind die Birken im weißen Kleid.*
GRETEL. *Und dort, was grinst daher vom Sumpf?*
HÄNSEL (stotternd). *D-d-das ist ein glimmender Weidenstumpf!*
GRETEL (hastig). *Was für ein wunderlich Gesicht*
  macht er soeben – siehst du's nicht?
HÄNSEL (sehr laut). *Ich mach dir 'ne Nase, hörst du's, du Wicht?*
GRETEL (ängstlich). *Da sieh, das Lichtchen –*
  es kommt immer näh'r.
HÄNSEL. *Irrlichtchen hüpfet wohl hin und her!*
  Gretel, du mußt beherzter sein –
  wart, ich will einmal tüchtig schrei'n!
(er geht einige Schritte zum Hintergrund und ruft durch die hohlen Hände.)
  Wer da?
ECHO. *Er da!*
(Die Kinder schmiegen sich erschreckt aneinander.)
GRETEL (zaghaft). *Ist jemand da?*
ECHO (leise). *Ja!*
(Die Kinder schaudern zusammen.)
GRETEL. *Hast du gehört: 's rief leise: ja!*
  Hänsel, sicher ist jemand nah!
  (Weinend). *Ich fürchte mich, ich fürchte mich! O wär' ich zu Haus!*
  Wie sieht der Wald so gespenstig aus!
HÄNSEL. *Gretelchen, drücke dich fest an mich!*
  Ich halte dich, ich schütze dich!
(Ein dichter Nebel steigt auf und verhüllt den Hintergrund gänzlich.)
GRETEL. *Da kommen weiße Nebelfrauen,*
  sieh, wie sie winken und drohend schauen!
  Sie kommen, sie kommen,
  sie fassen uns an! (Schreiend.) *Vater, Mutter!*
(Eilt entsetzt unter die Tanne und verbirgt sich, auf die Knie stürzend, hinter Hänsel.)
(In diesem Augenblick zerreißt links der Nebel; ein kleines graues Männchen, mit einem Säckchen auf dem Rücken, wird sichtbar.)

HÄNSEL. *Sieh, dort das Männchen, Schwesterlein!*
 Was mag das für ein Männlein sein?
SANDMÄNNCHEN (nähert sich mit freundlichen Gebärden den Kindern, die sich allmählich beruhigen, und wirft ihnen während des Folgenden Sand in die Augen).

> *Der kleine Sandmann bin ich -s-t!*
> *und gar nichts Arges sinn ich -s-t!*
> *Euch Kleinen lieb ich innig -s-t!*
> *Bin euch gesinnt gar minnig -s-t!*
> *Aus diesem Sack zwei Körnelein*
> *euch Müden in die Äugelein;*
> *die fallen dann von selber zu,*
> *damit ihr schlaft in sanfter Ruh.*
> *Und seid ihr fein geschlafen ein:*
> *dann wachen auf die Sterne,*
> *aus hoher Himmelsferne*
> *gar holde Träume bringen euch die Engelein.*
> *Drum träume, Kindchen träume!*

(Verschwindet.)
HÄNSEL (schlaftrunken). *Sandmann war da!*
GRETEL (ebenso). *Laß uns den Abendsegen beten!*
(Sie kauern sich nieder und falten die Hände.)
BEIDE. *Abends, will ich schlafen gehn,*
> *vierzehn Engel um mich stehen:*
> *zwei zu meinen Häupten,*
> *zwei zu meinen Füßen,*
> *zwei zu meiner Rechten,*
> *zwei zu meiner Linken,*
> *zweie, die mich decken,*
> *zweie, die mich wecken,*
> *zweie, die mich weisen*
> *zu Himmels Paradeisen!*

(Sie sinken aufs Moos zurück und schlummern, Arm in Arm verschlungen, alsbald ein. – Völlige Dunkelheit.)

Bleiben wir noch einen Moment bei den Märchen und vergegenwärtigen wir uns, welchen wunderbaren geheimen Sinn sie oft für die Kinder haben. Wenn die Eltern wüßten, wie oft die Freude über die Verbrennung der Hexe den

Eltern gilt, weil sie unbewußt von den Kindern als Hexen erlebt werden, dann wären sie wahrscheinlich sehr erschrocken. (Es ist ganz unglaublich, wieviele im Rahmen der Maltherapie an der psychosomatischen Klinik gezeichneten Fratzen und Tiere von den Patienten als ihre Eltern identifiziert werden!)

Vergessen wir doch nicht, daß für die Kinder das Ausleben der Aggression gegen die Eltern unmöglich, ja das bloße Empfinden derselben gewissensmäßig verboten ist. Daher werden sie ununterbrochen auf der Suche nach Ersatzfiguren sein, an denen man diese Aggression abreagieren kann, ohne sich natürlich dessen bewußt zu werden, daß die „eigentlich Gemeinten" die Eltern sind: In diesem Sinne erfüllen ja die Märchen die wunderbare Entlastungsfunktion, die freilich von den Eltern kaum geahnt wird (deswegen besteht die Psychotherapie von neurotischen Kindern auch vorwiegend in einer Spieltherapie, in der die Konflikte abreagiert werden können).

Was aber die Schutzengel betrifft, so muß ich leider sagen, daß selbst eine Heerschar von ihnen kaum imstande wäre, alle Folgen, die durch die Neurotisierung, die Zerstörung der kindlichen Seele eintreten, zu verhindern. Ich möchte hier die wichtigsten aufzählen und gleichzeitig darstellen, in welchem Ausmaß sie die Grundlage liefern für die Kriegsbereitschaft eines Menschen.

1. Reduziertes Selbstwertgefühl. Das neurotisierte Kind kann, wie zu den Eltern, auch zu sich selber keine positive Beziehung gewinnen. Es entwickelt das, was Alfred Adler als Minderwertigkeitskomplex bezeichnet hat und unter diesem Namen ein allgemein bekannter Begriff geworden ist. Wer sich aber minderwertig fühlt, der hat das Bedürfnis, aus dieser Position herauszukommen, verbindet es also sehr oft mit einem geheimen „Macht- und Gel-

tungsstreben" und gerade die, die sich am minderwertigsten fühlen, beginnen dann immer mehr – die Geschichte beweist es immer wieder – sich der Gewalt zu verschreiben; ein Weg zu dem gleichen Ziel ist oft die Bereitschaft, willenlos in einem Kollektiv, in der Masse, unterzutauchen, wo alle zusammen sich stark genug fühlen, das wiederzugewinnen, was man verloren hat, nämlich die Achtung vor sich selber und das Gefühl, die Dinge mitgestalten zu können. Aus Ohnmacht zur Macht lautet dann die Devise, die sich oft genug letztlich als Illusion erweist.

2. Ein neurotisches Kind ist ein zutiefst frustriertes Kind, ein Mensch, in dem sich im Unbewußten eine ungeheure, von Jahr zu Jahr wachsende Erbitterung zusammenballt, eine ohnmächtige Wut, die nach irgendeiner Gelegenheit Ausschau hält, bei der es erlaubt ist, Aggressionen abzureagieren, um sich entladen zu können. In den Träumen neurotisierter Menschen spielt dementsprechend regelmäßig die Gewalt eine entscheidende Rolle, und wenn man genau hinsieht, so ist in vielen von ihnen der Wunsch, es möge endlich Krieg werden, damit sie die Gewalt, die normalerweise verboten ist, ausüben dürfen. Krieg ist nicht nur Protest, sondern er ist auch neurotischer Protest: dieser kennzeichnet sich dadurch (und unterscheidet sich damit von jeder anderen Form des Protestes), daß er nicht nur gegen andere gerichtet ist, sondern zugleich und im selben Ausmaß auch gegen sich selbst. Dies muß so sein, weil jede Aggression gegen die Eltern mit einem enormen Schuldgefühl verbunden ist, welches unausweichlich zu unbewußter Selbstbestrafungstendenz führt: der Mensch als sein eigener erbitterter und unbarmherziger Feind. Dies leitet hinüber zum nächsten Punkt:

3. Das Leben des Neurotikers ist ein armseliges Leben. Dies darf nicht abwertend verstanden werden, es ist viel-

mehr ein Leben am Leben vorbei, man entwickelt sich, aber man entwickelt sich falsch, Glück und Zufriedenheit haben keinen Platz in so einem Dasein. Es gibt einen ausgezeichneten Ausdruck für dieses Geschehen in der Oper „Ariadne auf Naxos", wo Ariadne sagt: „Und ist ja doch kein Leben, das ich lebe." Durchaus einfühlbar kommt dem Neurotiker von Jahr zu Jahr der Sinn seines Lebens mehr abhanden, eine solche Existenz ist in seinen Augen nichts wert und dementsprechend meint er, es wäre kein Schaden, wenn es ihn nicht mehr gäbe. Auch diese Struktur erzeugt eine Affinität des Neurotikers zum Kriege, denn für ihn hat der Tod alle seine Schrecken verloren, in tiefster Seele wünscht er sich das Zugrundegehen.

4. Die Mehrzahl der so strukturierten Menschen hat keine Ahnung davon, daß ihr seelisches Inneres einem Pulverfaß gleicht, das nur auf den Funken wartet, um explodieren zu können. Dies deswegen, weil die destruktiven Tendenzen sorgfältig aus dem Bewußten ins Unbewußte verdrängt werden.

Es gibt einen sogenannten Frieden, der ist eine besonders schlimme Vorstufe des Krieges, nämlich jener, den mein Freund Friedrich Heer als „statischen Frieden" bezeichnete. Ich erinnere mich einer Szene aus meinem eigenen Leben vor ein paar Wochen, wo der Begriff Seelenfriede an mich herangetragen wurde und ich auf einmal sagte: „Seelenfriede, welch ein unerträglicher Zustand." Das mag aus dem Mund eines Psychiaters seltsam klingen, aber dieser „Seelenfriede" ist ja gewöhnlich nichts anderes als Lug und Trug, weil er auf Verdrängung beruht – und damit bin ich wieder bei Heer, der schreibt: „Statischer Friede im Menschen ist bereits ein Kirchhofsfriede, ein fauler Friede. Menschen, die sehr viel in sich ständig unterdrücken, verdrängen, leben als lineare Existenzen, früh erstarrt, verfestigt. Sie lassen sofort ihren eisernen Vorhang herunter, wenn ein anderer eine Wirklichkeit, eine Tatsache berührt, die in ihm nicht zur Sprache kommen soll. Es sind diese Menschen, die sich selbst falsch befrieden, indem sie alle Elemente der Unruhe, des Zweifels, all ihre Schwierigkeiten permanent unterdrücken, die als Eltern, Lehrer, Politiker, Kirchenmänner Friede nur als Ordnung machen verstehen können und in großer Angst davor zurückscheuen, Frieden, lebendigen Frieden in sich selbst, im Haushalt, in der Ökonomie ihrer Person als eine permanente Schwebelage, als ein Leben in Konflikten zu verstehen, in dem sich tagtäglich neue Gegner zu Wort melden können, die als unerlaubte Triebe, Leidenschaften, Versuchungen, etwa auch des Fleisches, natürlich auch des Geistes, auszuscheiden sind." Gegen diesen statischen Frieden und nicht für den Krieg hat meiner festen Überzeugung nach Christus gepredigt, als er sagte: „Ich bin nicht gekommen den Frieden zu bringen, sondern das Schwert." Wenn Posa zu Philipp die berühmten Worte spricht: „Sire, geben Sie Gedankenfreiheit", dann sollte doch dieser Satz zuerst einmal so aufgefaßt werden, daß jeder sich selber Gedankenfreiheit gewähren möge, indem er auch seine fragwürdigen, vielleicht sogar sehr fragwürdigen Gedanken zuläßt, ohne die es eine ehrliche Selbstkonfrontation nicht geben kann. Ein Student sagte vor kurzem zu seiner Mutter: „Wie herrlich uneins war ich jetzt ein paar Tage mit mir" – welch wunderbarer Ausdruck für eine so notwendige Sache!

Freilich, wenn unsere christliche Erziehung sogar die sogenannte Gedankensünde verdammt, wenn sie nicht die Spur einer Dialektik zuläßt und immer nur Weiß oder Schwarz, Gut und Böse unterscheidet, wenn sie (insbesondere) die (sexuellen) Triebe so unterdrückt, daß eine gefährliche Stauung eintritt, die dann beim geringsten Nachlassen des Widerstandes zur totalen Enthemmung zu führen droht – freilich, unter solchen Umständen wird mit allen Kräften jener Friede gefördert, der der Ruhe eines Kirchhofes entspricht und auch im privaten Bereich die kommende Katastrophe ankündigt. (Übrigens: die Unterdrückung, Verdrängung, der Sexualität fördert zweifellos die Bereitschaft zur Aggressivität, der Slogan „Make love not war" hat damit mehrfach seine Berechtigung.)

Wir aber sind damit bei der nächsten Oper, natürlich bei Don Carlos. Selbst in den Worten der Textbuchautoren Joseph Méry und Camille du Locle klingt noch das dramatische Genie Schillers durch:

PHILIPP. *Verweilet!*
Weshalb habt Ihr gemieden,
obwohl so nahe dem Throne,
stets Eures Königs Näh'?
Ich steh in Eurer Schuld
und liebe solches nicht.
Ihr habt gut mir gedient,
treu wart Ihr stets der Krone.
POSA. *Was soll erbitten ich*
von der Gunst meines Königs?
Sire, ich brauche nichts;
mein Schutz ist das Gesetz.
PHILIPP. *Ich schätze stolzen Sinn,*
und Kühnheit verzeih ich ...
nicht immer ... Ihr verließet
den Dienst meines Heeres,
ein tapfer Mann wie Ihr,
Soldat aus edlem Hause,
darf der untätig sein?
POSA. *Sollt eines Schwertes einst Spanien bedürfen,*
einer rächenden Hand,
eines Hüters der Ehre,
so werdet jederzeit
bereit Ihr Posa finden.

PHILIPP. *Ja, ich weiß...*
 eine Gnade wollt' erbitten.
POSA. *Danke! Nein! Nicht für mich selbst,*
 doch für andre...
PHILIPP. *Sagt, was meint Ihr? Für andre?*
POSA. *Gern spreche ich, Sire, wenn Ihr es erlaubt.*
PHILIPP. *So redet.*
POSA. *Vernehmt, ich komme von Flandern,*
 sah das einst so blühende Land.
 Doch wie mußt' ich jetzt es finden?
 Ein Totenfeld, voll Furcht und Grauen.
 Und man sieht hungernde Kinder,
 ohne Obdach und ohne Schutz.
 Öde sind die Straßen und Städte,
 die Dörfer wüst und leer.
 Hier hat Albas Schwert und Feuer
 ein vernichtend Werk getan.
 Alles Glück und alle Freude
 hat verschlungen finstre Nacht.
 Ah, gepriesen sei der Himmel,
 der mich auserkor,
 frei zu künden dies Grauen
 meinem König selbst.
PHILIPP. *Blut kann allein*
 in meinem Reich den Frieden sichern.
 In Flandern wächst
 der Aufruhr dieser Ketzerbrut,
 die Pest der Ketzerei
 breitet sich aus dort im Land.
 Dem Tod, den ich verhäng,
 entkeimt die beßre Zukunft.
POSA. *Wie? Glaubt Ihr wirklich, wenn Tod Ihr säet,*
 zu ernten für die Ewigkeit?
PHILIPP. *Seht Euch um hier in Spanien,*
 seht den Mann in der Stadt,
 den Bauern auf dem Felde,
 sie dienen Gott und mir,
 überall Frieden und Ruh'.
 Diese Ruh wünsch ich
 auch meinem Flandern.

POSA. *Ja, grauenvolle Ruhe!*
Die Ruhe eines Kirchhofs!
O Herr, daß nie
die Nachwelt sage von Euch:
ein Nero war's!
Es ist nicht Frieden,
was der Welt Ihr schenket,
hier herrschen Furcht nur,
Schrecken und Entsetzen!
Eure Priester sind nur Henker,
Mörder Eure Krieger nur!
Das Volk verschmachtet in Kummer
und Elend,
in öde Wüste wird das Reich verwandelt,
Euer Name, König,
wird zum Fluch, ja zum Fluch!
Göttergleich könnt Ihr
diese Welt neu erschaffen,
schwingt Euch empor in stolzem Fluge
hoch über Menschen- und Priestermacht!
Durch Euch erblüh uns neues Leben,
o macht die Menschen frei!
PHILIPP. *Seltsame Schwärmerei!*
Ihr würdet anders denken,
wenn Ihr die Menschen kenntet,
so wie sie Philipp erkannt hat!
Stehet auf!
Der König hat nichts gehört...
Fürchtet nichts!
Doch hütet Euch vor der Inquisition!
POSA. *Danke, Sire.*

Das Auftreten Posas muß ich jetzt aus tiefstem Bedürfnis dazu benützen, eine neue Philippika für unsere Jugend zu halten. Es ist das Beste an dieser Jugend, daß sie mit der Welt, die wir ihr vorstellen, eine Welt des Habens, der Umweltzerstörung, der übertriebenen Technisierung, der Automatisierung, der Organisation, der Gefühllosigkeit, eine Welt des vergötzten Erfolges, eine farblose, kalte Welt der Sonnenfinsternis (Sedlmayr: ,,Verlust der Mitte" und ,,Tod des Lichtes"), eine Welt am Rande des Krieges, voll von jenen Kräften, die Fromm zu Recht ,,als zum Tode drängend" bezeichnet hat, daß sie mit dieser Welt nicht zufrieden ist; und daß sie in der überwiegenden Mehrzahl ihrem Protest nicht im Aussteigen, im Davonlaufen ins ,,magische Theater" (Hesse), in die Sucht, in verschiedene Gruppen, die sich abkapseln (Sekten, Terroristen), Ausdruck verleiht, sondern daß sie auch aktiv darüber nachdenkt, daran arbeitet, eine bessere Welt aufzubauen. Man kann immer sagen hören: ,,Soll man doch alle diese Menschen nach Moskau schicken, dort sollen sie dann weiter protestieren, aber doch nicht bei uns." Ich bestreite keinen Moment, daß es nötig wäre, in Moskau zu protestieren, aber auch bei uns ist dies, denke ich, nötig. Wir sollten daher diese Jugend nicht abwerten, abschieben, sondern ihre Kritik geduldig annehmen, wir sollen diese jungen Menschen nicht als ,,Illusionisten" abqualifizieren, vielmehr geduldig warten, ob nicht aus diesen Illusionen Wirklichkeit wird, und hoffen, daß eines Tages auch der Friede zu diesen ,,Illusionen" gehören wird. Und daher muß ich sagen, daß man als Tiefenpsychologe wie als Mensch mit jeder Phase seines Herzens für diese Jugend sein, an ihrer Seite stehen und sie ermutigen muß, eine bessere Welt aufzubauen, als es uns gelungen ist.

Wir müssen aber noch einmal zur Verdrängung zurückkehren, denn je mehr wir unsere negativen Eigenschaften und Gefühle und Empfindungen (der ,,Schatten" im Sinne von C. G. Jung) verleugnen, desto mehr projizieren wir sie in andere hinein, erleben wir in anderen den Bösewicht, der wir eigentlich selber sind, den ,,Feind", den Unmenschen, der uns nach dem Leben trachtet und uns damit die

Berechtigung gibt, gegen die „Gefahr" zu rüsten und loszuschlagen, bevor er uns umbringt. Wer kriegsbereit ist, wissend oder unwissend, in seinem Inneren, der findet immer einen Grund, Krieg zu führen! So entsteht das Feindbild, von dem Manès Sperber vor kurzem mit Recht gesagt hat, daß es in einer Primitivisierung, einer Vereinfachung besteht, indem der Gegner auf eine Ebene erniedrigt wird, die uns paßt. Er ist dann eben so, wie wir ihn sehen wollen. Lueger hat einmal den unschönen Satz geprägt: „Wer ein Jud' ist, bestimme ich." Wir aber haben gesagt: „*Wie* der Jud' ist, bestimmen wir", und haben ihm einfach jene Eigenschaften zugeordnet, die unsere verbrecherischen Maßnahmen „berechtigt" erscheinen ließen. Und alle Versuche, eine Korrektur dieses Feindbildes zuzulassen, werden von gar nicht so wenigen bis zum heutigen Tage abgeblockt, die, wenn sie könnten, weiter nach dem Motto handeln würden: „Tut nichts, der Jude wird verbrannt." Ein anderes klassisches Beispiel, diesmal aus dem Jahre 1793, da schreibt der „Teutsche Patriot Heinrich Theodor Steller" zur möglichen Verbrüderung mit den Franzosen im Zeichen der französischen Revolution: „Es wäre nichts Sonderbareres in der Welt, als eine solche Verbrüderung. Unser Charakter ist offen, ehrlich und bieder, der Eurige ist versteckt, betrügerisch und falsch. Wir sind keusch, züchtig, gerecht, Ihr seid unkeusch, schamlos und ungerecht. Wir stehen des Morgens früh auf und essen im Schweiße unseres Angesichts unseren Bissen Brot, Ihr schlaft lange, frühstückt, wenn wir zu Mittag essen und arbeitet, wenn Ihr anders nicht dazu gezwungen seid, äußerst ungern." So einfach ist diese Schwarz-Weiß-Malerei. (Nebenbemerkung am Rande: Wer von uns möchte denn da nicht unverzüglich nach Frankreich aufbrechen?)

Es gibt eine Oper, „Die Macht des Schicksals", in der gleichsam die Anatomie eines solchen Vorganges dargestellt wird. Alvaro, ein Mischling, bald als Indianer, bald als Mulatte bezeichnet, hat es „gewagt", eine „Weiße" aus adeligem Hause zu lieben. Da der Vater die Verbindung nicht duldet, beschließen die Liebenden zu fliehen. Der mißtrauische Vater überrascht sie beim Entführungsversuch. Alvaro wirft zum Zeichen seines guten Willens seine Pistole weg, ein Schuß löst sich und tötet den Vater.

An dieser Stelle eine erste Bemerkung: Sicher wird man sagen, eine typische im wirklichen Leben äußerst unwahrscheinliche Operngeschichte. Stimmt das aber tatsächlich? Gehen nicht viel zu viele Menschen völlig unberechtigt mit Waffen spazieren, liegen dieselben nicht überall herum, so daß sie Unbefugten, auch Kindern in die Hände fallen können (was ungezählte Tragödien zur Folge hat), bekommt man sie nicht ohne Schwierigkeiten zu kaufen, weil sich doch jeder Mensch vor den bösen Absichten des anderen schützen muß? „Die Waffen nieder!", hat Bertha von Suttner gerufen, und so gibt mir die „Macht des Schicksals" die Gelegenheit zu betonen, daß zu einer friedfertigen Gesinnung auch der Verzicht auf Waffen im privaten Leben gehören müßte, dort sollte ebenfalls eine „Abrüstung" erfolgen und zwar ehebaldigst.

Aber zurück zur Oper: Don Carlos, der Bruder der verhinderten Braut, hält Alvaro jedenfalls für einen Mörder, für einen Menschen, der absichtlich den Vater getötet hat und dies aus einem einzigen Grund, weil er einer Minderheit angehört und „minderwertig" ist. Er verfolgt dementsprechend diesen Mann quer durch die ganze Welt. Selbst als dieser im Kloster Zuflucht gefunden hat und Pater geworden ist, gönnt er ihm keine Ruhe, stellt und reizt ihn solange, bis es doch zum Kampfe kommt.

CARLOS. *Dich such ich seit fünf Jahren,*
und endlich hab ich dich gefunden.
Dein Blut allein kann sühnen nur
die Schande meines Hauses.
So steht's im Buch des Schicksals:
Du fällst von meiner Hand.
Einst schlugst du Schlachten,
jetzt betest du, den Degen warfst du fort.
Doch muß dein Blut ich fließen sehn.
Wähle, der eine ist für dich.
(Er zieht zwei Degen unter dem Mantel hervor.)
ALVARO. *Einst stand ich kämpfend im Leben;*
jetzt hab der Welt ich abgesagt
und, strenger Buß ergeben,
sühne ich meine Schuld.
Drum lasse mich, o lasse mich.
CARLOS. *Die Kutte hilft dir nicht, auch nicht der Rosenkranz!*
Du Memme, auf und ficht mit mir.
ALVARO (auffahrend). *Ich Memme, Welche*
Frechheit!
(Mäßigt sich wieder.) *Nein, nein!*
(Für sich.) *Steh du mir bei, mein Heiland.*
(Zu Don Carlos.)
Deine Drohung und dein Schmähen
mag ein Windeshauch, verwehen.
O verzeih mir, schone mein.
Teurer Bruder, schone mein!
Willst du mich auch noch entehren,
den das Schicksal so geschlagen?
Voller Demut will ich's tragen.
o Bruder, schone mein!
Teurer Bruder, o schone mein!
CARLOS. *Bruder wagst du mich zu nennen?*
Ha, meine Schwester muß ich rächen,
die dein schimpfliches Verbrechen
der Schande hat geweiht.
ALVARO. *Strahlend rein ist ihre Ehre,*
Glaube mir, was ich dir schwöre!
Rein und keusch war unser Lieben,

wie der Engel Liebe rein,
und ihr treu bin ich geblieben,
mög auch sie mir treu noch sein.
CARLOS. *Deine gleisnerischen Lügen*
können mich nicht mehr betrügen.
Nimm den Degen zum Kampfe,
du Verräter, stell dich mir.
ALVARO. *Ich lieb sie noch und bin ihr treu,*
liebt sie mich noch,
werd ich ihr treu auf ewig sein!
Rührt dich nicht mein heißes Flehen,
spricht mein Jammer nicht zu dir,
sieh, was nie ein Mensch gesehen,
dir zu Füßen lieg ich hier. (Kniet nieder.)
CARLOS. *Ha, der Makel deines Wappens*
zeigt sich klar in dieser Haltung!
ALVARO (springt wütend auf).
Rein und strahlend ist mein Adel.
CARLOS. *Trotz des Blutes des Mulatten?*
ALVARO (kann sich nicht länger mäßigen).
Schändlicher, das ist erlogen!
Gib her den Degen. (Reißt ihn ihm aus der Hand.)
Zum Kampfe, her den Degen!
Nun wehr dich! (Will vorangehen.)
CARLOS. *Endlich, endlich!*
ALVARO (sich fassend). *Nein, nein,*
die Hölle soll nicht siegen.
Fort, verlaß mich. (Wirft den Degen hin.)
CARLOS. *Denkst du denn, daß ich dein Narr*
bin?
ALVARO. *Geh.*
CARLOS. *Dich im Kampf mit mir zu schlagen,*
willst du, Feigling, das nicht wagen.
(schlägt ihm ins Gesicht)
nun, so weih ich dich der Schande.
ALVARO (wütend).
Ha, so mag das Schwert entscheiden.
ALVARO (rafft den Degen auf).
Rache, einer sterbe von uns beiden.

CARLOS. *Sein Tod allein stillt meine Wut!*
BEIDE. *Hölle, dir weih ich sein Blut.*
  Zu Kampf und Tod!
(Sie stürmen nach links ab.)

Erschütternd ist hier der Kampf zweier Tendenzen, der guten, friedfertigen und der bösen, kriegsbereiten (die ja in jedem von uns anzutreffen sein mag), in der Brust eines Menschen nachgezeichnet und wie es dem Versucher gelingt, durch die richtigen Stichworte sein Ziel – den Krieg – zu erreichen. Das ist eine Tragödie, die sich jeden Tag zwischen den Völkern und den Menschen abspielt: daß wir die besten Vorsätze haben, friedlich zu bleiben und daß dann plötzlich einer eben gerade jene „Zauberworte" findet – und je näher man sich kommt und je länger man mit jemandem lebt, desto besser kennt man seine schwachen Punkte –, wo man dann doch das erreichen kann, was man eigentlich will, daß nämlich der Verstand, die Güte, die Friedensbereitschaft ausgeschaltet werden und die destruktiven Kräfte mit der Gewalt einer Stichflamme triumphieren. Auch geht aus der Szene mit aller Deutlichkeit hervor, daß solche Vorgänge mit der Ratio im Grunde nichts zu tun haben, die liefert höchstens die Vorwände für den Durchbruch des Irrationalen.

Eben dies führt mich hinüber zu einer anderen Oper, wo man wiederum so schrecklich sehen kann, wie der Krieg durch die Irrationalität aus einem „Nichts" entsteht. Zwei Freunde, beide Neurotiker, gehen in „Eugen Onegin" auf eine Tanzveranstaltung, was könnte es Harmloseres in der Welt geben? Dem einen ist langweilig zumute, er ärgert sich über den Freund, der ihn in diese Gesellschaft mitgenommen hat; um sich von seiner inneren Leere abzulenken, leistet er sich einen kleinen Scherz: er tanzt demonstrativ mehrere Male hintereinander mit der Verlobten seines Freundes, denkt sich nichts weiter dabei. Sicher mag es für einen liebenden Mann nicht ganz leicht sein, die geliebte Frau den ganzen Abend mit *einem* anderen Mann tanzen zu sehen, dennoch ist die Antwort Lenskis inadäquat, Freud würde sagen, es besteht zwischen Anlaß und Reaktion eine (neurotische) Mesalliance: er gerät in die heftigste Erregung der Eifersucht, vergeblich sucht ihn die anbetroffene Dame mit den Worten zu beruhigen: „Es ist ein Nichts, das dich erregt." (Ein Satz, den wir alle uns für immer und viele Gelegenheiten merken sollten.) – Dieses Nichts ist so stark, daß die beiden wenig später im Morgengrauen eines schrecklichen Tages einander gegenüberstehen, um sich zu duellieren. Was ist ein Duell anderes als eine spezielle Form des Krieges? Vor dem Waffengang singen sie ein Duett, es hat einen tiefen Sinn, daß dabei beide die gleichen Worte verwenden, das soll ausdrücken: Im Grunde beherrschen uns dieselben positiven Gefühle der Zuneigung, wir müßten uns nur darauf besinnen, wir sind ja eigentlich Freunde und nicht Feinde. „Mein Feind, seit wann droht unserem Bunde der Feindschaft heißer Durst nach Blut. Und haben sonst zu jeder Stunde Gedanken, unser Hab und Gut, geteilt als Freunde. Wie umnachtet von falschem Haß, ein jeder trachtet nach seines einstigen Freundes Blut. Und Tod sinnt jeder von uns beiden. Ach, wäre Frieden nicht vernünft'ger jetzt? Und eh', die Hand vom Blut benetzt, in alter Freundschaft sich zu einen?" Pause – Plötzlich schreien sie alle beide viermal „nein", „nein", „nein", „nein" und das Drama nimmt seinen Lauf... Kann deutlicher gezeigt werden, daß Krieg zustande kommt durch die Zusammenballung irrationaler, unbewältigter Gefühle, die dann die Vernunft überwältigen? Vor dem Duell singt Lenski seine große und berühmte Arie:

LENSKI (in Nachsinnen verloren).
Wohin, wohin seid ihr entschwunden,
o Jugendzeit, o Liebesglück?
Was wird der nächste Tag mir bringen?
Mein Blick vermag nicht zu durchdringen,
was mir verbirgt der Zukunft Schoß.
Was frag ich? Jedem fällt sein Los.
's ist gleich, ob ich des Todes Beute,
ob mich verschont des Gegners Blei,
von Gott kommt alles, wie's auch sei.
Er lenkt das Gestern und das Heute,
er sendet uns des Tages Pracht,
er sendet uns die dunkle Nacht.
Indes der Tag zu neuem Leben
im Frührotscheine auferwacht,
wird mich vielleicht, ach, schon umschweben
geheimnisvolle Grabesnacht,
wo ich Vergessenheit zum Raube
mein Name wird samt meinem Staube.
Wie bald vergißt die Welt! Doch du
gedenkst noch mein, wenn ich im Grabe ruh.
Ja, kommen wirst du, weinen, klagen
und denken: mir war einst geweiht
die Liebe seiner Jugendzeit.
O welche Seligkeit doch gibt
ein Strahl des Glücks nach dunklen Tagen!
Ach, Olga, dich hab ich geliebt!
O komm zu mir, geliebtes Herz,
dein Trauter ruft, er harrt der holden Braut!
O komm, o komm!
Wohin, wohin seid ihr entschwunden,
o Jugendzeit, unnennbar sel'ges Liebesglück?

Man kann nur hoffen, daß Lenski *nicht* zum archetypischen Symbol der heutigen Jugend wird. Wie rasch ist das Leben *ungelebt* vorbei, wie rasch kann man in einer Welt, die den Unterschied zwischen Lebendigem und Totem immer mehr verwischt, zu dem Schluß kommen, ob man lebe oder nicht, bedeute dasselbe und das Hofmannsthalsche Wort „Da tot mein Leben war, sei du mein Leben Tod" und den Nestroyschen Satz: „Wo das Leben nicht viel zu bieten hat, kann das Sterben nicht schwerfallen" zu seiner Devise machen!

Obwohl es sicher „klassischere" Beispiele in der Opernlektüre gibt (z. B. Wozzek), so ist doch Lenski, der gar keine Uniform trägt, für mich auch der Prototyp des Soldaten: willenlos-fatalistisch, einem fremden Gesetz unterworfen, gottergeben, so geht er in den Tod. Zwei Weltkriege und die ewigen Schlachten der Geschichte („ein Schlachten wars, nicht eine Schlacht zu nennen") sind für mich der Beweis, daß es sich beim Soldaten um die traurigste und die tragischeste Form der menschlichen Existenz handelt. An dieser Stelle muß ich eine Erinnerung aus meinem Leben einfügen. In den 60iger Jahren hatte mich der Hamburger Ordinarius für Psychiatrie, Bürger-Prinz, ein „prominenter" akademischer Lehrer, zu einem Vortrag nach Hamburg eingeladen. Als ich im Verlauf meiner Ausführungen (im Zusammenhang mit dem Selbstmordproblem) darauf hinwies, daß wir doch endlich durchschauen sollten, wie das Zauberwort „Krieg" alle unsere Gewissensinhalte ins Gegenteil verwandle und wir diesem „Kunstgriff" in Zukunft nicht kritiklos verfallen dürften, geriet Bürger-Prinz in Erregung und meinte, er sei es ungezählten gefallenen Studenten schuldig, daß der Kriegsbegriff nicht herabgesetzt werde – denn sonst seien alle diese Toten ganz umsonst geopfert worden. Er fügte noch hinzu, daß schon Heraklith den Krieg als den „Vater aller Dinge" bezeichnet habe und daß niemand größere Liebe zeige, als der, der sein Leben opfere für die anderen. – Bürger-Prinz ist längst tot, aber der Geist, aus dem heraus er gesprochen hat, der lebt, weiß Gott, noch. Jeder Leser möge sich dazu seine Meinung bilden, ich jedenfalls bleibe bei meiner Überzeugung (auf der ich auch im Hamburger Hörsaal beharrte): Der Soldat repräsentiert die gedemütigte, die leidende Kreatur; schon die sogenannten Freunde, seine Umgebung in der Kaserne, ganz besonders aber die Vorgesetzten, sind in Wirklichkeit seine Feinde. Der Rekrut muß ja Unbarmherzigkeit und „Härte" erleben, denn er soll dazu gebracht werden, seine Menschlichkeit aufzugeben, und Voraussetzung dafür ist eben, daß Verzweiflung und Erbitterung in ihm so wachsen, daß er schließlich alle Hemmungen, auf den Feind, den Mitmenschen zu schießen, über Bord wirft. Aber stimmt Lenskis Satz: „Von Gott kommt alles, wie's auch sei"? Ich meine, daß es sehr bequem wäre, die Schuld dafür auf Gott abzuwälzen – nur wahr ist es nicht. Die Kriege sind ganz und gar der Menschen Werk (zu Recht erinnert Prälat Ungar unsere Welt an eine Versuchsstation der Hölle, nur, diese Hölle sind wir selbst). Freilich, allzu oft sind Kriege im Namen Gottes geführt worden, aber wo ist der Beweis, daß Gott auch nur einen dieser Kriege gewollt hat? Karl Kraus hat in den „letzten Tagen der Menschheit" die Stimme Gottes die Antwort geben lassen mit den Worten: „Ich habe es *nicht* gewollt!"

Wenn ich so Gott in die Diskussion gestellt habe, so leitet mich dies wie von selbst hinüber zu einem Begriff, der bei Krieg und Frieden eine entscheidende Rolle spielt, zum Gewissen. Daß das Wort „Krieg" alle unsere Gewissensinhalte auf den Kopf stellt und mit einem Schlage nun der der Beste und Tapferste ist, der möglichst viele Menschen umbringt, haben wir schon erwähnt. Es wird eine der lebenswichtigsten (im wahrsten Sinne des Wortes) Aufgaben der Zukunft sein, mit einer neuen Erziehung zu beginnen, die unsere Kinder kritisch mit der Frage konfrontiert, wann die Grenzen des Gehorsams erreicht sind. Ich weiß nur zu genau, daß es sehr schwer sein wird, das durchzusetzen. Wer (ob Person, ob Organisation) davon lebt, daß ihm andere gehorchen, wird ihm nicht gern erklären, daß Gehorchen irgendwann eine Grenze haben kann. Gehorchen aber kommt, wie Gisela Ullenberg so meisterhaft ausgeführt hat, schon im rein Sprachlichen von horchen, bedeutet also: „Horche zuerst und dann überlege, und nur, wenn du das Gehörte nach tiefster Gewissensprüfung für richtig befindest, dann darfst du gehorchen." Ich habe eine erschütternde Szene gelesen, die sich jetzt bei den Demonstrationen in Polen abgespielt hat. Da rief ein Demonstrant einem Soldaten zu: „Was tust du da? Du tust doch da etwas, was du nicht willst, du gehst gegen uns vor, du schießt auf uns entgegen deiner Überzeugung." Der Soldat antwortete: „Wenn du an meiner Stelle wärest, wenn du auch diese Uniform anhättest, müßtest du auch gehorchen." Befehl ist Befehl – ist dieser Slogan wirklich für alle Zeit der Torheit letzter Schluß? Wenn ich jetzt die Jugend, zu meiner größten Freude, machtvoll demonstrieren sehe gegen den Krieg und für den Frieden, dann frage ich immer in meinem Herzen: Und wenn ihr übermorgen „einrückend gemacht" (Karl Kraus) würdet für einen Krieg, würdet ihr folgen oder Widerstand leisten? Der einzelne, wir haben das in vergangenen Zeiten leidvoll erlebt, kann kaum etwas tun, aber wenn alle zusammenhielten, wenn es eine diesbezügliche Solidarität gäbe, dann könnte es anders werden. Ich bin es Österreich schuldig, daß ich eines Menschen gedenke, der, obwohl ein einzelner, in der nationalsozialistischen Zeit Widerstand gegen den Einrückungsbefehl geleistet hat, Franz Jägerstätter. Er war, übrigens aufgrund eines Traumes, den der einfache Mann ganz richtig gedeutet hat, zu dem Schluß gekommen, daß es sich um einen verbrecherischen Krieg handelt und daß er in die Hölle käme, wenn er Hitler Gefolgschaft leistete. Der damalige Linzer Bischof hat – um ihn, aber vielleicht auch sich selbst zu retten – versucht, ihm zu erklären, daß er ein „irriges Gewissen" habe, man sei in Wirklichkeit verpflichtet, der von Gott eingesetzten Obrigkeit zu gehorchen. Jägerstätter entgegnete dem Bischof: „Herr Bischof, nicht mein Gewissen ist irrig, sondern das Ihrige, ich weiß, daß mir meine Haltung das Leben kosten wird, aber besser das Leben zu verlieren, als mit einer Todsünde in die ewige Verdammnis zu kommen." Wird es in der Zukunft so viele Jägerstätters geben, daß sie sich durchsetzen können, auf daß unsere Jugend nicht wiederum für „dieses und jenes Wahnwort auf die Schlachtbank getrieben werden kann", wie es Wildgans so treffend formuliert hat? Mir ist bange bei der Beantwortung dieser Frage, wenn ich sehe, daß es kaum Ansätze zu einer Erziehung in diese Richtung gibt, daß wir aus der Hitlerzeit, auch auf diesem Gebiete viel zu wenig gelernt haben; wenn ich registrieren muß, welchen oft fast schikanösen Schwierigkeiten sich jene Menschen ausgesetzt sehen, die statt Militär- einen sozial orientierten Zivildienst ableisten wollen, auch wenn ich sehe, wie die Friedensfreunde oft untereinander zerstritten sind. Es gibt eine Szene in einer Oper, die im Osten spielt, Boris Godunow, wo siegreiche Truppen vormarschieren und das Volk, wie immer in solchen Situationen, jubelt und schreit. Einer aber steht abseits, ein „Schwachsinniger", wie es heißt, der sagt: „Was soll das alles? Es ist nur Unglück über uns gekommen, Zerstörung und Vernichtung." Also erweist sich der „Schwachsinnige" als wissender, als einsichtiger als alle jene, die sich ihres großen Geistes und ihrer Intellektualität rühmen.

Man würde meine Ausführungen mißverstehen, wenn man daraus den Schluß zöge, ich wollte sagen, es könne grundsätzlich überhaupt keinen Grund dafür geben, zur Waffe zu greifen. Ein Mann, den ich sehr schätze, der Theologe Johann Baptist Metz, hat einmal gesagt: „Wenn man dich auf die linke Wange schlägt, dann kannst du, wenn du die Kraft aufbringst, auch die rechte hinhalten. Wenn man aber deinem Bruder auf die linke Wange schlägt, dann mußt du alles tun, damit er nicht auch auf die rechte Wange geschlagen wird." Damit ist eine Pflichtenkollision zwischen Gewaltverzicht und im alleräußersten Fall notwendiger (?!) Gewaltanwendung angedeutet, für die niemand – und ich schon gar nicht – eine Patentlösung anzubieten vermag. Es wäre, bei aller Friedensbegeisterung, unaufrichtig, an diesem Problem vorbeizugehen: Auch die Oper, die meiner Überzeugung nach ein getreues Abbild des Lebens ist, hat sich ihm gestellt, und zwar mit einem Werk, das 1982 beim Brucknerfest in Linz verdienstvollerweise konzertant aufgeführt worden ist: „Wilhelm Tell", Rossinis letzte und musikalisch reifste sowie schönste Oper. Lassen wir vielleicht besser das recht verunglückte Libretto beiseite und greifen wir lieber auf Schiller zurück, der das Problem des Tyrannenmordes im berühmten Monolog des Tell wie folgt abhandelt:

Durch diese hohle Gasse muß er kommen;
es führt kein andrer Weg nach Küßnacht. – Hier
vollend' ich's. – Die Gelegenheit ist günstig.
Dort der Holunderstrauch verbirgt mich ihm,
von dort herab kann ihn mein Pfeil erlangen;
des Weges Enge wehret den Verfolgern.
Mach deine Rechnung mit dem Himmel, Vogt!
Fort mußt du, deine Uhr ist abgelaufen.

*Ich lebte still und harmlos – das Geschoß
war auf des Waldes Tiere nur gerichtet,
meine Gedanken waren rein von Mord. –
Du hast aus meinem Frieden mich heraus
geschreckt, in gärend Drachengift hast du
die Milch der frommen Denkart mir verwandelt,
zum Ungeheuren hast du mich gewöhnt. –
Wer sich des Kindes Haupt zum Ziele setzte,
der kann auch treffen in das Herz des Feinds.*

*Die armen Kindlein, die unschuldigen,
das treue Weib muß ich vor deiner Wut
beschützen, Landvogt! – Da, als ich den Bogenstrang
anzog – als mir die Hand erzitterte –
als du mit grausam teuflischer Lust
mich zwangst, aufs Haupt des Kindes anzulegen –
als ich ohnmächtig flehend rang vor dir,
damals gelobt' ich mir in meinem Innern
mit furchtbar'm Eidschwur, den nur Gott gehört,
daß meines nächsten Schusses erstes Ziel
dein Herz sein sollte. – Was ich mir gelobt
in jenes Augenblickes Höllenqualen,
ist eine heil'ge Schuld – ich will sie zahlen.*

Wer würde nicht so schwerwiegende Argumente achten? Und doch: müssen wir nicht extrem vorsichtig sein, hat es bisher auch nur einen einzigen Krieg in der Geschichte gegeben, der nicht zum „gerechten Krieg" erklärt worden wäre? Heißt es nicht: Wer zum Schwert greift, der wird durch das Schwert umkommen? Ist es nicht so, daß der heutige Sieger morgen der Unterlegene sein kann, vielleicht sein wird? Wenn ich diesen Satz ausspreche, dann bin ich bei einer Oper, die in einer sehr merkwürdigen Weise mein Leben von der Wiege an begleitet: Am Tag, da ich geboren wurde, spielte man in der Wiener Staatsoper „Aida". Die erste Oper, in die mich meine guten Eltern führten und damit eine unzertrennliche Liebe zu dieser ganzen Kunstgattung inaugurierten, war ,,Aida". Später hat sie eine besondere Beziehung zu Ägytpen und seiner Kultur bewirkt. Die wunderbare Musik, mit der Verdi den Nil malte, ist mir stets gegenwärtig, sie durchrauscht die Mitte meines Ichs, mich immer belebend, befruchtend; tausendmal habe ich in meiner Laufbahn die Spannungen und Freuden des ,,Ritorno Vincitor", ,,Als Sieger kehre heim", erlebt; und schließlich habe ich es erfahren, daß man die höchste Stufe des Glücks in Liebe und im Beruf gerade in dem Moment gewinnt, wo man darauf verzichtet hat, das Glück mit Gewalt zu ertrotzen. Als Verdi an der ,,Aida" schrieb, und das ist zuwenig gegenwärtig, war er zutiefst bewegt von dem deutsch-französischen Krieg 1870/71 und so wie er in der Oper auf der Seite der Geschlagenen, der Äthiopier, steht, so stand er auch in diesem Krieg auf der Seite der Verlierenden, der Franzosen; erst das Wissen um diese Parallele macht vielleicht verständlich, warum Verdi seine schönsten und tiefsten Melodien in diese Unterlegenen und ihre Not hineingelegt hat. Am 30. September 1870 schreibt der Meister an Clarina Maffai (für die Übersetzung ins Deutsche von lieber Hand bin ich sehr dankbar): ,,Das Unglück von Frankreich erfüllt mein Herz mit Verzweiflung. Mögen unsere Literaten und unsere Politiker das Wissen und die Wissenschaft und sogar, Gott vergebe ihnen, die Kunst dieser Sieger preisen, aber wenn Sie auch nur ein bißchen unter die Oberfläche schauen würden, würden Sie sehen, daß das alte Blut der Goten noch immer in ihren Adern fließt, daß sie ungeheuer stolz, hart, intolerant, maßlos habgierig und verächtlich gegenüber allem sind, was nicht deutsch ist. Ein Volk des Intellekts, ohne Herz, ein starkes Volk, aber sie haben keine Anmut. Und dieser Kaiser, der immer über Gott und die göttliche Vorsehung redet, mit deren Hilfe er den besten Teil Europas zerstört, er denkt, prädestiniert zu sein, die Moralgrundsätze zu reformieren und die Laster der anderen Welt zu bestrafen: was für ein feiner Bote Gottes er ist! Wir werden dem Europäischen Krieg nicht entkommen und er wird uns verschlingen, er wird nicht morgen kommen, aber er wird kommen." Welch ein Prophet war Verdi!

Bismarck konnte oder wollte die Großmut, die er dem geschlagenen Österreich 1866 gegenüber an den Tag legte, Frankreich gegenüber nicht zeigen. Der Bogen wurde überspannt, der Tag des Triumphes wurde zum **Beginn des Niederganges**. Genauso sagt es Amonasro, der geschlagene König der Abessinier: „Heute sind wir die Geschlagenen, morgen könnt ihr die Besiegten sein." Und vielleicht ist es nicht uninteressant zu sehen, daß das Volk auf der Seite der Gedemütigten, die Priester aber auf der der Sieger und der Unbarmherzigkeit stehen. (Wann endlich werden sie aufhören, die Waffen aller Heere zu segnen?)

> AMONASRO. *Ich hab gekämpft,*
> *Wir unterlagen, ich sucht' umsonst den Tod.*
> (Auf sein Kriegsgewand deutend.)
> *Dies Gewand, das ich trage, bezeuge,*
> *Daß für den König mein Schwert ich gezogen;*
> *Doch das Schicksal war uns nicht gewogen,*
> *Ach, umsonst war der Tapferen Mut.*
> *Vor mir im Staube lag sterbend der König,*
> *Hingestreckt von den feindlichen Hieben.*
> *Wenn es Verbrechen, sein Vaterland zu lieben,*
> *Büß ich es gerne mit meinem Blut.*
> (Zum König gewendet.)
> *Doch du, Herr, dem die Macht ist gegeben,*
> *Mögst du gütig die Armen erheben;*
> *Heut sind wir von dem Schicksal geschlagen,*
> *Morgen treffen kann euch sein Strahl.*

AIDA, GEFANGENE UND SKLAVINNEN.
Ja, es straften die Götter uns Armen;
Hör unser Flehen, Herr, hab Erbarmen;
Niemals sei dir beschieden zu tragen
Alles, was uns beschieden an Qual.
Ach, dein Erbarmen rufen wir an.
RAMPHIS UND PRIESTER.
Zeig dich, Herr, diesen Horden im Grimme,
Schließ dein Ohr vor der Treulosen Stimme.
Hat der Himmel dem Tod sie geweihet,
Sei der Gottheit Willen erfüllt.
VOLK. *Priester, Priester, besänftigt das Zürnen,*
Höret an die Besiegten, sie neigen die Stirnen.
Du bist mächtig, bist stark,
Gnädig öffne dein Herz und sei mild!

Es ist meine Pflicht, auf eine schicksalhafte Änderung der Situation, die in unserer Zeit eingetreten ist, aufmerksam zu machen. Früher mochte man sagen: „Heute seid ihr die Sieger, morgen könnt ihr die Besiegten sein" – und umgekehrt. Ich bin nun überzeugt, daß sich dieser Satz heute so nicht mehr sagen läßt. Ein Krieg in der Zukunft wird keinen Unterschied zwischen Siegern und Besiegten kennen, weil er den Untergang *aller* Menschen bedeutet. Es wird nicht Gewinner und Verlierende, sondern nur Verlorene geben. An dieser Stelle muß ich wieder autobiographisch werden und aus meiner Vergangenheit erzählen: Als am 11. März 1938 unser Land seine Selbständigkeit verlor, da habe ich zu beten begonnen, es möge Krieg kommen, weil es mir vollkommen klar war, daß Österreich nur dann wiedererstehen könne, wenn Hitler in einem Kriege besiegt wird (an einen erfolgreichen Aufstand im Inneren glaubte ich nicht, zu intensiv war da der Terror und es gab zu viele „Mitläufer"). Von diesem Tag an war meine große Bitte, ich muß es wahrheitsgetreu sagen, Tag für Tag: Krieg. München, wo Chamberlain mit einem Zettel in der Hand verkündete „Peace for our time", war für mich eine Katastrophe, der 3. September, als England und Frankreich endlich den Krieg erklärten, ein Glückstag, der Einfall in Rußland bei allen Schrecken, eine entscheidene Hoffnung, daß damit der Krug so lange zum Brunnen gehe, bis er bricht. Wenn ich mich in diese Zeit zurückversetze, so muß ich gestehen, ich würde es noch einmal tun, denn es war nötig, um das Ende der Tyrannei und vor allem der Unmenschlichkeit zu beten und auch einiges – soweit es in einer schwachen Menschenhand lag – zu tun, daß dieser Untergang kommt. Frage: Dürfte ich mich heute noch einmal so verhalten? Ich habe hier in unserem Land wahrlich keinen Grund, um Krieg zu flehen, aber wäre ich 200 Kilometer weiter östlich in Unfreiheit, so darf man wohl sagen, hätte ich dann wieder ein Recht, dieselbe Bitte um Krieg auszusprechen wie 1938? Meine Antwort nach langem Überlegen lautet: Nein. Heute kann es meiner Überzeugung nach keinen Grund, ob Vorwand, ob echt, mehr geben, um einen Krieg zu erflehen und herbeizuwünschen. Ich stimme voll und ganz dem Erzbischof von Wien, Kardinal König, zu, der immer mehr vor der Vorstellung warnt, es könnte einen begrenzten Atomkrieg und Menschen geben, die als überlebende Sieger aus ihm Nutzen ziehen. Das ist die große, die schicksalhafte Änderung vom Einst zum Heute, die uns zwingt, das Problem Krieg in ganz neuem Lichte zu sehen.

Noch eine Frage muß ich anschneiden: Ist es wirklich so, daß die Rüstung beider Seiten, also das „Gleichgewicht des Schreckens", das wir heute erleben, die einzige Garantie ist dafür, daß es zu keinem Kriege kommt? Viele, und es sind sicher sehr ernstzunehmende, gescheite und verantwortungsbewußte Menschen darunter, die das ehrlich meinen, sind davon überzeugt, daß wir unsere lange Friedenszeit seit 1945 (zumindestens was Weltkriege betrifft) einzig und allein diesem Gleichgewicht zu verdanken haben. Der katholische Erzbischof von Seattle, Raimund Gerhard Hunthausen, hingegen hat dem „Spiegel" folgendes Interview gegeben:

„*Spiegel:* Sie treten für eine einseitige Abrüstung ein?

Hunthausen: Ich bin für eine bilaterale Abrüstung, aber ich spreche von einseitiger Abrüstung, weil ich unsere Bürger und unsere Politiker aufrütteln möchte. Ich sehe hingegen keine Möglichkeiten, den Kreml zu beeinflussen. Meiner Meinung nach müssen wir in diesem Land mit der Abrüstung beginnen und wir müssen fortfahren, die Waffen in dieser Welt abzubauen, selbst wenn die Russen nicht mitziehen sollten. Das wird vielen Leuten naiv erscheinen. Naiver erscheint mir zu glauben, daß ein andauerndes Wettrüsten nicht schließlich zu einem schrecklichen Atomkrieg führen wird.

Spiegel: Aber einseitige Abrüstung halten selbst Politiker für riskant, die keineswegs kalte Krieger sind.

Hunthausen: Mir erscheint sie weniger riskant als hemmungsloses Weiterrüsten. Ich leugne nicht, daß wir uns verwundbar machen, aber ich komme nicht zu der Schlußfolgerung, daß einseitige Abrüstung notwendigerweise einen Krieg heraufbeschwören würde. Ich sage der christlichen Gemeinschaft, daß wir uns nicht identifizieren können mit diesen schrecklichen Waffen, das hätte auch Christus gesagt, so wie ich die Heilige Schrift verstehe.

Spiegel: Sie begründen Ihre Ansicht mit der Bibel, aber gerade hier in Amerika gibt es viele Christen, die mit Hilfe der Bibel zu ganz anderen Schlußfolgerungen kommen. Die zitieren z. B. Matthäus 10, Vers. 34, „Ich bin nicht gekommen um Frieden zu bringen, sondern ein Schwert".

Hunthausen: Man kann meiner Meinung nach nicht einzelne Stellen aus dem Zusammenhang reißen und daraus allgemeine Lehren ziehen. Man muß das Leben Christi als Ganzes sehen, es ist der klare Beweis für Gewaltlosigkeit bei der Lösung von Problemen. Jesus entschied sich für das Kreuz und nicht für das zu seiner Verteidigung gezogene Schwert, das ist die Aussage der Heiligen Schrift zur einseitigen Abrüstung. Unsere Sicherheit als Gläubige beruht nicht auf dämonischen Waffen, die alles Leben auf der Erde bedrohen. Unsere Sicherheit beruht auf einem liebenden Gott. Wir müssen die Waffen des Schreckens zerstören und auf Gott vertrauen.

Spiegel: Und wenn die Russen kämen, hieße dann die Devise, lieber rot als tot?

Hunthausen: Wenn es zum Schlimmsten aller Szenarien käme und wir besetzt und Geißeln der Russen würden, dann wäre das wohl, das habe ich schon in Predigten gesagt, unsere Kreuzigung. Sich kreuzigen zu lassen ist christlicher als anderen mit Zerstörung zu drohen. Absolut das größte Übel ist nicht, daß wir zerstört werden könnten, das größte Übel ist unsere Bereitschaft, Millionen andere zu zerstören. Jesus lehrt uns die Bereitschaft, unser Leben für andere zu opfern. Er hat uns nicht gelehrt, schützt euch, indem ihr so viele andere tötet, wie es dazu notwendig erscheint. Aber wir sprechen hier über das schlimmste Szenarium. Meine Hoffnung ist, daß die Welt aufatmen würde, wenn wir mit nuklearer Abrüstung beginnen und daß uns die andere Seite folgen würde. Das erfordert Vertrauen, an dem fehlt es. Wir müssen unsere Zuversicht und unser Vertrauen auf Gott richten, das erfordert unser Glauben und das erfordert Glauben."

Um es noch einmal zu sagen: Ich achte beide Seiten und

ich war noch vor einiger Zeit eher auf der Seite derjenigen, die im Gerüstetsein die größere Chance für den Frieden sehen. Ich hielt es damals mit der indischen Legende: In einem Wald haust eine schreckliche Schlange, der Alptraum der Menschen und der Tiere. Da kommt ein heiliger Mann und bekehrt sie mit seiner Überredungskunst, friedlich und harmlos zu sein. Aber die Menschen reagieren, indem sie die Schlange verspotten und mit Steinen bewerfen. Sie muß nun ein klägliches Dasein führen. Als der Heilige wieder erscheint, ist er über die Veränderung der Schlange, die einen gehetzten, verfallenen Eindruck macht, zutiefst bestürzt. Er fragt, wieso dies gekommen sei. Die Schlange antwortet vorwurfsvoll: „Weil ich deinen Anweisungen gefolgt bin. Es ist deine Schuld." Der Heilige sagt liebevoll: „Das Zischen habe ich dir nicht verboten!"

Nun, heute halte ich vom „Zischen" nichts mehr. Mit jedem Tage, den ich länger lebe, glaube ich mehr, daß dieses „Gerüstetsein" letztlich kein Weg zum Frieden, daß es mit einer friedfertigen Gesinnung unvereinbar ist, daß kein wie immer gearteter Zweck solche Mittel rechtfertigt oder gar heiligt.

Am Schluß möchte ich zur Oper zurückkehren und sagen: Der Geist des Friedens ist in *allen* Opern. Obwohl sie von Haß, Neid, Eifersucht, Gewalt, Zerstörung und Untergang in allen entsetzlichen Spielarten handeln, kommt da die Musik dazu, die uns verzaubert und verwandelt. Ja, alle diese schrecklichen Tendenzen sind in uns, aber wenn wir sie uns eingestehen und uns berühren lassen vom Geiste und vom Gefühl der Katharsis, der Reinigung, der in jeder Musik lebt, dann sind *wir* die wilden Tiere, die zu tanzen und sanft zu werden beginnen, wenn das Glockenspiel und die Zauberflöte erklingt. Und gerade in dieser Oper scheint auch die Arie des Sarastro geradezu eine Verdichtung des Menschen zu sein, der auf der Suche nach sich selber und nach Frieden ist.

> *In diesen heil'gen Hallen*
> *Kennt man die Rache nicht,*
> *Und ist ein Mensch gefallen,*
> *Führt Liebe hin zur Pflicht.*
> *Dann wandelt er an Freundes Hand*
> *Vergnügt und froh ins bess're Land.*
> *In diesen heil'gen Mauern,*
> *Wo Mensch den Menschen liebt,*
> *Kann kein Verräter lauern,*
> *Weil man dem Feind vergibt.*
> *Wen solche Lehren nicht erfreun,*
> *Verdienet nicht, ein Mensch zu sein.*

Besonders der Tiefenpsychologe weiß, daß Appelle aller Art nur dort auf fruchtbaren Boden fallen, wo der Menschlichkeit durch Selbsterkenntnis die Wege geebnet worden sind. Da ich aber versucht habe, diese Bewußtseinserweiterung, die von der zerstörerischen Zivilisation zur lebenserhaltenden Kultur führt, mit meinen Ausführungen anzuregen, darf ich doch einen Appell an den Schluß setzen: Freunde, entrüstet euch, im doppelten Sinn dieses Wortes! Legt die Waffen jeder Art nieder, vertraut, kommt aus euren Höhlen heraus, in die ihr euch eingeschlossen habt, lasset Verwundbarkeit zu, redet miteinander, lernt auch das „Gespräch der Feinde", seid offen zueinander, denn dies ist der Weg, der eigentlich dem Krieg seine Anziehungskraft entzieht! „Es hat keinen Sinn, darum zu beten, daß die Glocken Frieden einläuten, wir müssen zuerst den richtigen Ton finden, den richtigen Klang formen, dann werden die Glocken ganz von selbst den Frieden verkünden", hat mir eine wunderbare, sehr geliebte Frau einmal geschrieben. Dem ist nichts hinzuzufügen.

9.

Das Problem der Todesbewältigung am Beispiel Gustav Mahlers

Als Gustav Mahler im Jahre 1907 als Direktor der Wiener Staatsoper resignierte, nachdem er zehn Jahre lang in dieser Funktion Maßstäbe gesetzt hatte, die bis zum heutigen Tage unerreicht geblieben sind, schrieb er in einem öffentlich zugängigen Abschiedsbrief unter anderem den Satz: „Statt eines Ganzen, Abgeschlossenen, wie ich geträumt, hinterlasse ich Stückwerk, Unvollendetes, wie es dem Menschen bestimmt ist." Das scheint mir – mit dem gebührenden Abstand – ein gutes Motto zu sein auch für diese Arbeit: Denn es ist natürlich a priori völlig ausgeschlossen, in solchem knappen Rahmen dem Wesen und dem Werk Gustav Mahlers auch nur einigermaßen gerecht zu werden. Noch eines möchte ich einleitend hinzufügen: Die folgende Arbeit soll versuchen, die Rolle aufzuzeigen, die in vielfacher Form der Tod im Leben des großen Komponisten gespielt hat, sie soll aber zugleich zeigen, wieviel wir, die wir keine Bruckners und Mahlers sind, daraus für uns selber lernen können. Mit Recht sagt Stuart Feder, auf den ich noch zurückkommen werde: „Zwar sterben alle Menschen, aber nur einige wenige vermögen aus der Erfahrung ihres Sterbens etwas abzuleiten (zu ‚destillieren'), was auch für andere bedeutungsvoll zu werden vermag." Außer Zweifel, Mahler war einer von diesen Seltenen.

Es ist ausgeschlossen, das Sterben eines Menschen isoliert zu betrachten, es muß immer gesehen werden in Verbindung mit seinem Leben. Leben, Sterben und Tod gehören untrennbar zusammen, gemäß den Worten Rilkes: ,,O Herr, gib jedem seinen eigenen Tod, das Sterben, das aus jenem Leben geht, darin er Liebe hatte, Sinn und Not." Wenn wir uns unter diesem Gesichtspunkt Gustav Mahler zuwenden, müssen wir uns zuerst fragen: Was für ein Mensch war er, was für ein Leben hat er geführt? (und dabei wiederum versuchen, die Bedeutung dieser Fakten für unsere Lebensgestaltung aufzuzeigen – von Mahler könnten wir ja nicht nur ,,Sterben" lernen, sondern in vielfacher Hinsicht auch ,,Leben"). Zuerst einmal war Mahler ein Mensch des Verstandes und des Geistes, ein ,,Intellektueller". Allem Wichtigen und Wesentlichen der Wissenschaft galt seine Zuwendung. Die Erkenntnisse der Vergangenheit eignete er sich als Grundlage seines Wissens an, für die Entdeckungen der Gegenwart zeigte er ein stets waches Interesse, jede Einseitigkeit vermied er, er wollte im Endlichen ,,nach allen Seiten" schreiten, viele Stunden hat er sinnierend und nachdenkend verbracht. Er war ein faustischer Typ, wollte erfahren, ,,was die Welt im Innersten zusammenhält". So schreibt er denn auch einmal ,,Daß mein klarer Blick bis an das Mark der Erde dringen könnte". Bücher waren ihm unentbehrlich, was er in der Schule gelernt hatte, war für ihn – ganz typisch – nicht immer rekapitulierbar, desto mehr aber das, was er aus eigenem Antrieb in den Büchern gelesen hatte. Dementsprechend sein Ausruf: ,,Bücher fresse ich mehr und mehr, Gott, wenn ich die nicht hätte!" Der Bogen seiner Anteilnahme reichte von der Naturwissenschaft bis zur Philosophie, auf diesem Gebiete war er ein besonderer Kenner Schopenhauers, Nietzsches, Fechners und Hartmanns. Immer war er bestrebt, das Wesen des Menschen zu ergründen und gleichzeitig blieb er sich der Grenzen bewußt, auf die wir dabei nur allzubald stoßen – darauf reagierte er klassisch ambivalent, bald aufbegehrend, bald demütig sich bescheidend.

Den Typus des Intellektuellen gibt es natürlich auch heute, und dabei ist für ihn im allgemeinen charakteristisch, daß er sich einseitig entwickelt hat, Verstand und Bildung dominieren, und diese Hypertrophie scheint manchmal eine Überkompensation für sein unterentwikkeltes Gefühlsleben zu sein. Umso notwendiger wäre es, von Gustav Mahler zu lernen, denn dieser „Intellektuelle" war zugleich ein enorm gefühlsbetonter Mensch. In diesem Zusammenhang darf ich eine persönliche Erinnerung einbringen an Erwin Ratz, den langjährigen Präsidenten der Gustav-Mahler-Gesellschaft – nach seinem Tode vor einigen Jahren wurde es Gottfried von Einem (den ich auch Freund nennen darf). Ich hatte die unglaubliche Gnade, diesen Menschen in seinen letzten Jahren medizinisch betreuen und ihm dabei menschlich sehr nahe kommen zu dürfen, er war es auch, der mich darin bestärkt hat, den Weg zum Meister, auf dem ich mich bereits befand, konsequent fortzusetzen. Dieser Erwin Ratz spricht einmal von der „außerordentlich weit gespannten Skala der Mahlerschen Empfindungen". Es hat wohl nichts gegeben, worauf er nicht emotional reagiert hätte. Er war ein leidenschaftlicher Bewunderer der Natur, er hat sie nicht nur in seinen Symphonien unvergeßlich „gemalt", sondern auch in seinen Briefen sind Stellen, die ihn ebenso als Naturliebhaber wie als Meister der Sprache ausweisen, er war also auch imstande, in Worten Natur zu malen (ein neuer Beweis – neben vielen anderen – für die von der Psychoanalyse aufgezeigte „Magie des Namens"). Er war auch sonst ein leidenschaftlicher Mensch, allen Genüssen dieses Lebens aufgeschlossen. Wenn man sein Gesicht sieht, kann man nur allzu leicht in den Fehler verfallen, ihn für einen einseitig asketischen Menschen zu halten. Sicher hatte er asketische Züge, aber zugleich konnte er, um dieses bei Menschen noch immer verpönte Wort zu gebrauchen, enorm lustbetont sein. Schönberg hat einmal gesagt: „Es kann gar nichts Uninteressantes in seinem Leben gegeben haben. Man hätte ihm sogar zuschauen müssen, wie er seine Krawatte bindet." Das war ein Mann mit köstlichem Humor, der z. B. auf einer Karte seinem Namenszuge hinzusetzen konnte: Einzig richtige und gesetzlich geschützte Unterschrift, vor Nachahmung wird gewarnt!

Das war ein Mann, der im Restaurant – eine berühmte Mahler-Anekdote – zu dem Ober sagen konnte: „Sagen Sie mir, was ißt der Herr am Nebentisch" (denn das gefiel ihm schon rein optisch, so daß er es auch haben wollte). Es war etwas Besitzergreifendes, An-Sich-Reißendes in seinem Wesen, aber gleichzeitig strahlte er Wärme aus, die alle in Glut versetzte. Für diese außergewöhnliche Leidenschaftlichkeit (die auch die Sexualität, trotz einiger in der Kindheit erworbener hemmender Faktoren einschloß) ist wohl seine Beziehung zu Alma Schindler das beste Beispiel. Er lernt sie in reifem Mannesalter kennen, und schon nach einer Woche drängt er sie mit der Erklärung: „Wir müssen heiraten, sobald als möglich." Und Alma hat es später bescheinigt, daß sie niemals einer solchen Leidenschaftlichkeit begegnet ist wie der Gustav Mahlers, ein Urteil, das umso mehr wiegt, als sie zu diesem Zeitpunkt, wie wir wissen, über zahlreiche Vergleichsmöglichkeiten verfügte. Als Beweis für diese Tatsache darf wohl auch angesehen werden, daß das erste Kind des Paares, Maria, acht Monate nach der Eheschließung zur Welt kam, sie also schon in schwangerem Zustande heiratete. Mahler war aber nicht nur ein leidenschaftlicher, er war außer Zweifel auch ein liebender Mensch. Pfitzner, zu dem ich an und für sich aus vielen Gründen keine besonders „innige" Beziehung habe, den ich deswegen aber nicht weniger gern zitiere, wenn er meiner Überzeugung nach das Richtige trifft, hat einmal das Mahlersche Wesen mit den schlichten Worten umschrieben: „In ihm war Liebe." Bis zum heutigen Tage versuchen die Menschen immer wieder von neuem, das Wesen der Liebe zu definieren, ohne es wirklich ergründen zu können – und ich denke, so wird es bleiben, soll es auch bleiben, denn was wäre das für eine Liebe, die wir ganz ausloten könnten? Vielleicht kann man aber doch als ein wesentliches Kriterium echter menschlicher Liebe die Bemühung bezeichnen, die Grenzen des eigenen Ichs, der eigenen Ichbefangenheit zu sprengen, über das Ich hinaus zum Du und dann natürlich zum Wir zu wachsen. In diesem Zusammenhang möchte ich aus einem Mahlerbrief zitieren. „Jetzt in der Generalintendanz: da ging nun das Antichambrieren los. Diese Gesichter! Diese knöchernen Menschen! Jeder Zoll auf ihrem Gesichte trug die Spuren des sich selbst peinigenden Egoismus, der alle Menschen so unselig macht! Immer ich und ich – und nie du, du, mein Bruder! Nur durch Terrorismus kann ich den einzelnen zwingen, aus seinem kleinen Ich herauszufahren und über sich selbst hinauszuwachsen."

Die Sätze zeigen nicht nur die Sehnsucht Mahlers nach „vereinigender Liebe", sie werfen auch das bis zum heutigen Tage ungelöste Problem auf, ob es möglich ist durch Zwang, ja durch Terror, diese Vereinigung, diese „Gemeinschaftsbildung" herbeiführen zu können. In der Politik – das kann heute schon resümiert werden – sind alle diese „Zwangsbeglückungen", obwohl teilweise sicherlich aus edlen Motiven versucht, kläglich gescheitert, zu Leid und Verzweiflung vieler Betroffenen entartet. Was Mahler betrifft, hat er diese „Sprengung der Ichhaftigkeit" vor allem im Bereich der Musik versucht. Seine diesbezügliche Idee war sicher das *Kunstwerk als Gemeinschaftsleistung.* Man kann heute rückblickend sagen, daß Dirigieren im modernen Sinne mit Gustav Mahler begonnen hat, und man kann auch die Frage beantworten, warum das so ist: Weil er zum ersten Mal versucht hat, jeden einzelnen anzusprechen, aufzurütteln, keinen abseits zu lassen, und aus dem Orchester wirklich eine Gemeinschaft zu formen. Da darf man sich wirklich nicht wundern, wenn der damalige Cellist und spätere Komponist Franz Schmidt ausrief: „Er kam über uns wie eine Elementarkatastrophe." Was aber den Mahlerschen Gemeinschaftsbegriff betrifft, so ging er weit über die Neuformung des Orchesters hinaus, er zielte vielmehr auf das Gesamtkunstwerk. Mahler hat immer an sich und und andere die Forderung gestellt, auf diesem Wege des „Umfangens" nicht zu früh stehenzubleiben. Alle sollten zum Gesamtwerk ihren Beitrag leisten, im Falle der Oper das Orchester, die Sänger, aber auch die Regisseure, die Bühnenbilder (in Roller fand Mahler hier den kongenialen Partner), Musik, Raum, Farbe, Licht und Bewegung sollten sich vereinigen. Und wenn diese Gemeinschaftsleistung gelungen war, dann sollten auch *alle* ihren Anteil daran haben, und nicht nur ein einzelner. In diesem Sinne war Mahler ein Demütiger, ein Dienender, ein Feind jedes „Persönlichkeitskultes" und damit ein echt Liebender. Und so entstand das Paradoxon – das man in der heutigen Zeit mit ihren gegenteiligen Tendenzen nicht genug loben kann –, daß der Mann, der, wie früher ausgeführt, erst den Beruf des Dirigenten im

modernen Sinne kreiert hat, auf dem Theaterzettel als musikalischer Leiter nicht einmal aufschien. Man muß in den Regiebüchern nachschauen, um zu rekonstruieren, wie unglaublich viele Opernvorstellungen Mahler in der Wiener Oper persönlich dirigiert hat.
Aber zurück zum liebenden Mahler: Nicht zufällig hat er in seiner dritten Symphonie den letzten Satz „Was mir die Liebe erzählt" benannt (und später gesagt: ich hätte statt dessen auch „Was mir Gott erzählt" formulieren können – ich komme darauf am Schluß noch zurück). Nicht zufällig hat er eines der schönsten Rückert-Gedichte, „Liebst du um Schönheit", vertont, weil dort am Schluß klar wird, daß „Liebe" nur etwas genannt zu werden verdient, was um der anderen Person willen geschieht und eben deshalb etwas Dauerndes bleibt. Wenn ich im folgenden zum ersten Male den kompletten Text eines Mahlerliedes zitiere, so tue ich es im Bewußtsein der Schönheit und Bedeutung der von Mahler gewählten Gedichte und zugleich mit unendlichem Bedauern, hier nicht auch die wunderbare Musik hinzufügen zu können...

Liebst du um Schönheit

Liebst du um Schönheit, o nicht mich liebe!
Liebe die Sonne, sie trägt ein goldnes Haar!

Liebst du um Jugend, o nicht mich liebe!
Liebe den Frühling, der jung ist jedes Jahr!

Liebst du um Schätze, o nicht mich liebe!
Liebe die Meerfrau, sie hat viele Perlen klar!

Liebst du um Liebe, o ja – mich liebe!
Liebe mich immer, dich lieb ich immerdar!

Ein wesentliches Kriterium des liebenden Mahler – wie jedes echt liebenden Menschen – war auch, daß er stets auf der Seite der Gedemütigten, der Erniedrigten, der Beleidigten, der Getretenen, auf der Seite der Schwachen und der Behinderten stand. Er schreibt: „Aus dem Tal der Menschheit tönt's zu dir herauf, zu deiner kalten einsamen Höhe, begreifst du den unseligen Jammer, der sich da unten durch Äonen zu Bergen gehäuft hat? Wie willst du dich vor dem Rächer verantworten, der du nicht einmal den Schmerz einer einzigen geängstigten Seele zu sühnen vermagst?" Hier wird die Identifikation mit den Leidenden deutlich, und zu Recht sagt Adorno: „Zeit seines Lebens hat seine Musik es mit denen gehalten, die aus dem Kollektiv herausfallen und zugrunde gehen, mit dem armen Tamburgsell, der verlorenen Feldwacht, dem Soldaten, der noch als Toter weiter die Trommel schlagen muß. Seine Lieder sind Balladen des Unterliegens." Ich darf in diesem Zusammenhang zum ersten Male auf eine Eigenschaft Mahlers verweisen, die man geradezu als seine charakteristischste bezeichnen könnte, sein „vorausahnendes Wissen". Die intensive Beschäftigung in seinen Liedern mit dem Schicksal des Soldaten, als dem Musterbeispiel der vergewaltigten Kreatur, nimmt prophetisch die Geschehnisse dieses Jahrhunderts mit seinen die ganze Welt erfassenden Kriegen vorweg. Als Beispiel dafür das Lied „Wo die schönen Trompeten blasen" aus „Des Knaben Wunderhorn".

Wo die schönen Trompeten blasen

Wer ist denn draußen und wer klopft an,
Der mich so leise, so leise wecken kann?
Das ist der Herzallerliebste dein,
Steh auf und laß mich zu dir ein!

Was soll ich hier nun länger stehn?
Ich seh die Morgenröt aufgehn,
Die Morgenröt, zwei helle Stern,
Bei meinem Schatz da wär ich gern,
Bei meinem Herzallerliebe.

Das Mädchen stand auf und ließ ihn ein;
Sie heißt ihn auch willkommen sein.
Willkommen, lieber Knabe mein.
So lang hast du gestanden!

Sie reicht ihm auch die schneeweiße Hand.
Von ferne sang die Nachtigall;
Das Mädchen fing zu weinen an.

Ach weine nicht, du Liebste mein,
Aufs Jahr sollst du mein eigen sein.
Mein eigen sollst du werden gewiß,
Wie's keine sonst auf Erden ist.

O Lieb auf grüner Erden.
Ich zieh in Krieg auf grüne Heid,
Die grüne Heide, die ist so weit.
Allwo dort die schönen Trompeten blasen,
Da ist mein Haus, von grünem Rasen.

Hier nun ist der Moment gekommen, um ganz besonders darauf hinzuweisen, was uns allen Mahler in doppeltem Sinn als Liebender lehren kann. Sicherlich gehen von ihm einerseits diesbezüglich Impulse aus, von denen nur zu wünschen ist, daß wir sie, so gut wir können, nachahmen. Andererseits müssen wir zur Kenntnis nehmen – und dies wiegt doppelt schwer bei einem solchen Menschen –, daß auch Mahler als Liebender an seine Grenze gestoßen ist, wollte man das verschweigen, hieße es, sein Bild zu verzeichnen und damit gerade ihm einen schlechten Dienst zu erweisen. Mit anderen Worten: Trotz aller seiner idealistischen Bestrebungen blieb Mahler im täglichen Leben oft ein schwacher, ein fehlbarer Mensch.

Eines seiner Lieblingsworte war das berühmte Zitat von Dostojewski: „Wie kann man glücklich sein, wenn noch ein Geschöpf auf Erden leidet?" Mit diesem Satz beginnt die Tragödie von uns allen. Denn eigentlich dürften wir somit unter den obwaltenden Umständen alle nicht eine Sekunde glücklich sein. Wir dürften nicht essen, wo wir wissen, daß allein im vergangenen Jahr (1981) in der Welt 15 Millionen Menschen verhungert sind. Ich habe mir sagen lassen, daß es keinen Hunger mehr gäbe, wenn jeder Bewohner der Erde bereit wäre, 1 Schilling (!) zu opfern, daß derselbe Effekt einträte, wenn die Rüstung der Weltmächte generell für 2 Stunden (!!) unterbrochen würde. Was tun wir, um all dies zu erreichen? Nichts. Wir bedauern und genießen weiter, als ginge uns das alles nichts an. Der Dostojewskische Satz wird wohl zitiert, aber Folgerungen werden daraus keine gezogen. So auch bei Mahler; Alma schreibt über ihren Mann: „Die großartigen Worte wurden oft ausgesprochen, aber sie führten zu keinen Konsequenzen, zu keiner Tat." In Verfolgung dieser Linie muß gesagt werden, daß wir in Mahler, wie wahrscheinlich in jedem großen Künstler, auch sehr egozentrische und sehr egoistische Züge finden. Dem Freunde klagt er: „Kein Mensch, mit dem ich nur einiges, sei es gemeinsam Erlebtes oder Erschautes oder Erholtes, gemein hätte." Hier kommt als Gegensatz zum „Allumfangenden" etwas „Sich-Abschließendes", wohl auch etwas „Enttäuschtes", „Verunsichertes" zur Darstellung. Wenn wir bei Mahler also Zeichen von Egozentrizität feststellen (neben seiner echten Liebesfähigkeit), müssen wir somit fragen, ob auch Hinweise für seine Verunsicherung gegeben sind. Diese Frage ist absolut zu bejahen. Es gibt zwar Aussprüche von ihm, die vor Selbstvertrauen schier zu „platzen" scheinen: „Wer kein Genie besitzt, soll davon bleiben, und wer es besitzt, braucht vor nichts zurückzuschrecken. Das ganze Spintisieren über all das kommt mir vor, wie einer, der ein Kind gemacht hat, sich nachträglich erst den Kopf zerbricht, ob es auch wirklich ein Kind ist, und ob es mit richtigen Intentionen gezeugt usw. – Er hat eben geliebt und – gekonnt. Basta! Und wenn einer nicht liebt und nicht kann, dann kommt eben kein Kind! Auch basta! Und wie einer ist und kann – so wird das Kind! Noch einmal basta! Meine VI. ist fertig. Ich glaube, ich habe gekonnt! Tausend basta!"

Aber dann taucht doch wieder tiefste Angst auf, etwa wenn er an Fritz Löhr, den noch oft zu zitierenden besten Freund, schreibt: „Du bist der einzige Mensch, den ich geliebt habe und der mich doch nicht verletzt hat." Dies kommt einer Gleichsetzung von „Lieben" und „Verletzt-Werden" nahe und deutet wohl darauf hin, daß in der Kindheit schwere verängstigende Enttäuschungen stattgefunden haben müssen, jener Kindheit, die ja vor allem über unser Selbstwertgefühl entscheidet. „Sein Egoismus war vollkommen naiv, und er wäre furchtbar erschrocken, wenn er ihn erkannt hätte", urteilt Alma Mahler und weist damit ebenfalls auf die Verursachung dieser Eigenschaft in der Kindheit und auf eine gewisse Verdrängungstendenz ihr gegenüber hin.

Die Zitierung Almas gibt mir aber Gelegenheit, daran zu erinnern, daß Mahler auch in seinem Verhältnis zur Frau verunsichert war. Sie hat ihn ganz wunderbar charakterisiert, wenn sie formulierte: „Er war ein Kind, und das Weib war seine Angst." Mahler hat also auf der einen Seite eine enorme Leidenschaftlichkeit entwickelt, aber auf der anderen Seite ununterbrochen gefürchtet, von der Frau enttäuscht zu werden.

An dieser Stelle ist es nun unvermeidlich, daß wir uns zumindest in knappen Andeutungen mit der Kindheit Gustav Mahlers beschäftigen. Über die Ehe seiner Eltern hat er sich folgendermaßen geäußert: „Meine Eltern haben zusammengepaßt wie Feuer und Wasser." Ähnliches könnten leider viele Menschen von ihren Eltern sagen, und dieses Faktum ist eines (unter vielen anderen), welches einen düsteren Schatten über unsere Kindheit wirft und dafür sorgt, daß immer mehr Menschen in dieser Zeit neurotisiert werden. Mahler hat hinzugefügt: „Mein Vater war der Starrsinn, meine Mutter die Sanftmut in Person." Ganz falsch und die kindliche Situation verkennend wäre es aber, daraus den Schluß zu ziehen, die Mutter wäre daher uneingeschränkt geliebt, der Vater ebenso abgelehnt worden. Dieser Vater war eine durch Initiative und Dynamik imponierende Gestalt, sie hat auch Gustav imponiert, aber er war gleichzeitig ein herrschsüchtiger, manchmal ein zügelloser, gewalttätiger und sogar brutaler Mann: dementsprechend bewunderte und haßte Gustav den Vater gleichzeitig, ein Zustand, den wir als Ambivalenz bezeichnen. Aber auch der Mutter gegenüber bestanden ähnliche Gefühle, denn auf der einen Seite litt die Mutter unter den Launen des Vaters maßlos, wurde dadurch (und durch andere Faktoren, die wir später besprechen werden) chronisch depressiv, ein Tatbestand, der eine ungeheure Beziehung Gustavs zur Mutter bewirkte; und auf der anderen Seite war er von der Mutter maßlos enttäuscht, weil sie mit sich selbst nicht fertig wurde und dadurch auch nicht jene Sicherheit ausstrahlen konnte, die das Kind so dringend gebraucht hätte. So sehen wir sowohl vom Vater als auch von der Mutter verunsichernde Eigenschaften ausgehen, und insbesondere der Mutter gegenüber verbinden sich Liebe, kindliche Fixierung und ungeheure

Angst, enttäuscht zu werden. Man braucht nicht Tiefenpsychologe sein, um zu verstehen, daß diese frühe Mutter-Kind-Beziehung alle zukünftigen Beziehungen Gustav Mahlers zu Frauen negativ beeinflussen mußte. Diese Feststellung führt direkt hinüber zur berühmten Begegnung von Gustav Mahler mit Sigmund Freud. Es war lange schon davon die Rede gewesen, daß Mahler Freud konsultieren sollte, aber er hatte immer wieder getroffene Vereinbarungen abgesagt. Schließlich, auf dem Höhepunkt der Krise mit Alma im Jahre 1910, kam es dann doch zur Begegnung, und zwar mußte Mahler diesmal nach Leiden in Holland fahren, wo Freud Vorträge hielt, denn der Vater der Psychoanalyse war nach den vorangehenden Enttäuschungen nicht mehr bereit, wegen dieses unverläßlichen Patienten, und war er auch noch so berühmt, nach Wien zu fahren. Erste Feststellung Freuds, nachdem ihm Mahler seine Geschichte erzählt hatte: Sagen Sie, Herr Mahler, wieso konnten Sie bei dieser Mutterbindung, die Sie haben, eine Frau heiraten, die nicht, so wie Ihre Mutter, Maria heißt, wie konnten Sie eine Alma wählen? Aufklärende Antwort Mahlers: Herr Professor, beruhigen Sie sich, meine Frau heißt mit dem zweiten Namen sowieso Maria. Zweite Feststellung Freuds: Da Sie in ihrer Kindheit eine ständig traurige Mutter erlebt haben, ist es, der neurotischen Wiederholungstendenz folgend, Ihre unbewußte Intention, auch Frauen, die später in Ihrem Leben eine Rolle spielen, traurig zu machen, denn für Sie hat sich Liebe und Depression der geliebten Frau in der Kindheit untrennbar gekoppelt.

Wir sehen also, wie Freud mit knappen Worten die Situation Mahlers, seine entscheidende Mutterbeziehung, blitzschnell erfaßte und wir verstehen, wie sehr von dieser Kindheit Verunsicherung ausgehen mußte.

Nun komme ich zu einem weiteren wichtigen Charakteristikum Mahlerschen Wesens: Mahler war ein Wanderer, war stets auf der Wanderschaft, Kalisch, wo er geboren wurde, war der Ausgangspunkt, es folgten Iglau, Hall (ja, in Hall in Oberösterreich war er eine Zeitlang beim Kurorchester Kapellmeister), Laibach, Olmütz, wieder Wien, Kassel, Prag. Hier begann schon der steile Aufstieg, dessen weitere Stationen durch Leipzig, Budapest, Hamburg und Wien markiert sind. Die Jahre zwischen 1907, als er die Wiener Direktion aufgab, und seinem Tod 1911 sind wiederum gekennzeichnet durch ungezählte Fahrten, damals noch mit dem Schiff, zwischen Wien und New York hin und her. Er hat einmal geschrieben: „Ich bin bestimmt, ruhelos über die ganze Welt zu wandern." Und als er 1897 die Direktion in Wien annahm, nahm er sich vor: „Ich ziehe in die Heimat ein und werde alles daran setzen, meine Wanderschaft für dieses Leben zu beenden." Er hatte die Rechnung, ohne das eigene Ich zu berücksichtigen, gemacht. In der Winterreise, die ja wohl die erschütterndste Darstellung eines Wanderns in den Tod ist, heißt es: „Und suche Ruhe ohne Ruh'." Ein solcher Schubertscher (oder Müllerscher) Wanderer war Mahler (dies eine der vielen Verbindungen, die zwischen Schubert und Mahler bestehen). Ich glaube, man ist wohl berechtigt zu sagen, daß Mahler der direkte Nachfolger Schuberts war, rastlos unterwegs, getrieben von einer ungeheuren zentrifugalen Kraft, weg von sich: Nicht umsonst hat er die „Lieder eines fahrenden Gesellen" vertont, auch dieser fahrende Geselle war er selber. Er hatte noch ein anderes Mittel sich zu verlieren, nämlich den Theaterbetrieb, der ja mit der Wanderschaft eng verbunden war. Er schreibt: „Ich bin so mitten drin, wie es nur ein Theaterdirektor sein kann. Entsetzliches, aushöhlendes Leben. Alle Sinne und

Regungen nach außen gewendet. Ich entferne mich immer mehr von mir selber. Wie wird das enden? Bewahren Sie mir das Andenken, das man gewöhnlich Verstorbenen gibt." Er hat für dieses Theaterleben einige Synonima gefunden: Zuchthaus, Strafanstalt, Galeere, Theaterhöllenleben. Und er schreibt, wieder an Löhr: ,,Da ich mich selbst jetzt nicht habe, kannst auch du mich nicht haben. Aber ich sage dir nur dieses Wörtchen: Warte noch ein Weilchen, dann ist die Direktion und andere Possen bei den Schatten im Tartarus und wir erkennen uns wieder im goldenen Lichte."

Eine meiner großen Leidenschaften ist das Autographensammeln. Es geht mir – wie jedem echten Sammler – dabei nicht um den materiellen, sondern um den ideellen Wert. Von einer großen Persönlichkeit handgeschriebene Aufzeichnungen zu besitzen, bedeutet, mit ihr in einen geheimnisvollen Kontakt zu kommen, an ihrer Geschichte, an ihren Auffassungen, Gedanken und Taten Anteil zu haben. Als besondere Kostbarkeit bewerte ich einen Brief Mahlers an Fritz Löhr. Oben der Stempel: ,,Der Direktor des K.u.K. Hofopernthheaters", dann in hastigen Zeilen die Mitteilung, daß er nur eine knappe Stunde Zeit habe, sich aber für diese kurze Zeit mit ihm im Café Imperial treffen möchte. Aber dort oben rechts, wo normalerweise das Datum steht, kann man auf meinem Autograph nur lesen: ,,In Eile." Etwas Charakteristischeres für Mahler kann ich mir nicht vorstellen: ich kenne kein Datum, heißt das, in Eile zu sein, ist mein Dauerzustand. Und obwohl er dieses Dasein verflucht, ist er doch immer wieder gezwungen, das Theater von neuem zu erobern. Höhepunkt dieses Verhaltens ist der grandiose Feldzug, mit dem der angeblich ,,weltfremde Idealist" Gustav Mahler fast zwingend erreicht, daß der begehrteste

Wiener Posten, der des Direktors der Oper, in seine Hände fällt. (Wer immer diese Position anstrebt – ob sie wirklich erstrebenswert ist, ist eine andere Frage –, dem kann nur empfohlen werden, von Gustav Mahler zu lernen.) Ich kann in diesem Zusammenhang auf Einzelheiten nicht eingehen, nur zu einem Punkt möchte ich Stellung nehmen: Man hat Mahler vorgeworfen, daß er, um sein Ziel zu erreichen, vor nichts „zurückgeschreckt" habe, nicht einmal davor, sich taufen zu lassen. Hier tut man ihm – so meine ich – Unrecht; mag auch der Zeitpunkt geschickt gewählt worden sein, aber seiner Überzeugung nach war Mahler – unabhängig von jeder Berechnung – Christ, und die Taufe daher nur die Herstellung von Konkordanz zwischen äußerem Glaubensbekenntnis und innerem Glauben.

Man kann diese Bemerkungen über die Wanderschaft Gustav Mahlers nicht abschließen, ohne die Frage zu stellen, ob nicht auch wir alle in zunehmendem Maße solche „fahrende Gesellen" werden, ständig auf der Flucht vor uns selbst, nichts mehr fürchtend, als die Konfrontation mit der eigenen Person? Die Gestaltung unserer Freizeit, unserer Wochenenden, unserer Ferien spricht sehr für die Richtigkeit dieser These und bedroht, weil ja dann keine echte Erholung möglich ist, in zunehmendem Maße unsere Gesundheit. Wie sagt doch Benn in einem seiner schönsten Gedichte: „Ach vergeblich das Fahren, spät erst erfahren Sie sich." Und gerade hier müssen wir wieder zu Mahler zurückfinden, denn er „erfuhr" sich, verstand es, das Gegengewicht gegen das Wandern, die Flucht vor dem eigentlichen Ich, zu entdecken, und es läßt sich in einem Wort zusammenfassen: Komponieren! Komponieren bedeutete für ihn, zur eigenen Person finden. Er formuliert an Mildenburg: „Aber ich habe es dir doch geschrieben, daß ich an einem großen Werk arbeite. Begreifst du nicht, daß das den ganzen Menschen erfordert? Und wie man da oft so tief drinsteckt, daß man für die Außenwelt wie abgestorben ist. Sieh, das müssen alle lernen, die mit mir leben sollen: In solchen Momenten gehöre ich nicht mehr mir." Mahler hat dieses Verhalten auch in seinem späteren Leben konsequent durchgehalten. Alma berichtet, daß man oft tagelang ihn nicht einmal anreden durfte, wenn er komponierte, und daß er dann von sich aus auch oft längere Zeit nicht gesprochen hat. Alma hat das nach und nach zu einer solchen Verzweiflung gebracht, daß aus ihr die Klage herausbrach: „Ich bin mit einer Abstraktion verheiratet, nicht mit einem menschlichen Wesen." Das Schicksal der „Frau des Künstlers"? Aber das Los des Künstlers ist nicht weniger leicht. Mahler drückt es so aus: „Das sind furchtbare Geburtswehen, die der Schöpfer eines solchen Werkes erleidet, und bevor sich das alles in seinem Kopf ordnet, aufbaut, aufbraust, muß viel Zerstreutheit, In-sich-Versunkensein, für die Außenwelt Abgestorbensein, vorhergehen." Es gibt eine wunderbare Geschichte von Peter Altenberg. Er sitzt in einer Gesellschaft, alles redet, er schweigt. Da rüttelt ihn einer und sagt: Herr, kommen Sie doch zu sich! Darauf antwortet Altenberg: Dort war ich gerade.

Wieder nicht zufällig hat Mahler das Gedicht Rückerts „Ich bin der Welt abhanden gekommen" vertont. Und diejenigen, die seine Symphonien kennen, wissen, daß das berühmte Adagietto seiner Fünften vielleicht das Schönste, was er je geschrieben hat, diesem Lied nachempfunden ist (es ist in seiner glücklichsten Zeitperiode entstanden).

Ich bin der Welt abhanden gekommen

Ich bin der Welt abhanden gekommen,
mit der ich sonst viele Zeit verdorben;
sie hat so lange nichts von mir vernommen,
sie mag wohl glauben, ich sei gestorben!

Es ist mir auch gar nichts daran gelegen,
ob sie mich für gestorben hält.
Ich kann auch gar nichts sagen dagegen,
denn wirklich bin ich gestorben der Welt.

Ich bin gestorben dem Weltgetümmel
und ruh' in einem stillen Gebiet'
Ich leb' allein in meinem Himmel,
in meinem Lieben, in meinem Lied.

Im Zusammenhang mit den Mahlerschen Kompositionen komme ich zu einem Problem, das für uns alle von großer Wichtigkeit ist. In unserer Persönlichkeit, in unserer Lebensgestaltung finden sich bewußte Anteile ebenso wie unbewußte. Es ist die Aufgabe jedes Menschen, sich selber besser kennenzulernen und das bedeutet Reduktion der unbewußten Anteile – wir sprechen von Bewußtseinserweiterung, Bewußtseinserhellung.

Wir Psychotherapeuten versuchen, einen Beitrag zu leisten zu dieser Bewußtseinserhellung dort, wo aus dem Unbewußten schwere Krankheitssymptome kommen und die Lebensqualität reduzieren. Aber wir wissen auch, daß wir damit sehr vorsichtig sein müssen bei den künstlerisch-kreativen Menschen; denn diese leiden zwar auch an ihrem Unbewußten, aber sie filtern aus diesem Leid ihre großen Schöpfungen (bescheiden sagt Heine: „Aus meinen großen Schmerzen mache ich meine kleinen Lieder." – in ähnlichem Sinne Nina Hesse: „Da für Hesse Lebensqual und literarische Fruchtbarkeit eng zusammenhingen, festigte sich in mir die Gewißheit, daß mildernde Eingriffe in sein Stimmungsgefälle seinen Produktionszwang dämpfen würden. Wenn ich dem Menschen half, gefährdete ich den Dichter."). Dementsprechend zurückhaltend muß man bei künstlerischen Menschen psychotherapeutisch sein, um ihre schöpferische Kraft nicht zu gefährden. Als Mahler in der größten Not seines Lebens war, so daß es zu der schon erwähnten denkwürdigen Begegnung mit Freud kam und eigentlich seine ganze persönliche Existenz, besonders seine Ehe, auf dem Spiele stand, also das im höchsten Maße zugegen war, was wir Leidensdruck nennen, fühlte sich Freud berechtigt, ja verpflichtet vorzuschlagen: Das alles muß in einer Analyse aufgerollt werden. Da antwortete Mahler, wohl wissend, was in seiner bürgerlichen Existenz drohte und und wie gut es Freud meinte, mit dem berühmten Satz: ,,Ich werde mich nicht analysieren lassen, denn ich will weiter meine Symphonien schreiben können." Mahler ist der Begegnung mit dem Unbewußten in einer Analyse sicher nicht ausgewichen, weil dieses für ihn ,,tabu" war. Darf ich an dieser Stelle einen Vergleich mit Bruckner wagen, dem ich vor einiger Zeit eine kritische Studie gewidmet habe, die manche Österreicher, und besonders Oberösterreicher, anfänglich nicht eben beglückt hat, die aber sicher auch erfüllt war von großer Hochachtung und Bewunderung für diesen Meister. Bruckner also wäre es nicht eingefallen, sich mit seinem Unbewußten auseinanderzusetzen, ihm wäre es nicht eingefallen, die Dinge, wie sie waren, in Frage zu stellen, er hat freilich auch doch in einer früheren Zeit gelebt als Mahler. Dieser Mahler nun, ein wie schon gesagt grüblerischer, in die Tiefen dringen wollender Geist, war immer daran, in sein Unbewußtes hinabzusteigen. Die ,,beste" oder ,,schlimmste" Gelegenheit dazu eröffnete sich ihm, wenn er seine eigenen Werke dirigierte und dabei reflektierte – und er beschreibt dies wie folgt: „Sonderbar geht es mir mit allen meinen Werken, wenn ich sie dirigiere. Es kristallisiert sich eine brennend schmerzliche Empfindung: Was ist das für eine Welt, welche solche Klänge und Gestalten als Widerbild auswirft? So was wie der Trauermarsch und der darauf ausbrechende Sturm scheint mir wie eine brennende Anklage an den Schöpfer. Und in jedem neuen Werk von mir erhebt sich dieser Ruf von neuem, daß du ihr Vater nicht, daß du ihr Zar! Das alles aber nur während des Dirigierens, nachher ist alles gleich ausgewischt (sonst könnte man gar nicht weiterleben). Diese merkwürdige Realität der Geschichte, die sofort zu einem Schemen auseinanderfließt, wie die Erlebnisse eines Traumes, ist die tiefste Ursache zu dem Konfliktleben eines Künstlers ... und wehe, wenn ihm Leben und Träumen einmal zusammenfließt – so daß er die Gesetze der einen Welt in der anderen schauerlich büßen muß."

Erschütternder und deutlicher ist die Selbstreflexion des Unbewußten nie beschrieben worden. Aber Mahler ging noch einen entscheidenden Schritt weiter: All das Abgründige, was er über den Weg seiner Musik in sich entdeckt hat, das hat er auch als einen Bestandteil der Welt erkannt. Und dadurch wurde er zum Vorausahner der Zukunft und zugleich zum Symbol der Einsamkeit schlechthin. Denn in dieser Zeit, am Beginn unseres Jahrhunderts, gingen die Menschen dieses Landes lachend, tanzend, singend, verdrängend, die Dinge nicht wahrhaben wollend, die sich zusammenballten, in den Tod dieses Reiches und in den eigenen Tod. Und da waren ein paar Männer, die „sahen" und das Gesehene in ihre Kunst übersetzten, denn in der Wirklichkeit hätten sie es kaum ausgehalten, ja selbst in der künstlerischen Reflexion war es (wie das frühere

Mahler-Zitat zeigt) nur für kürzere Zeit aushaltbar. Ich hoffe, mit diesen Ausführungen einen Beitrag geleistet zu haben zum besseren Verständnis eines anderen Mahler-Wortes: ,,Meine Musik ist gelebt, und wie sollen sich diejenigen zu ihr verhalten, die nicht leben, und zu denen nicht ein Luftzug dringt von dem Sturmflug unserer großen Zeit?"

Durch seine Fähigkeit, alles Schreckliche und Abgründige in sich selbst und in der Welt zu entdecken, ist Mahler nicht nur zu einem Propheten des Zukünftigen geworden, sondern bis auf unsere Tage (und wohl noch weit darüber hinaus) zu einem Kriterium menschlichen Verhaltens. Mahler zu lieben, ihn zu verstehen und ,,anzunehmen" bleibt untrennbar mit der eigenen Bereitschaft verbunden, die Schrecken in sich selber und in unserer Welt zu erkennen, sie nicht mit billiger Verdrängung abzutun. Umgekehrt besteht ein steter Zusammenhang zwischen der Ablehnung Mahlers (,,den will ich nicht") und dem Nichtwahrhabenwollen des Abgründigen im eigenen Ich und in der ,,besten aller Welten".

Erst jetzt komme ich von der Person und ihrem Leben zu dem Sterben. Und da muß gleich gesagt werden, daß in einer unfaßbaren Weise – so unfaßbar, daß man schwer nachvollziehen kann, wie unter solchen Umständen ein erfülltes Leben überhaupt möglich blieb – der Tod in Mahlers Leben von Anfang an zu Hause war. Meister Hein schlug schon zu, bevor er noch geboren war, denn der Erstgeborene der Familie Mahler, Isidor, starb sehr bald nach seiner Geburt. Gustav war somit das, was die Engländer ein ,,Replacement" nennen, was bedeutet, einen Menschen auf einen Posten zu setzen, der schon einmal besetzt war und der jetzt wieder besetzt werden soll. Es gibt in unserem Jahrhundert einen Dichter, der lange

Zeit vergessen blieb, dessen Bücher von den Nationalsozialisten verbrannt wurden, der heute erfreulicherweise eine Art Renaissance erlebt. Hans Henny Jahnn, der Ähnliches erlebt hat. Auch er war ein „Replacement", nur hatten die Eltern die seltsame Idee, dem zweiten Kind dieselben Vornamen Hans Henny zu geben wie dem kurz vorher gestorbenen Erstgeborenen. So mußte er oft erleben, daß er an das Grab des Bruders geführt wurde, wo eine Tafel an den Tod des Hans Henny Jahnn erinnerte! Lag dort ein anderer oder er selber, mit dieser bangen Frage mußte er sich auseinandersetzen, und sie hat sicher seine Identitätsfindung beträchtlich erschwert. Wenn es auch bei Gustav Mahler nicht so schlimm war, so besteht doch kein Zweifel: Die Tatsache, daß er an der Stelle eines anderen stand, daß der Tod schon vor seiner Geburt dagewesen war, war eine schwere Hypothek für sein Leben. Diese Belastung setzte sich konsequent fort. Während seiner Kindheit und Jugend (bis zu seinem 14. Lebensjahr) starben nicht weniger als 6 nachgeborene Geschwister, darunter sein unmittelbar nach ihm gekommener Lieblingsbruder Ernst. Können wir auch nur annähernd ermessen, was diese Anhäufung von Todesfällen für die Betroffenen bedeutet? Schon der Tod *eines* Kindes ist ein schwerer Schicksalsschlag. Welche Worte des Trostes kann man da finden, ohne sich oberflächlicher „Beruhigung" schuldig zu machen? In einem unfaßbaren Ausmaß „verschwendet" das Leben, schöpft aus einem abgrundtiefen Brunnen und vernichtet vielleicht noch im selben Moment. Selbst bei all unserem medizinischen Fortschritt stehen wir auch heute noch vor einer relativ hohen Säuglings- und Kindersterblichkeit. In meiner persönlichen Umgebung habe ich erlebt, daß von einem Zwillingspaar das eine Kind unmittelbar nach der Geburt gestorben ist.

Konnte es da ein Trost sein, daß das andere lebte? Und war man auf der anderen Seite nicht verpflichtet, das Aufwachsen des überlebenden Teiles nicht durch allzugroße Trauer um den Verstorbenen zu beschatten? Ungezählte Fragen tauchen auf und wohl nur sehr wenige Antworten, ,,brauchbare" Lösungen. Wie muß es erst im Hause Gustavs ausgesehen haben? Wir können uns nur vorstellen, wie die Mutter, die als Gebärende wohl Hauptbetroffene, stets zwischen Wiege und Grab hin und her pendelte. Jetzt werden wir auch verstehen, daß diese Mutter nicht nur wegen des Vaters, sondern auch wegen dieser Anhäufung von Unglück chronisch depressiv war. In solcher Situation mußte sie einfach an Ausstrahlungskraft, aber auch als Garantin von Sicherheit und Geborgenheit verlieren. Fakten, die auch für die psychische Entwicklung von Gustav große Bedeutung hatten. Die Serie der Todesfälle hörte aber nicht auf: 1889 – damals war Gustav 29 Jahre alt – starb eine weitere Schwester, 1895 beging sein Bruder Otto Selbstmord. Je älter Gustav wurde, desto mehr wuchs er – wie dies besonders in jüdischen Familien Sitte ist – in die Position des Ältesten und Mitverantwortlichen für das Wohl aller Familienmitglieder hinein, der Tod der Eltern, die 1889 knapp hintereinander starben, hat sicher bewirkt, daß er sich nun als der Alleinverantwortliche empfand. Man kann also sagen, daß Gustav von Anbeginn an ein durch den Tod eingefärbtes Leben führte, welches ihm vielfach Belastungen auferlegte. Das Schicksal wollte es, daß der Tod Ottos noch nicht die letzte Station dieser Serie sein sollte . . .

Diese frühzeitige und stete Präsenz findet im Werke Mahlers eine erschütternde Entsprechung. Die erste Komposition, die der 6jährige schreibt, ist ,,Polka mit einem Trauermarsch als Einbegleitung" betitelt (!). Die Oper des

15jährigen, „Herzog Ernst von Schwaben", ging verloren, doch Mahlers Brief an Josef Steiner aus dem Jahre 1879 läßt über den Inhalt keinen Zweifel: „Da ziehen die blassen Gestalten meines Lebens, wie die Schatten längst vergangenen Glücks an mir vorüber, und dort steht der Leiermann und hält in seiner dürren Hand den Hut hin. Und in den verstimmten Tönen höre ich den Gruß Ernsts von Schwaben und er kommt selbst hervor und breitet die Arme nach mir aus, und wie ich hinsehe, ist's mein armer Bruder." Das erste Werk, das er ins Kompositionsverzeichnis aufnimmt, „Das klagende Lied", handelt von einem Brudermord: In der Musik wird der tiefe Schmerz über diesen Tod, man möchte hinzufügen über jeden Tod, ausgedrückt. Und dieser Linie bleibt Mahler in seinem gesamten Werk treu. Es ist jetzt Mode geworden, Mahler-Musik für Ballette zusammenzustellen (ich will mich dazu nicht bewertend äußern), einem dieser Ballette hat man den Titel „Was der Tod mir erzählt" gegeben. Wenn auch Mahler einen solchen Titel nie selbst gewählt hat, so könnte er doch von ihm sein: denn sein ganzes Werk war eine „Berichterstattung" über unser Leben und jenen Tod, der in diesem Leben immer so unvermeidlich enthalten ist.

Am 21. Februar 1911 steht Gustav Mahler, der berühmte Dirigent, zum letzten Mal am Pult in New York. Im Programm findet sich auch die Berceuse élégiaque, ein „trauriges Wiegenlied" von Busoni, mit dem er sich persönlich befreundet hatte. Hier singt ein Mann seiner gestorbenen Mutter jenes Wiegenlied, das sie ihm als Kind vorgesungen hat. Anfang und Ende der menschlichen Existenz vereinigen sich. Ist es nicht seltsam, daß gerade dieses Stück im Programm des letzten Konzerts stand, das Mahler dirigierte? Eines Tages erzählt mir der herrlich junge, mit Recht überall Aufsehen erregende Giuseppe

Sinopoli, Arzt, Dirigent und Komponist (seine Oper, Lou Andrea Salome, wurde vor kurzem in München mit großem Erfolg uraufgeführt), dem eine ganz große Karriere vorauszusagen, man keine prophetischen Gaben besitzen muß – der Weg zu unserer Freundschaft führte nicht zuletzt über Gustav Mahler –, daß er die neunte Symphonie des Meisters, wenn immer möglich, zusammen mit der Berceuse élégiaque auf sein Programm setzt. Da horche ich auf – denn diese Berceuse beschäftigt mich aus eben angeführtem Grunde seit längerer Zeit – und höre auch schon die Erklärung: die neunte Symphonie entspricht dem Abschied vom Leben, und der letzte Satz ist einfach die Darstellung des Todes. Und gerade in diesem letzten Satz dominiert ein eigenartiges, wiegendes Motiv, das damit an ein Wiegenlied erinnert. Hier ist die direkte Verbindung zur Berceuse gegeben, in der es heißt: ,,Schwingt die Wiege des Kindes, schwankt die Waage seines Schicksals, schwindet der Weg des Lebens, schwindet hin in die ewige Ferne." Lebensanfang ist schon Sterbensbeginn, niemand hat es mehr erfahren als Mahler, und Sterben ist ihm daher, in der Umkehr an den Anfang des Lebens zurückzukehren. Ich erkenne einmal mehr, daß dementsprechend in allen Werken Mahlers Leben und Tod zusammengehören.

Vielleicht läßt sich aber doch die Vertonung der Rükkertschen Kindertotenlieder als diesbezüglicher Gipfel bezeichnen. In diesen Liedern wird die ganze traurige Kindheit, die Mahler erleben mußte, wieder lebendig, er identifiziert sich mit Vater und Mutter, die so vielen ihrer Kinder ins Grab nachschauen mußten. Aber er ist doch nicht selbst der Vater, dem dies Schmerzliche geschah. Es ist interessant, daß er diese Lieder in seiner glücklichsten Zeit schrieb, als ihm zwei Kinder geboren wurden; und er hat später selbst gesagt, daß er die Lieder, nachdem 1907

seine geliebte erstgeborene Tochter Maria an Diphterie
gestorben war, nie mehr hätte schreiben können. Schubert,
nachdem er die Winterreise komponiert hatte, warnte die
Freunde: das anzuhören würde einfach über ihre Kräfte
gehen. In ähnlicher Weise meinte Mahler: „Mir tut die
Welt leid, die diese Lieder wird einmal hören müssen, so
traurig ist ihr Inhalt." Bevor ich nun den Text der Rückert-
schen Kindertotenlieder folgen lasse, möchte ich doch ganz
vorsichtig andeuten, daß sich diese Vorhersage Mahlers
nicht bewahrheitet hat. Während Rückert über 100 solche
Totenlieder geschrieben hat und doch damit in der Verarbeitung seiner Schicksalsschläge keinen entscheidenden
Schritt weitergekommen ist, hat Mahler durch die Auswahl von sechs bestimmten Gesängen und ganz besonders
durch die Musik, die er dazu geschrieben hat (und an
keiner Stelle dieser Arbeit bedauere ich ihre Abwesenheit
mehr als hier), eine Möglichkeit der Tröstung eröffnet, an
der keiner vorübergehen kann, der sie hört, die niemanden
unberührt läßt.

Nun will die Sonn'

Nun will die Sonn' so hell aufgehn,
Als sei kein Unglück die Nacht geschehn.
Das Unglück geschah nur mir allein,
Die Sonne, sie scheinet allgemein.
Du mußt nicht die Nacht in dir verschränken,
Mußt sie ins ewige Licht versenken.
Ein Lämplein verlosch in meinem Zelt,
Heil sei dem Freudenlicht der Welt!

Nun seh ich wohl

Nun seh ich wohl, warum so dunkle Flammen,
Ihr sprühet mir in manchem Augenblicke,

O Augen!
Gleichsam um voll in einem Blicke,
Zu drängen eure ganze Macht zusammen,
Doch ahnt ich nicht, weil Nebel mich umschwammen,
Gewoben vom verblendenden Geschicke,
Daß sich der Strahl bereits zur Heimkehr schicke,
Dorthin, von wannen alle Strahlen stammen.
Ihr wolltet mir mit eurem Leuchten sagen:
Wir möchten nah dir bleiben gerne,
Doch ist uns das vom Schicksal abgeschlagen.
Sieh uns nur an, denn bald sind wir dir ferne!
Was dir nur Augen sind in diesen Tagen,
In künftigen Nächten sind es dir nur Sterne.

Wenn dein Mütterlein

Wenn dein Mütterlein
Tritt zur Tür herein
Und den Kopf ich drehe,
Ihr entgegensehe,
Fällt auf ihr Gesicht
Erst der Blick mir nicht,
Sondern auf die Stelle
Näher nach der Schwelle,
Dort würde dein
Lieb Gesichtchen sein,
Wenn du freudenhelle
Tratest mit herein
Wie sonst, mein Töchterlein.

Wenn dein Mütterlein
Tritt zur Tür herein
Mit der Kerze Schimmer,
Ist es mir, als immer
Kamst du mit herein,
Huschtest hinterdrein
Als wie sonst ins Zimmer

O du, des Vaters Zelle
Ach zu schnelle
Erloschner Freudenschein!

Oft denk ich

Oft denk ich, sie sind nur ausgegangen!
Bald werden sie wieder nach Hause gelangen!
Der Tag ist schön! O sei nicht bang!
Sie machen nur einen weiten Gang.
Ja wohl, sie sind nur ausgegangen
Und werden jetzt nach Hause gelangen.
O sei nicht bang, der Tag ist schön!
Sie machen nur den Gang zu jenen Höhn!
Sie sind uns nur vorausgegangen
Und werden nicht wieder nach Haus verlangen!
Wir holen sie ein auf jenen Höhn im Sonnenschein!
Der Tag ist schön auf jenen Höhn!

In diesem Wetter

In diesem Wetter, in diesem Braus,
Nie hätt ich gesendet die Kinder hinaus;
Man hat sie hinaus getragen,
ich durfte nichts dazu sagen.
In diesem Wetter, in diesem Saus,
Nie hätt ich gelassen die Kinder hinaus,
Ich fürchtete, sie erkranken,
Das sind nun eitle Gedanken.
In diesem Wetter, in diesem Graus,
Nie hätt ich gelassen, die Kinder hinaus,
Ich sorgte, sie stürben morgen,
Das ist nun nicht zu besorgen.
In diesem Wetter, in diesem Saus,
In diesem Braus,
Sie ruhn als wie in der Mutter Haus,
Von keinem Sturme erschrecket,
Von Gottes Hand bedecket.
Sie ruhn, sie ruhn als wie in der Mutter Haus.

„Sie ruhn als wie in der Mutter Haus. Von keinem Sturme erschrecket. Von Gottes Hand bedecket. Sie ruhn, sie ruhn als wie in der Mutter Haus." – Hier, könnte man sagen, gibt die Musik dem Text eine neue Dimension, die vielleicht am besten mit jener Bitte, wenn überhaupt, zu beschreiben ist, die Mahler vor den letzten Satz seiner III. Symphonie gesetzt hat: „Vater, sieh die Wunden mein, kein Wesen laß verloren sein." Und sie vermittelt darüber hinaus die absolute Gewißheit, daß diese Bitte auch erhört wird.

Die wichtigste Lehre, die für uns alle aus dem Leben und Sterben Mahlers zu ziehen ist, lautet: die stete, schreckliche Anwesenheit des Todes hat für Mahler eine große Gnade bedeutet. Er verdankt mit dieser Tatsache, daß er sich des Todes stets bewußt war, daß er diese Problematik in allen ihren Stufen verarbeitet hat, vom Todesahnen („Dunkel ist das Leben, dunkel ist der Tod" heißt es im „Lied von der Erde") über die Todesangst bis zur Todesgewißheit. Was aber tun wir? Wir wagen es nicht, dem Tod ins Auge zu schauen, wir verdrängen ihn, so gut wir können, wir wollen nicht wahrhaben, daß wir alle der Natur einen Tod schulden, um es mit Freud auszudrücken. Und gerade deshalb vermag uns selbst der Tod anderer Menschen scheinbar nicht aus der Ruhe zu bringen, als könnte die eigene Person eine Ausnahme machen von dem allgemeinen Gesetz. Wenn auch heute vom Tod schon mehr gesprochen wird als früher, so hebt auch dieses bloße „Gerede" die Verdrängung nicht auf, denn der Tod wird dabei verharmlost, wie es z. B. in den Wiener Liedern seit langem geschieht. („Kinder verkaufts mei Gwand, i fahr in Himmel!") Aber wir bezahlen die Verdrängung des Todes, wie jede andere auch, mit schlimmen, stellvertretenden Symptomen:

An erster Stelle ist hier die irrationale Angst zu nennen, die mit Realangst, wie sie in lebensbedrohlichen Situationen selbstverständlich und als Schutzmechanismus unbedingt notwendig ist, nichts zu tun hat. Jedes verdrängte Gefühl zeigt, wie wir von Freud wissen, die Tendenz, wieder ins Bewußtsein einzudringen und bedroht damit die Intaktheit der Person (sonst hätte ja seine Wegschiebung nicht stattfinden müssen), worauf diese mit massiver unerklärlicher Angst reagiert. Typisch ist dabei auch, daß der Leidende keinen Zusammenhang zwischen seiner Angst und ihrem verursachenden Faktor herstellen kann, weil ihm ja letzterer durch die Verdrängung unbekannt wurde. So geschieht es auch bei der Verdrängung des Todes, der verdrängte „Gast" dringt als Angst verkleidet wieder in unser Bewußtsein ein, oft läßt sich dabei auch erheben, daß dem Ausbruch der Symptome der Tod eines nahestehenden Menschen vorausgegangen ist (durch den wir also doch mehr, als wir zugeben wollen, an die eigene Sterblichkeit gemahnt werden).

Ein anderer Symptomekomplex, der auf die verdrängte Todesproblematik zurückgeht, besteht in ausgeprägten hypochondrischen Beschwerden und Ideen, in denen auch Symptome von verstorbenen Angehörigen, Freunden usw. nachgeahmt werden (Identifizierung – besonders wenn dem Toten gegenüber zwiespältige Gefühle bestanden haben). Wenn man diese Patienten befragt, ob sie sich mit dem eigenen Tod bewußt beschäftigt haben, hört man gewöhnlich ein entschiedenes Nein. Kauders hat darauf hingewiesen, daß solche neurotischen Hypochondrien im Falle einer ernsten, lebensbedrohenden Erkrankung als Warnsignal versagen, eine Beobachtung, die wiederholt Bestätigung findet. Der Mechanismus ist also lediglich – wie jedes neurotische Symptom – geeignet, Erbitterung, Angst und

Selbstbestrafung auszudrücken, während er als ,,Warnposten", sozusagen im Vorfeld zum Schutz der Persönlichkeit aufgestellt (als den man ihn ja immerhin ahnungslos auch interpretieren könnte), völlig versagt.

Ein drittes Phänomen, welches im Zusammenhang mit der verdrängten Todesangst immer wieder in Erscheinung tritt, ist die mißglückte Altersadaption. Das Leben eines psychisch gesunden Menschen muß nach vorne gerichtet, in seinen Ideen und Plänen zukunftsbezogen sein. Je älter wir werden, desto mehr müssen wir daher der Begrenztheit unserer Existenz ins Auge sehen. Für viele ist dies ein so unerträglicher Gedanke, daß sie ausweichen, ,,wegschauen", nur mehr zurückblicken, einseitig von vergangenen Zeiten träumen, aufhören, die biologische Lebenskurve psychologisch mitzumachen und somit zu ,,Erinnerungssalzsäulen" erstarren, wie es C. G. Jung ausgedrückt hat. Sie verlieren damit nicht nur das vorausschauende Planen (um es mit Fontane auszudrücken ,,Ja, das möcht' ich noch erleben"), sondern auch die Gegenwartsbezogenheit, die ja nur durch das Gefühl der Verbundenheit mit anderen hinsichtlich gemeinsamer Ziele zustande kommt. Wenn wir bedenken, daß daraus neben der bereits erwähnten Hypochondrie auch Isolierung, Verbitterung, Depression und Selbstmordtendenz resultieren können, lauter Phänomene, die innerhalb der stets steigenden Zahl alter Menschen immer mehr anzutreffen sind, werden wir verstehen, daß hier für die Verdrängung der Todesproblematik wahrlich ein zu hoher Preis bezahlt wird.

Schließlich ist, viertens, auf den Zusammenhang bestimmter Schlafstörungen (verzögertes Einschlafen, Etappenschlaf, gehäufte Träume mit Todesangst, frühzeitiges Erwachen) mit verdrängter Todesproblematik hingewiesen worden (z. B. von Meyer, 1973, in seinem Buch:

,,Tod und Neurose"). Nicht zufällig gilt der Schlaf als ,,Bruder des Todes", als ein ,,kleiner Tod": da wie dort verlieren wir das Bewußtsein und geben uns etwas Dunklem, Unbekanntem in die Hände, wie es im Lied heißt: ,,Morgen früh, wenn Gott will, wirst du wieder geweckt!" Schlafen können hat daher in gewissem Sinne auch Vertrauen zur Umgebung und Gefaßtsein auf den Tod (= bewußte Auseinandersetzung mit ihm) zur Voraussetzung.

Sehr schön kommt dies im folgenden Gedicht zum Ausdruck:

Ernst Lissauer.

Schlaf

Vorraum des Sterbens. Seltsame Garderobe,
Wo wir abtun das tägliche Gewand,
Zum letzten Spiel die stets erneute Probe.
Die Szene: jenes finstere fremde Land,
Da wir für immer hausen, bald,
Wir wandeln uns in düstre Ungestalt.
Am Morgen aber schließt das Stück.
Doch einmal, die wir eben noch besessen,
Die Zauberformel haben wir vergessen
Und finden nicht zurück.

Auch Mahler hat – wir erwähnten es schon – Angst vor dem Tode gehabt; sie hat ihn veranlaßt, seine 9. Symphonie ,,Lied von der Erde" zu nennen, weil viele große Komponisten nach der 9. Symphonie gestorben sind (aber auch er konnte eigenartigerweise dann diesem Schicksal nicht entgehen, die 9. war seine letzte vollendete Symphonie). Aber es handelte sich bei ihm um eine bewußte Angst, die ihn, im Gegensatz zur früher beschriebenén verdrängten Todesangst, keinen Moment gehindert hat, zukunftsbezogen zu sein und zu bleiben. Vorwärts, weiter, das waren entscheidende Worte für seine Persönlichkeitsentwicklung, die nie zum Stillstand kam. ,,Nichts ist, alles um mich herum *wird*", schreibt er, und dieser Grundsatz beherrscht auch seine Werke: Mit Recht betont Wolfgang Schreiber, daß alle Symphonien Mahlers auf das Finale hin konzipiert und architektonisch nach vorne hin entworfen sind. Man könnte dies auch anders ausdrücken: Schluß und Höhepunkt fallen immer zusammen.

Diese Feststellung führt unweigerlich zu einer wichtigen Erkenntnis: Mahler hat frühzeitig schon in sich Todessehnsucht entwickelt. Da heißt es in den Briefen: ,,Wie fremd und einsam komme ich mir manchmal vor. Mein ganzes Leben ist ein großes Heimweh." Oder ein andermal: ,,Meine vielgeliebte Erde, wann, ach wann nimmst Du den Verlassenen in deinen Schoß; sieh, die Menschen haben ihn fortgewiesen von sich und er flieht hinweg von ihrem kalten Busen, dem herzlosen, zu Dir. O nimm den Einsamen auf, den Ruhelosen, allewige Mutter!" Und dann wieder: ,,Die höchste Glut der freudigsten Lebenskraft und die verzehrendste Todessehnsucht, beide thronen abwechselnd in meinem Herzen. Eines weiß ich, so kann es nicht weitergehen." Als er in die Vierziger kommt, spricht er schon vom ,,Herbst seines Lebens". Immer wieder das gleiche: inmitten größter innerer Unruhe die Sehnsucht nach ewiger Ruhe. An dieser Stelle ist es nun unbedingt notwendig, daran zu erinnern, daß Sigmund Freud gerade in diesem Lande und gerade in dieser Wienerstadt den bis zum heutigen Tage vieldiskutierten Todestrieb beschrieben hat. Ich bin nicht nur überzeugt, daß er existiert, sondern ich meine auch, daß wir zwischen einem ,,gesunden", natürlichen und einem ungesunden, „pathologischen" unterscheiden müssen. Dieses auf den ersten Blick schockierende Postulat wird uns dennoch bald verständlich, wenn wir nur bereit sind, in uns hineinzuhorchen. Prüfen wir uns doch: Wollen wir hier auf Erden ewig leben? Das wäre ja die schlimmste Strafe für uns. Wüßten wir nicht um die Begrenztheit unserer Existenz, wir würden alles nur Erdenkliche tun, um den Tod zu erfinden. Sicher, wir wollen nicht heute, nicht morgen sterben..., aber irgendeinmal unbedingt, gemäß dem Satz des Heiligen Augustinus: „Unruhig ist unser Herz, bis es ruht in Dir, o Gott." Aus diesem gesunden allgemeinen Todestrieb kann nun durch bestimmte Umstände (auf die wir noch zurückkommen werden) ein pathologischer werden, der dann bewußt oder unbewußt alles Mögliche und oft auch Unmögliche unternimmt, um den eigenen Tod möglichst bald und beschleunigt herbeizuführen.

An diesem Punkt müssen wir wieder zu Gustav Mahler zurückkehren. Die Todessehnsucht, die wir bei ihm bisher erfahren haben, die schon frühzeitig festzustellen ist, läßt sich noch mühelos als „gesunde" qualifizieren, sie hat ihn keinen Moment gehindert, ein sinnvolles, unverkürztes Leben zu leben und anzustreben. Im Jahre 1907, einem Katastrophenjahr für Gustav Mahler, wandelt sich dieser normale „Todestrieb" bei ihm in den vorher beschriebenen pathologischen. In jenem Jahr trafen ihn drei schreckliche Schicksalsschläge: zuerst einmal verlor er, wie schon erwähnt, sein vielgeliebtes erstgeborenes Kind, zweitens verlor er die Direktion der Wiener Staatsoper – er resignierte „freiwillig", bevor er durch zahlreiche Intrigen, die ja seit langem, fast schon rituell, dem Träger dieses Postens gelten, dazu gezwungen worden wäre; schließlich wurde im gleichen Jahr entdeckt, daß er an einem in der damaligen Zeit unheilbaren Herzleiden erkrankt war. Die Eheleute lagen nebeneinander, als die Frau aus dem Brustraum ihres Mannes ein entsetzliches Geräusch kommen hörte, so daß sie zutiefst erschrak. Der Arzt untersuchte und stellte einen durch eine bakterielle Aussaat nach wiederholten Anginen zustandegekommenen, allerschwersten Herzklappenfehler fest. Die Mitteilung der Diagnose – dies kann man den Studenten nur als Musterbeispiel dafür erzählen, wie man es nicht tun darf – erfolgte mit den geflügelten Worten: „Sie haben keinen Grund stolz zu sein auf ein Herz wie dieses." Durch die Kumulierung dieser Schicksalsschläge gerät Mahler in eine Panik (nicht in eine Depression), statt sich zu schonen, womit er freilich sein Ende nur verzögern, nicht verhindern hätte können, stürzt er sich in einen Lebensstil, der ihn in kürzester Zeit zugrunde richtet. Alle Mahnungen beiseiteschiebend (er erinnert mich dabei an Klabund, der ebenfalls, als man ihm riet, sich wegen seiner Tuberkulose zu schonen, sonst werde sie tödlich sein, antwortete: „Ich lehne ein gebremstes Leben ab, ein gebremstes Leben ist ein Stück Tod schon vor dem Ende") ging er restlos in der Arbeit auf („Ich kann nichts als arbeiten, alles andere habe ich im Verlauf der Jahre verlernt") und nahm zum Beispiel für das Jahr 1911 nicht weniger als 61 Konzerte (!) an, freilich sollte das 48., von dem wir schon gesprochen haben, sein unwiderruflich letztes sein.

Auch an diesem Punkte können wir von Mahler lernen, wie wir es nicht machen sollen. An seinem Beispiel läßt sich so deutlich wie selten erkennen, welche Faktoren den normalen „Todestrieb" in den krankhaften verwandeln. Es lassen sich vier Gründe herausarbeiten:

1. Er mußte die Spannung, die aus den Katastrophen des Jahres 1907 resultierte, in Arbeit „abreagieren". Es han-

delte sich also um eine „Flucht in die Arbeit", die bei vielen Menschen festzustellen ist, deren Arbeitswut nichts anderes ist, als der Versuch, den eigenen Problemen auszuweichen (daher dann auch ihre „Wochenenddepressionen").

2. Mahler hatte ein Gewissen, das ihm einfach nicht erlaubte krank zu sein. „Krankheit ist Talentlosigkeit", pflegte er zu sagen. Und der Lebensstil der Amerikaner, wo nur „Wollen und Können zählt", bestärkte ihn in seiner Tendenz, das Äußerste zu leisten. Auch dieser Punkt ist für unsere Gegenwart sehr wichtig. Es war Stransky, der zu Recht den Begriff des „Gesundheitsgewissens" geprägt hat. Es hängt wesentlich von unserer Erziehung ab, wann wir uns gestatten, von einem eigenen „Krank-Sein" zu sprechen; manche erlauben sich das bei jeder Bagatelle, was sicherlich im Sinne des Leistungsprinzipes schlimm ist – ebenso schlimm, vielleicht noch schlimmer scheint aber zu sein, wenn ein Mensch Krank-Sein überhaupt nicht zuläßt. Eine solche Struktur muß zum Ignorieren ernster Warnsymptome führen, der Zeitpunkt, wo noch Hilfe geleistet werden könnte, geht dadurch oft tragischerweise unwiderruflich verloren. Hier liegt auch, wie leicht zu erkennen, ein gesellschaftliches Problem vor: Auf der einen Seite gilt es, Gesundheit hochzuschätzen und klarzustellen, daß jeder fürs Gesundbleiben Verantwortung trägt, auf der anderen Seite müssen wir endlich aufhören, die kranken Menschen zu degradieren und sie damit in die Verheimlichung ihrer Krankheitssymptome geradezu hineinzutreiben. Die Vergötzung des Leistungsprinzips vermag aus einer Tugend wahrlich eine große Gefahr für den Menschen zu machen.

3. Eine große Rolle beim pathologischen Lebensstil Mahlers in den letzten Jahren spielte auch seine Frau, die

wiederholt äußerte: „Was ich am Manne so liebe, ist die Leistung. Je mehr einer leistet, desto mehr muß ich ihn lieben." Gustav aber wollte Alma unter keinen Umständen verlieren, und dies war sicherlich ein zusätzliches Motiv für seine Selbstzerstörung. An dieser Stelle kann man nicht genug jene Eltern warnen, die in ihrer Erziehung von klein auf, ich möchte sagen in „unbarmherziger Weise", Liebe nur an außergewöhnliche Leistungen koppeln. Daraus resultiert bei den Kindern ein Lebensstil des „Sich-Aufopferns", des „Leistens um jeden Preis", nur um die Liebe der Eltern und später anderer Menschen zu erringen bzw. nicht zu verlieren. Mein Lehrer Hans Hoff hat auf die Tragik hingewiesen, die sich als Folge davon einstellt: Diese Menschen laufen hinter der Liebe mit ihren letzten Kräften her, gleich den Windhunden, die bei den Rennen einen elektrisch getriebenen Hasen zu erjagen versuchen, sie brechen oft genug tot zusammen, bevor sie ihr vermeintliches Ziel erreichen konnten, kommen also nicht in den Besitz des erträumten Glückes. Es gibt diesbezüglich einen erschütternden Brief von Gustav Mahler, worin er aus New York schreibt: Irgendwo in der Nähe von Wien möchte ich zu Hause sein und nicht mehr bloß vegetieren und mich zu Tode arbeiten, sondern dann möchte ich leben, „wo die Sonne scheint und schöne Trauben wachsen". Auch für ihn ging dieser Wunsch – wie für viele andere Manager oder Menschen mit einem Managerstil – nicht in Erfüllung.

4. Schließlich kann bei jeder Selbstzerstörung ein bewußtes oder mehr noch ein latentes (unbewußtes) Schuldgefühl eine wichtige Rolle spielen. Wir wissen heute, daß ein unbewußtes Schuldgefühl zu den entscheidenden Symptomen jeder Neurose gehört, und wir haben schon auf die neurotisierenden Bedingungen der Kindheit

Gustav Mahlers hingewiesen. Damals sind sicher signifikante Aggressionen gegen Vater und Mutter entstanden, die auf Grund der kindlichen Situation automatisch mit Schuldgefühlen verbunden sein müssen. Schon der kleine Gustav antwortet auf die Frage, was er werden wollte: „Märtyrer" – ein eindeutiger Hinweis auf schon damals gegebene Selbstbestrafungstendenzen. Später hat die Rolle des verantwortlichen „Ältesten" der Familie, die er sehr ernst nahm, sicherlich Anlaß gegeben, bestehende Schuldgefühle noch zu intensivieren (Selbstmord Ottos!). Nach einer gefährlichen Blutung infolge seines Hämorrhoidalleidens 1901 verfaßte Mahler einen imaginären Nachruf folgenden Inhaltes: „Gustav Mahler hat schließlich das Schicksal erlitten, das er wegen seiner zahlreichen Vergehen verdient hat." Wenn es sich hier auch eher um eine spielerische Formulierung handelt, so läßt sie doch über bestehende Schuldgefühle keinen Zweifel.

Den Höhepunkt erreicht die 1907 einsetzende Selbstzerstörungsorgie Mahlers im Jahre 1910. Alma, die, wie wir gesehen haben, zumindest zeitweise mit ihrem Mann todunglücklich war („Ich bin mit einer Abstraktion verheiratet"), hat, soweit wir es wissen, in diesem Jahr ihre erste außereheliche Affäre mit dem Architekten Walter Gropius. Dieser schreibt einen Liebesbrief an Alma, mit intimsten Details, adressiert ihn aber irrtümlich – im Sinne eines Geständniszwanges, einer Selbstbeschuldigung – an Gustav, also an den Mann, dem dieser Brief unter gar keinen Umständen in die Hände geraten durfte. (Eine klassische „Fehlleistung" im Freudschen Sinne, die das unbewußte Schuldgefühl und den Bestrafungswunsch verrät. – Wie viele Beispiele müssen noch gesammelt werden, um die „Skeptiker" von der zeitlosen Richtigkeit vieler grundlegender Freudscher Entdeckungen zu überzeugen?)

Mahler liest und bricht zusammen. Alma, die er 41jährig als 18jährige 1901 kennengelernt hat, ist für ihn die Jugend, sie ist zugleich seine Zukunft. Alma verlieren bedeutet für ihn dementsprechend, keine Zukunft zu haben. Alma hat einmal später geschrieben: „Mahler und ich waren eifersüchtig aufeinander; ich war eifersüchtig auf seine Vergangenheit, die ich in meiner Ahnungslosigkeit damals für verwerflich hielt, er war eifersüchtig auf meine Zukunft." Und in einer aufrichtigen Selbsterkenntnis fügt sie hinzu: „Das kann ich heute gut begreifen."

Als Folge dieser Katastrophe kommt es bei Mahler zuerst zu einer besonderen Zuwendung zu Alma, er versucht, jetzt überkompensatorisch die Vernachlässigung gutzumachen, die er ihr infolge seiner ständigen Beschäftigung mit Komponieren und Dirigieren zuteil hat werden lassen. Diese Verhaltensweisen vermögen aber die entstandene innerste Verunsicherung nicht zu bremsen, die schließlich bis an den Abgrund der Zerstörung des Ichs führt. Um diese Zeit arbeitete Mahler an seiner 10. Symphonie (die unvollendet bleiben sollte): Wenn man die Satzfetzen liest, die Mahler auf die Notenblätter schrieb, wie etwa: „Erbarmen! O Gott warum hast Du mich verlassen? Der Teufel tanzt es mit mir! Wahnsinn faßt mich an, Verfluchten! Vernichte mich, daß ich vergesse, daß ich bin. Für Dich leben! Für Dich sterben! Almschi! Du allein weißt, was es bedeutet. Ach! Ach! Ach! Leb wol mein Saitenspiel! Leb wol! Leb wol! Leb wol!", kann man sich des Eindrucks nicht erwehren, daß hier ein Mensch die Kontrolle über sich verliert, der „Zerfall" des Ichs bevorsteht, der nur allzuleicht in eine Psychose münden kann – einzelne Wendungen klingen schon ausgesprochen psychotisch. (Dies gibt mir Gelegenheit, neuerlich daran zu erinnern: Gar nicht so wenige „Geisteskrankheiten" kommen meiner Meinung nach nicht zuletzt dadurch zustande, daß ein Mensch durch tragische Lebensumstände dazu gezwungen wird, die Realität, die er nicht mehr ertragen kann, zu verlassen und in die Irrealität der Wahnwelt zu flüchten.) Mahler konnte diesbezüglich den letzten Schritt vermeiden, er fand zur Wirklichkeit zurück, die sich infolge seines Lebensstils rapid verschlechternde Krankheit half ihm dabei: Denn Krankheit und Not provozieren immer Regression, also wieder eine Flucht, aber nicht die Flucht in die Irrealität, sondern die Flucht zurück in die Kindheit, die nun tatsächlich immer mehr Mahlers Verhalten zu beherrschen begann. Wenn wir aber wissen, wie traurig diese Kindheit gewesen ist, dann können wir auch schon ahnen, zu welchen schlimmen Folgen auch die Regression in diesem Falle führen mußte. Da war ja die leidgeprüfte, chronisch depressive Mutter, die trotz aller ihrer Bemühungen dem Kind nie die so notwendige Sicherheit geben konnte, die Sicherheit, die der dem Tod entgegengehende Mahler nun doppelt nötig hätte. Ich verdanke der großartigen Arbeit „Gustav Mahler, dying" von Stuwart Feder, die ich schon zitiert habe, neben vielen anderen Hinweisen auch das Wissen, daß Mahler in den Fragmenten seiner 10. Symphonie auch auf ein Lied zurückkommt, das er früher komponiert hatte. Es trägt den Titel:

„Das irdische Leben"

Aus „Des Knaben Wunderhorn"

Mutter, ach Mutter, es hungert mich!
Gib mir Brot, sonst sterbe ich.
Warte nur, mein liebes Kind!
Morgen wollen wir ernten geschwind!

Und als das Korn geerntet war,
Rief das Kind noch immerdar.

Mutter, ach Mutter, es hungert mich!
Gib mir Brot, sonst sterbe ich!
Warte nur, mein liebes Kind!
Morgen wollen wir dreschen geschwind!

Und als das Korn gedroschen war,
Rief das Kind noch immerdar:
Mutter, ach Mutter, es hungert mich!
Gib mir Brot, sonst sterbe ich!
Warte nur, mein liebes Kind!
Morgen wollen wir es backen geschwind!

Und als das Brot gebacken war.
Lag das Kind auf der Totenbahr!

Man kann wohl mit Sicherheit sagen, daß die Zitierung dieses Liedes in der 10. nicht zufällig erfolgt. Sie symbolisiert das „Im-Stich-gelassen-Werden" von der Mutter in der Kindheit und bedeutet zugleich: So wenig wie die Mutter den Tod meiner Geschwister in der Kindheit verhindern konnte, so wenig wird jetzt ihre Substitution (die Schwiegermutter, die ihn rührend pflegte) meinen Tod verhindern können; es gibt also keine Hilfe.

In dieser Situation geschieht mit Mahler etwas Entscheidendes: Er überwindet die Regression; noch einmal, wie schon früher so oft, wendet er sich nach vorne, dem Tod entgegen, glaubend, nein wissend, daß der Tod nicht das Ende des Menschen ist (hier scheint mir eine entscheidende Parallele zu seinem musikalischen Werk gegeben, in dem zwar viel regressives Material aus der Kindheit zum Ausdruck kommt, welches aber am Ende immer überwunden wird von dem Durchbruch nach vorne). Schritt für Schritt war diese Erkenntnis in ihm gewachsen. Seine pessimistischeste Symphonie, die 6., die mit dem Untergang des Helden endet, hatte er mit drei ungeheuren Hammerschlägen beendet. Vier Jahre später strich er den dritten

Hammerschlag, und der von mir schon zitierte Erwin Ratz kommentiert dies wie folgt: „Das, was Mahler 1903 als vollkommenes Auslöschen empfunden oder zumindestens in den Vordergrund gestellt hat (nennen wir es den Tod oder den Zusammenbruch des Helden), zeigt sich nun in einem anderen Licht. Der Mensch hat seine Aufgabe erfüllt. Mag es auch in seinem äußeren Anschein ein Scheitern gewesen sein, so hat doch die Individualität eine höhere Entwicklungsstufe erreicht, die ihr nicht verloren geht. So ist der Tod nicht mehr Ende, sondern Aufstieg zu neuen Sphären. So mußte also der dritte Hammerschlag gestrichen werden, denn er hätte das Gefühl eines absoluten Endes zu sehr verstärkt, das in Wahrheit kein Ende ist."

Immer mehr war in Gustav Mahler das Gefühl gewachsen, daß die Todesstunde zugleich auch eine Geburtsstunde ist. In einem Brief, den ich besitze, bezweifelt Mahler, daß der Geburtstag etwas Wichtiges sei. Geburtstag sei nur dann, wenn etwas Neues geboren werde, meint er. So eine echte Geburtsstunde schien ihm immer mehr auch der Tod zu werden. Wenn Hesse in seinem Gedicht „Stufen" hofft: „Es wird vielleicht auch noch die Todesstunde uns neuen Räumen jung entgegensenden", so hat er in seiner Auferstehungssymphonie ohne jedes Fragezeichen, in Gewißheit, die Worte vertont: „Sterben werd' ich, um zu leben." (Ich habe von einem mir befreundeten Wiener Philharmoniker gehört, daß einmal Bernstein bei der Probe dieser Stelle mit ihnen in Erregung geriet und ausrief: Das muß klingen, wie noch nie etwas geklungen hat, denn das ist die aufregendste Botschaft, die es gibt, etwas, das wir gar nicht ermessen können: mit dem Sterben fängt unser Leben erst an!) Das, was Mahler diese unerschütterliche Gewißheit gab, war zweifellos sein religiöser Glaube, der hier schon mehrmals erwähnt worden ist. Es gibt viele Beweise dafür, von denen ich nur einige herausgreifen möchte. Er hat wiederholt geäußert: „Religion ist mir heilig." An Kalbeck schreibt er: „Ich kann es nicht begreifen, daß Sie, eine Musikpoetenseele, nicht glauben, was gleichbedeutend ist mit wissen." Alma berichtet: „Eins unserer ersten Gespräche galt Jesus Christus. Ich war, obwohl katholisch erzogen, später durch den Einfluß Schopenhauers und Nietzsches sehr freigeistig geworden. Mahler bekämpfte mit Inbrunst diese Gesinnung, und es kam das merkwürdige Paradoxon zustande, daß ein Jude sich einer Christin gegenüber heftig für Christus ereiferte." Aber viel schwerer als alle diese Worte wiegt die Musik, die er zu dem Gedicht „Urlicht" aus „Des Knaben Wunderhorn" geschaffen hat.

Urlicht

O Röschen rot,
Der Mensch liegt in größter Not.
Der Mensch liegt in größter Pein,
Je lieber möcht im Himmel sein.
Da kam ich auf einen breiten Weg,
Da kam ein Engelein und wollt mich abweisen,
Ach nein, ich ließ mich nicht abweisen,
Ich bin von Gott, ich will wieder zu Gott,
Der liebe Gott wird mir ein Lichtlein geben,
Wird leuchten mir bis an das ewig selig Leben.

Wer solche Töne zu solchen Worten fand, der bedarf keiner weiteren Beweise als Bestätigung seiner Gottessehnsucht und seiner Gottesnähe. Und genau das ist ja Religion, wenn sie echt und lebendig genannt werden darf; ein ständiger Dialog mit Gott, eine innigste Ich-Du-Beziehung.

Was können wir aus all dem lernen? Daß es eine große Gnade ist, wenn uns ein solcher Glaube zuteil wird und wohl auch, daß wir ein Leben lang darum ringen, daran arbeiten müssen. Joachim Meyer, der bereits zitierte Ordinarius für Psychiatrie in Göttingen, sieht dies als ein Hauptproblem unserer Tage. Er schreibt: „Das Dilemma, dem sich der Mensch der Gegenwart in der Auseinandersetzung mit seiner Vergänglichkeit ausgesetzt fühlt, läßt sich in den folgenden drei Sätzen zusammenfassen: Der Tod ist das ganze, Leib und Seele umfassende Ende. Das Sterben ist nichts Besonderes, das es zu fürchten gilt. Alle Menschen sind sterblich. In der Vergangenheit hätte man dazu etwa die folgenden Aussagen machen können: Der Tod ist eine andere Form der Existenz. Das Sterben ist die schreckliche Durchgangsphase zum Tode. Alle Menschen sind sterblich." Vielleicht kann uns Mahler helfen, eines der brennendsten und wichtigsten Probleme unserer Tage zu lösen.

Ich aber möchte unbedingt den Eindruck vermeiden, daß man „gläubig" werden muß, um die Schrecken des Todes zu überwinden (denn wer nur aus Angst vor dem Tode „religiös" wird, der ist schlecht beraten). Umso wichtiger scheint es mir zu sein, daß sich Mahler, ganz besonders in seiner letzten Zeit, mit seinem Weiterleben nicht nur im Jenseits, sondern auch auf unserer Welt immer mehr zu beschäftigen begonnen hat.

Arthur Schnitzler, auch ein großer Zeitgenosse Mahlers, schreibt: „Die Erinnerung unserer Zellen (reflektorische Bewegungen gleich nach der Geburt etc.) weisen darauf hin, daß eine Beziehung zwischen Gegenwart und Vergangenheit existiert, in der wir noch nicht da waren (als Individuen). Es ist also a priori wahrscheinlich, daß eine Beziehung existiert des Individuums auch zu einer Zukunft, in der wir nicht sein werden. Da uns die Vergangenheit als ganzes annähernd bekannt, die Zukunft als ganzes unbekannt ist, so ist uns nur die erste Beziehung verständlich, die zweite nicht, dies ist aber kein Grund, das Bestehen einer solchen Beziehung abzuleugnen." In Verfolg dieser Beziehung zur irdischen posthumen Zukunft beginnt Mahler zu sagen: ,,Meine Zeit wird erst kommen", ,,Ich habe die Zeit für mich, lebend oder tot, das ist gleichgültig, ich kann warten" und ,,Meine Musik ist die Antizipation der Zukunft", Schritt für Schritt erkennt er sich als jenen ,,Zeitgenossen der Zukunft", als den ihn Blaukopf später bezeichnet hat. So fängt er an nachzuvollziehen, was er in der Auferstehungssymphonie vertont hatte: daß unser ist, was wir erlitten, was wir erlebt, daß uns dies niemand nehmen kann, mit anderen Worten, daß wir nicht umsonst gelebt haben. Hier mag der Einwand naheliegen: Gilt dies nicht nur für die ,,Großen", die Werke hinterlassen, welche sie berechtigen auszurufen: ,,Es kann die Spur von meinen Erdentagen nicht in Äonen untergehen!"? Ich möchte glauben, daß wir alle, zwar in anderen Maßstäben, aber doch, durch gute Taten, durch Mitmenschlichkeit, eine goldene Spur zurücklassen können, wir alle die Möglichkeit haben, daß unser die Nachwelt nicht nur mit jener Nachsicht, von der Brecht gesprochen hat, sondern auch mit Dankbarkeit noch lange Zeit gedenkt. Und dies scheint mir ein Trost zu sein, der jedem, der guten Willens ist (er mag religiös oder Agnostiker sein), zuteil werden kann.

Wie sterben heute die Menschen? Viel zu oft ,,schlecht und schwer" möchte man, ein Rilke-Wort variierend, antworten. Früher starb man zu Hause, umgeben von der Familie, heute wird man abgeschoben, und es sterben bereits 70% aller Menschen im Spital. Aber die Ärzte, die im Unterricht nicht mit der Tatsache konfrontiert wurden, daß sie eben nicht allmächtig sind, daß sie den Tod nur hinausschieben, jedoch nicht abschaffen können, erleben jeden Sterbenden dementsprechend als Vorwurf, als persönliches Versagen. Darum hängen sie ihn oft, obwohl keine Hoffnung mehr besteht, an Apparate, die Leben vortäuschen, wo praktisch keines mehr ist, darum weichen sie dem „hoffnungslosen Fall" aus, die Visite macht oft einen Bogen um ihn und schließlich wird er weiter abgeschoben in die tiefste Einsamkeit – ins Sterbezimmer. Man muß es bei jeder Gelegenheit herausschreien: Ich möchte nicht so sterben!

An die Stelle all dieser falschen Verhaltensweisen müßten richtige treten, die wir freilich erst allmählich entwickeln und dann auch mehr und mehr in den medizinischen Unterricht übernehmen können: Da und dort gibt es bereits sehr ermutigende Beispiele dafür. Drei diesbezügliche Maximen zeichnen sich bereits jetzt ab:

1. Der Sterbende muß in die Gemeinschaft des Spitales, vergleichbar der früheren Großfamilie, eingebaut werden. Zu dieser „Familie" zählen Ärzte, Pflegepersonal, Seelsorger (ihn erst zur „letzten Ölung" zu rufen, ist eine doppelte Niedertracht, nämlich eine gegenüber dem Patienten und eine andere gegenüber dem Seelsorger, denn er wird damit zum „Todesengel" degradiert!). Man dürfte nicht vergessen, daß ein Großteil der Todesangst Trennungsangst ist (nicht zufällig sagen die Franzosen, daß „jeder Abschied ein wenig Sterben bedeutet"). Daraus folgt: Der Sterbende darf nicht verstoßen werden, er soll allen Mitgliedern der Gemeinschaft anvertraut sein, jeder muß sich für ihn (natürlich im Rahmen seiner Kompetenzen) verantwortlich fühlen.

2. Dem Sterbenden muß bis zuletzt – natürlich nach Maßgabe seines Befindens – die Möglichkeit des sprachli-

chen Kontaktes erhalten bleiben. Ob man nun mit Noyes drei Phasen des Sterbens annimmt, nämlich Widerstand, Lebensrückblick und „Hinübergleiten" (Transzendenz) oder mit Kübler-Ross (1969) gleich fünf Stadien differenziert (Nichtwahrhabenwollen, Zorn, Verhandeln, Depression, Zustimmung), auf alle Fälle bleibt das Wort das entscheidende Kommunikationsmittel, Entängstigung ermöglichend und Zuwendung repräsentierend. In der Literatur zeigen es der Vagabund Peer Gynt und der Zuchthäusler Vogt („Hauptmann von Köpenick") sehr eindrucksvoll, wie man Menschen über die Not des Sterbens hinweghelfen kann. Die Bedeutung dieses Punktes wird durch eine Studie von Witzel unterstrichen, der bei 110 Patienten aller Altersstufen beobachtet hat, daß 70% von ihnen 24 Stunden vor dem Tod noch voll orientiert und ein beträchtlicher Teil von diesen sogar noch bis 15 Minuten vor dem Tod voll ansprechbar blieb. Im Gespräch gaben über die Hälfte dieser Patienten an, den herannahenden Tod zu spüren.

3. Dem Sterbenden kann der Todeskampf auch medikamentös erleichtert werden. Schmerzstillende Mittel und Psychopharmaka sind nicht erfunden worden, um sie dem Menschen in seiner schwersten Stunde zu verweigern: dies zu tun wäre ein Akt der Unmenschlichkeit. Natürlich ist der Grenzstrich zwischen erlaubter, ja notwendiger Linderung des Sterbeprozesses und seiner Beschleunigung (die sicherlich abzulehnen bleibt) schmal – Hilfe *beim* Sterben darf nicht Hilfe *zum* Sterben werden. Hier muß jeder sich nach seinem Gewissen entscheiden, kein Gesetz wird ihm diese Verantwortung abnehmen können. Mit Nachdruck muß betont werden, daß die „Sterbekliniken", die jetzt da und dort entstehen und als Fortschritt gefeiert werden, einen solchen (noch?) nicht darstellen. Denn fürs erste ist

der Sterbende dort wieder in einer Ghettosituation, fürs zweite sind solche Sterbekliniken größtenteils nur wohlhabenden Menschen zugänglich und daher vom sozialen Standpunkt abzulehnen. Wir müssen uns bemühen, daß wenigstens vor dem Tode alle Menschen gleich sind und daher alles tun, um möglichst vielen ein würdiges Sterben zu ermöglichen.

Wie starb Mahler? Sicher hat er alle Stadien, die Kübler-Ross beschreibt, durchgemacht, natürlich gab es Auflehnung und ,,Verhandeln", vorübergehend hoffte er wohl noch auf Genesung, aber immer mehr verdichtete sich sein Wissen um den unvermeidlichen, unmittelbar bevorstehenden Tod. Seine große Angst, in Isolation und Einsamkeit sterben zu müssen, veranlaßte ihn, nach Wien zu kommen. Hier rechnete er mit der liebevollen Zuwendung von Almas Mutter, die ihm auch voll zuteil wurde, denn sie wuchs ganz in die Rolle einer ,,engelhaften Pflegerin" hinein, wurde in diesen letzten Wochen zu seiner zweiten Mutter, die aber – Mahler wußte es von Tag zu Tag genauer – den Tod auch nicht verhindern konnte. Unter solchen Umständen entwickelte sich immer mehr Mahlers Zustimmung zum Tode. Er gab genaue Anweisungen für sein Begräbnis und ordnete an, an der Seite seiner verstorbenen Tochter, dann sogar in einem Grab mit ihr begraben zu werden. Er beschäftigte sich mit dem Schicksal Almas nach seinem Tode und machte sich Gedanken darüber, ,,in wessen Hände sie fallen werde", Gedanken, deren enorme Schmerzhaftigkeit er hinter humorvollen Formulierungen zu verbergen versuchte. Je mehr sich das Hinübergleiten (transzendere) vollzog, desto friedlicher wurde Mahler. In den letzten Tagen identifizierte er sich mit dem sterbenden Mozart und meinte, warum er nicht aushalten sollte, was auch dieser große Meister erleiden mußte. Er starb am

11. Mai, seltsamerweise am Geburtstag von Gropius, 1911, 51jährig mit dirigierenden Bewegungen, mit einem Lächeln auf den Lippen, am Ende zweimal „Mozartl" flüsternd... Und also kann man wohl sagen, daß sein Sterben seines Lebens würdig gewesen ist.

Alma schrieb: „Sein Sterben, die Größe seines Gesichtes, das immer schöner wurde nahe dem Tode, ich will und werde es nie vergessen."

An den Schluß dieser Arbeit möchte ich für die Leser zwei Zitate stellen:

Novalis:
Der Tod ist eine Selbstbesiegung, die, wie jede Selbstüberwindung, eine neue und leichtere Existenz verschafft.

Else Lasker-Schüler:
Das ewige Leben dem, der viel von Liebe weiß zu sagen, ein Mensch der Liebe kann nur auferstehen.

10.

Gott ist tot – ist Gott tot? Über die Gottesverdrängung in unserer Zeit

Blickt man kritisch auf den Ablauf unserer Geschichte, betrachtet man die menschlichen Verhaltensweisen und besonders die Zunahme der Aggression, die zur Selbstzerstörung geworden ist und zur Selbstvernichtung zu werden droht, dann kann man leicht zu dem Schluß kommen, daß wir in einer „entgötterten" Welt leben. Als Psychotherapeut freilich mag man ganz andere Einblicke gewinnen: Denn der Psychotherapeut, der, sofern er einer analytischen Schule angehört, sich mit dem Unbewußten beschäftigt, findet in den Assoziationen und in den Träumen immer wieder die metaphysische Seite der menschlichen Existenz gegenwärtig. Da werden Leid, der Sinn des Daseins, die Begrenztheit unserer Existenz, die Auseinandersetzung mit dem Tod als unbewältigte Probleme offenbar, und viele Symbole (besonders der Traum bedient sich der Symbolsprache) weisen auf die stete Auseinandersetzung mit Gott hin: Existiert er? Wie ist er? Ist er gut, ist er böse oder vielleicht beides zugleich? Das sind Fragen, die in tiefen Schichten der Person fest verankert sind. Der Satz des Tannhäuser: „Im Traum war's mir, als hörte ich der Kirchenglocken liebe Töne" entspricht heute der unbewußten Sehnsucht ungezählter Menschen.

Wer nicht blockiert ist durch weltanschauliche Einseitigkeit (etwa durch den Materialismus), der wird die Anwesenheit Gottes im Unbewußten (der „Unbewußte Gott" im Sinne Frankls) einfach registrieren müssen, und zwar quer durch alle Kulturkreise, so daß gerade die Tiefenpsychologie einen starken Beweis dafür liefert, daß Gott zum Grundbesitz der menschlichen Seele gehört. Unhaltbar erscheint von daher die These Engels, daß die Religion ein Kunstprodukt sei, nur entstanden als Resultat jener Entfremdung, die der Kapitalismus erzeugt. Kein System – die Geschichte hat es bestätigt – vermag die Sehnsucht nach Gott auszulöschen. Die Tiefenpsychologie aber hilft, wie auch sonst, zu verstehen, warum dem so ist: weil eben Gott in unserem Unbewußten wohnt. Aus dieser Tatsache geht auch hervor, daß in jeder Psychotherapie früher oder später, im Rahmen der Bewußtmachung des Unbewußten, eine religiöse Frage drängend wird. Wie diese gehandhabt werden soll, ist bis heute ein viel diskutiertes, weil auch viel umstrittenes Problem.

Im Rahmen dieser Ausführungen aber muß uns eine ganz andere schicksalhafte Frage beschäftigen und die lautet: Warum dominiert in unserer Zeit der unbewußte Gott, während der bewußte sich immer weniger zeigt? Man kann nicht übersehen, daß es sich dabei um eine sehr peinliche Frage handelt. Denn auf der einen Seite könnte dieses Verschieben vom Bewußten ins Unbewußte die Schuld der betreffenden Menschen, auf der anderen Seite aber natürlich auch Schuld der religiösen Gemeinschaften sein, deren Aufgabe es ja ist, Gott im Leben unserer Zeit gegenwärtig zu machen.

1. Als spontane Reaktion drängt sich die Erklärung auf: Der Verdrängung fällt vor allem – wie Freud gezeigt hat – das Unangenehme anheim. Man könnte sich also vor-

stellen, daß das Abschieben Gottes ins Unbewußte deswegen erfolgt, weil einfach die Religion an den Menschen zu hohe Anforderungen stellt. Wie formuliert es doch der österreichische Dichter Anton Wildgans in seinem Pfingstgedicht so prägnant: „Daran erkannten sie ihren Meister, was er verlangte, war immer zu groß." Verdrängung der Religion aus Bequemlichkeit, um sich das Leben leichter zu machen, das wäre eine naheliegende und zugleich für die Kirche sehr bequeme Antwort. Denn wenn es so wäre, würde die ganze Verantwortung für diesen Vorgang auf den betreffenden Menschen fallen.

Selbst bei dieser Deutung kann man aber die Kirche nicht als ganz unbeteiligt bezeichnen. Stellt sie nicht oft durch Übertreibungen den Menschen vor fast unerfüllbare Aufgaben, zwingt sie ihm nicht manchmal dadurch die Verdrängung geradezu auf?

Erst vor kurzem hörten wir aus Rom (Malatesta), daß sich das Leben der Doktrin unterzuordnen habe. Ist dies nicht oft gleichbedeutend mit unmenschlichen Forderungen, nicht nur in dem Sinne, daß der Mensch dadurch überfordert wird, sondern einfach im Sinne des Inhumanen? Kann das, was zutiefst unmenschlich ist (z. B. einen zweiten Ehepartner zu verlassen, weil diese Ehe kirchlich keine Gültigkeit hat), auch irgendwie christlich sein?

Sicherlich: Eine kirchliche Lehre ist nicht schon deswegen falsch, weil sie ungezählte Menschen nicht befolgen. Es hat Zeiten gegeben, wo die Kirche allein der Fels in der Brandung war und die Menschen falsche Götzen anbeteten. Aber eine kirchliche Lehre ist auch noch nicht deswegen im Recht, weil sie unnatürlich „streng" und (fast) schon unmenschlich ist.

Der Kirche wurde prophezeit, ein Zeichen zu sein, dem man widersprechen wird. Manchmal kann man sich heute des Eindrucks nicht erwehren, daß dies zu einer Art Profilierungsneurose der Kirche geführt hat: Sie ist geradezu „beunruhigt", wenn sie Thesen formuliert, welche die Zustimmung der Menschen finden, und diese ihre Beunruhigung weicht erst dann, wenn Gesetze von ihr ersonnen werden, die von den Menschen abgelehnt werden müssen; erst dann scheint sie sich ihrer göttlichen Mission sicher zu sein. In diesen Tagen hat Leopold Rosenmayr eine Studie über die Ergebnisse des Papstbesuches in Österreich anläßlich des Katholikentages veröffentlicht. Sie bezeigen dem Pontifex viel persönliche Hochachtung, bringen aber gleichzeitig eine unveränderte überwiegende Ablehnung seiner Thesen, insbesondere über voreheliche Verkehr und Empfängnisverhütung. Rosenmayr kommentiert: „Die Lebensfremdheit der Kirche ist tief zu bedauern. Wenn sie von kirchlichen Stellen nicht reflektiert werde, könne es zu einer weiteren Entfremdung kommen. In Extremsituationen wäre jedenfalls die Solidarisierung mit den Menschen in ihren Problemen eine stärkere Hilfe als das Scheiternlassen an unlebbaren Normen. Viele Menschen finden trotz tiefer innerer Ergriffenheit in den Kirchennormen keine Lebenshilfe mehr. Zusammenfassende Schlußfolgerung: Die Kirche verstellt sich durch Festlegungen an entscheidenden Punkten die eigenen Türen."

Was nun die gewünschten Reflexionen betrifft, war alsobald die eines österreichischen Weihbischofs zu vernehmen, sie lautete: „Wir müssen neue Fragen formulieren, dürfen aber unsere Grundsätze nicht in Frage stellen." Ich habe selten ein so klassisches Beispiel eines Satzes gehört, wo der zweite Teil den ersten völlig aufhebt. Was sollen Fragen für einen Sinn haben, wenn nichts in Frage gestellt werden darf? So wird man jeden Dialog zwischen Kirche und Gläubigen abwürgen. Man könnte diesen Punkt dahingehend zusammenfassen, daß zwar sicherlich von Gott grundsätzlich Forderungen ausgehen, die relativ leicht zu einer Verdrängung verführen, daß aber die Kirche oft diese Forderungen so sehr überhöht, daß sie auch hier einen wesentlichen Beitrag für die Verdrängung Gottes ins Unbewußte leistet.

2. Eine andere Quelle der Verdrängung Gottes in unserer Zeit könnte darin liegen, daß uns unsere Beziehung zu Gott mißlingt. Es heißt zwar: ,,Du sollst deinen Herrn lieben aus ganzem Herzen und mit all deinen Kräften", jeder weiß aber aus eigener Erfahrung, daß das ,,Sollen" bei der Liebe seine Grenzen hat, weil man zur Liebe einen Menschen nicht zwingen kann, diese vielmehr als eine spontane Reaktion entsteht.

In solchem Zusammenhang muß die Frage geprüft werden, wie weit Menschen, die für die Erziehung verantwortlich sind, Gott als ,,liebenswert" darstellen? Sind sich die Eltern, als die ersten Vermittler zwischen Gott und Kind, überhaupt ihrer ungeheuren diesbezüglichen Verantwortung bewußt? Wie heißt es doch: ,,Was nützte es dem Menschen, wenn er die ganze Welt gewänne, aber Schaden nähme an seiner Seele!" Das Leben beschwört viele Gefahren herauf, die schlimmste aber ist, wenn uns die Beziehung zu Gott mißglückt – dafür ist oft genug das falsche Verhalten der Eltern verantwortlich. Wie oft wird Gott zum Bundesgenossen der elterlichen Machtansprüche degradiert, indem wir sagen: ,,Gott verlangt, daß du mir folgst!" oder: ,,Gott beobachtet alles, was du gegen mich tust, ja er sieht sogar, was du gegen mich denkst." Mit einem solchen Gottesmißbrauch wird systematisch jene ,,Gottesvergiftung" betrieben, die auch Tillmann Moser in seinem gleichnamigen Buch so ausgezeichnet beschreibt.

Es kommt hinzu, daß die Kirche bis zum heutigen Tage von einer einseitigen Auslegung des Vierten Gebotes nur wenig, und auch dies nur äußerst zögernd, abgerückt ist. Dort ist praktisch nur die Rede von den Rechten der Eltern und den Pflichten des Kindes, während man das Umgekehrte kaum vernimmt; da hört man höchstens davon, daß die Eltern verpflichtet sind, die Kinder zu guten Christen zu erziehen – von einer Partnerschaft, davon also, daß die Kinder den Eltern „Anvertraute", aber nicht „Untergebene" sind, ist mit keinem Wort die Rede. Damit vermittelt die Kirche auch auf diesem Gebiete den Eindruck, auf der Seite des Stärkeren zu stehen (was ganz im Widerspruch zum Verhalten Jesu Christi steht). Dürfen wir uns dann wundern, wenn die Kinder frühzeitig die Überzeugung gewinnen, daß sie Stiefkinder Gottes sind, daß Gott auf der „anderen Seite" steht? Wir werden um eine neue Formulierung des Vierten Gebotes nicht herumkommen, um wieder die Nachfolge Christi antreten zu können, und zwar ganz besonders in Erinnerung an sein Wort: *Es muß zwar Ärgernis geben, aber wehe dem Menschen, der den Kleinen ein Ärgernis bereitet.* Sie wird eben lauten müssen: *Du sollst deine Kinder ehren und achten, auf daß es ihnen und dir wohlergehe auf Erden.*

Oft sieht man auch, wie die Eltern zwar Gott im Munde führen, um ihre Rechte durchzusetzen, im übrigen aber sich selbst in keiner Weise an die Gesetze Gottes halten, mit anderen Worten, dem Sprichwort nach, Wasser predigen und Wein trinken. Das Kind, noch nicht im Besitz seiner intellektuellen Möglichkeiten und daher um so mehr auf seinen gefühlsmäßigen Instinkt angewiesen, durchschaut solche heuchlerische Verhaltensweisen besser als jeder Erwachsene. Die Folge ist, daß nicht nur die Eltern, sondern auch Gott jede Glaubwürdigkeit verliert und damit der Glaube an Gott und auch die Liebe zu ihm zerstört werden. Die Gleichsetzung Gottes mit solchen Eltern ist im folgenden Gedicht Turrinis großartig ausgedrückt:

> *Der liebe Gott*
> *treibt Unkeuschheit,*
> *Ehrt Vater und Mutter nicht.*
> *Tötet.*
> *Lügt.*
> *Gibt falsches Zeugnis.*
> *Begehrt seines Nächsten Weib.*
> *Vergreift sich an seines Nächsten Gut.*
> *Undsoweiter.*
> *Der liebe Gott*
> *schert sich*
> *in Gestalt seiner Ebenbilder*
> *nicht einmal*
> *um die eigenen*
> *Gebote.*

Was sind die Folgen eines solchen Vorgehens? Es entsteht Aggression gegen die Eltern und gegen Gott, also Instanzen, die zu lieben wir „verpflichtet" sind. Daraus erwachsen die Symptome der Neurotisierung und in diese Neurose wird Gott einbezogen: Auch ihm gegenüber dominieren Ambivalenz, Angst und Schuldgefühle, mit anderen Worten, es liegt eine schwer gestörte Beziehung vor. Man wird sich nicht wundern dürfen, wenn daraus allmählich die Tendenz entsteht, die ganze Gottesproblematik ins Unbewußte abzuschieben. Auf der bewußten Ebene resultiert aus einer solchen „Gottesvergiftung" oft die Tendenz, sich der Religion etwa in der Weise zu entledigen, wie ein Pferd es mit einem unerwünschten Reiter tut. Wird das Kind nicht vom ersten Tag an auch in der Religionsvermittlung als gleichberechtigter Partner geachtet, zwingt man ihm die Religion einfach auf, entsteht

– in Parallele etwa zur seinerzeitigen Missionierung der Kolonialvölker – in ihm die Identifikation von Christentum mit eigener Abhängigkeit und Unselbständigkeit. Daraus wieder erwächst fast zwingend das Gefühl, die Eigenständigkeit könne nur bewiesen werden, indem man der Religion den Rücken kehrt. Dies tun ungezählte Menschen in der Pubertät, ohne daß bis zum heutigen Tage die verantwortlichen Stellen ernstlich darüber nachdenken, wieso es so oft geschieht – es wird einfach zur Kenntnis genommen, als müßte es so sein. Ich habe es, sicherlich überspitzt formuliert, einmal so ausgedrückt: In jedem Großbetrieb, der mit einem so geringen Erfolgsquotienten arbeitet wie die Kirche (und der aufgrund seines wirklichen Angebotes viel, viel größere Erfolge haben könnte), wäre die dafür verantwortliche Leitung längst ausgetauscht, würde man auch nach neuen Wegen suchen, die Resultate zu verbessern. Ich muß bei dieser Gelegenheit ein heißes Eisen zumindestens erwähnen: Ich bin wirklich kein Wiedertäufer, will auch die Kindstaufe nicht abschaffen, aber ihre Wirkung ist doch äußerst problematisch. Das unmündige Kind wird ohne seine Willensäußerung getauft, die Firmung ist zu einer gesellschaftlichen Zeremonie ohne religiösen Wert entartet. Ich wünsche mir, es gäbe irgendwann einen Zeitpunkt, wo der mündig gewordene Mensch eine eigene persönliche Entscheidung für oder gegen das Christentum treffen könnte, die nicht schon vorweggenommen und damit jedes psychologischen Wertes beraubt worden wäre.

Gewiß, wir haben es heute oft gleichzeitig mit einer eingeschränkten Wertvermittlung an die Kinder zu tun, was sich auch auf religiösem Gebiete auswirkt. Dieser Vorgang mag auch einen Beitrag zur „Abwanderung" Gottes vom Bewußten ins Unbewußte leisten.

Vom tiefenpsychologischen Standpunkt aber muß man die Befürchtung aussprechen, daß die Nicht-Vermittlung Gottes einen weit weniger anhaltend schädigenden Einfluß auf die Gottesbeziehung ausübt als die früher beschriebene „Gottesvergiftung". Wenn gar keine Beziehung zu Gott besteht, ist dies leichter veränderbar, als eine *mißglückte* Beziehung zu Gott zu korrigieren. Das Buch, das ich jetzt gerade zusammen mit meinem Schüler Kirchmayr schreibe, wird den Titel tragen: „Religionsverlust durch religiöse Erziehung". – Er erscheint auf den ersten Blick provokant, stellt sich aber bei näherer Betrachtung als nur zu wahr heraus. Es gibt eine Überfütterung mit Religion (noch dazu gewöhnlich mit einer falsch verstandenen), die einen intensiven Wunsch nach jahrelanger, oft immer währender diesbezüglicher Diät erzeugt.

3. Wir haben, fürchte ich, aus der lebendigen Religion eine „tote Sache" gemacht und damit natürlich ebenfalls eine entscheidende Ursache für die Gottes- und Religionsverdrängung ins Unbewußte heraufbeschworen. Johannes XXIII. hat einmal einen Anglikaner, der ihn besuchte, gefragt, ob er Theologe sei. Als er eine verneinende Antwort bekam, fügte er hinzu: „Ich auch nicht, Gott sei Dank. Sie wissen ja selbst, wieviel Unglück die Berufstheologen der Kirche durch ihre Haarspaltereien, ihren Ehrgeiz, durch ihre Engherzigkeit und ihren Eigensinn zugefügt haben." Dabei handelt es sich um die Verwandlung eines lebendigen Stroms der christlichen Liebe in theoretische, verkrampfte und versachlichte Überlegungen, in formalistische, oft fast zwangsneurotische Gesetzesauslegungen, um die Fixierung einer zivilsatorischen Religion an Stelle einer kulturellen. Zivilisatorische Religion hat zu wenig Sinn für Kunst und Literatur, für soziales und politisches Engagement, für Humor und Spiel, sie ist von syste-

matischem Starrsinn und „tierischem" Ernst geprägt. Sie beschreibt Papier statt Erfahrung, sie reproduziert statt zu produzieren, sie ist antikreativ, weil sie von vorgefaßten, fixierten Gottes-, Menschen- und Weltbildern ausgeht und Neues, Werdendes nicht aufkommen läßt. Theologie der Zivilisation bedeutet Exkommunikation statt Kommunikation, Furcht statt Ehrfurcht, sie diffamiert statt zu differenzieren, sie benützt die Sprache als Verpackungsmaterial statt als Ausdruck der Verbundenheit; sie macht Kopfzerbrechen und bringt uns nicht in Bewegung, sie hat keinen Sinn für Zorn und Zärtlichkeit, Geistigkeit und Sinnlichkeit. Unter solchen Umständen dürfen wir uns nicht wundern, wenn gerade die Jugend (aber keineswegs nur diese) sich von der Kirche abwendet, teils in Sekten flüchtet, um dort in Pseudogemeinschaften ihr religiöses Bedürfnis gefühlsmäßig zu befriedigen, teils andere Protestformen wählt, deren fanatische Ausdrucksart unschwer die Frustrierung hinsichtlich der nun unbewußt gewordenen religiösen Sehnsucht deutlich werden läßt.

Mit Recht sagt ein Spruch aus der östlichen religiösen Welt: „Wenn Tao verlorengeht, bleibt Barmherzigkeit, wenn die Barmherzigkeit verlorengeht, bleibt die Gerechtigkeit, wenn die Gerechtigkeit verlorengeht, bleibt das Gesetz." Wir sind jetzt beim Gesetz gelandet.

Ich möchte diese Ausführungen dahingehend zusammenfassen: Gott ist keineswegs tot; das Scherzwort, „‚Gott ist tot' – sagt Nietzsche; ‚Nietzsche ist tot' – sagt Gott", gilt noch immer und wohl für alle Zeiten, Gott wird alle überleben, die ihn für tot erklären; Gott hat sich nur in viel zu vielen Fällen ins Unbewußte zurückgezogen und wartet dort auf seine Stunde. Die Kirche hat dazu, leider, einen entscheidenden Beitrag geleistet – freilich muß man gleich einschränkend hinzufügen, die Kirche sind ja wir alle. Das hat mir auch einmal ein Pfarrer geschrieben und hinzugefügt: „Sie dürfen nicht vergessen, es gibt die Grabeskirche und die Auferstehungskirche." Ich gab ihm gerne recht, mußte aber dennoch feststellen (ohne es bösartig zu meinen): Nur seltsam, daß in Umkehr der topographischen Verhältnisse die Auferstehungskirche so oft unten, die Grabeskirche so oft oben lokalisiert erscheint. Wie dem auch immer sei, jedenfalls wird in unserer Zeit viel zuviel getan, damit Gott nur im Unbewußten sein Dasein fristen kann. Wenn diese harte Kritik ausgesprochen werden muß, so geschieht es ohne Aggressionen und in der besten Absicht (was viele Kirchenleute und natürlich vor allem die, die es am meisten angeht, nicht glauben können), nämlich der Erkenntnis folgend, daß ohne Eingeständnis des eigenen Versagens eine Änderung einfach nicht zu erzielen ist. Im Zweiten Vatikanum heißt es in einem Absatz ausdrücklich: „Verurteilen wir niemals den Ungläubigen, sondern fragen wir uns zuerst, welchen Beitrag wir dazu geleistet haben, daß er ungläubig geworden ist."

Es soll auch mit diesen Ausführungen keineswegs eine Verallgemeinerung und Uniformierung ausgesprochen werden. Es gibt z. B. in den Basisgemeinden, im Religionsunterricht und wo immer der Geist Gottes weht, viele Priester, die in wirklich wunderbarer Weise die Liebe Gottes vermitteln und an die Menschen herantragen. Außerdem, in Abwandlung eines Guardinischen Satzes, ist die Verkündigung der Botschaft Gottes „eine viel zu ernste Sache, als daß man sie den Priestern allein überlassen könnte".

Dürfen da aber die Tiefenpsychologen auch ein Wort mitreden, diese „gottlosen Gesellen", diese Nachfahren des „Atheisten" S. Freud, der die Religion schlechthin als neurotische Illusion bezeichnet hat. Gewiß, es gab eine Zeit, wo man hören konnte, wie ein Psychotherapeut zu seinem Kollegen sagte: „Alle Symptome der Neurose hat mein Patient durch die Behandlung verloren, nur eines noch nicht: die Religion!" Aber diese Zeit ist längst vorbei, dieser Irrtum (der schon dem alternden Freund dämmerte) ist heute vollständig und allgemein überwunden. Man unterscheidet sorgfältig zwischen der Religion als solcher und einer Religion, die vom Patienten als neurotische Krücke mißbraucht wird. In diesem Sinne gelten die Sätze Alfred Adlers: Die Glaubensinhalte einer Religion zu analysieren ist absolut unstatthaft. Aber das Verhalten eines Neurotikers im religiösen Bereich kann sehr wohl, ja muß einer Analyse unterzogen werden. Das sind die wichtigsten Kriterien einer neurotischen „Religiosität": regressives, kindisches Verhalten, Ablehnung persönlicher Verantwortung durch blinde Bereitschaft, Befehlsempfänger zu sein, ambivalente Beziehung zu Gott, Verwandlung von verdrängten Gefühlen in Vorschriften und zwanghafte Rituale, Entwicklung einer starren und nicht entwicklungsfähigen Gewissensstruktur, Benützung religiöser Gebote zu einer masochistischen Selbstbestrafung.

Was nun beim einzelnen Gläubigen durchzuführen erlaubt ist, nämlich eine Analyse, muß auch bei der Gemeinschaft aller Gläubigen der Kirche gestattet, ja mehr noch, erwünscht sein, dient doch diese Analyse da wie dort weder der Bloßstellung noch einem Selbstzweck, sondern einzig allein einer therapeutischen Hilfe. Unter diesem Blickwinkel darf gesagt werden: Es gab in der Entwicklung der katholischen Kirche in unserem Jahrhundert ein entscheidendes Geschehen, das Zweite Vatikanum, und dieses kann – man verzeihe diesen Vergleich – mit einem psychotherapeutischen Prozeß identifiziert werden. Hier wagte es eine weltweite Organisation, sich mit sich selbst zu konfrontieren, Verdrängungen aufzuheben, Fehler einzugestehen, Reue zu erwecken, Wege der Wiedergutmachung zu suchen – kurz, es war ein einmaliges und wunderbares Geschehen. Es ergaben sich nun genau jene Folgerungen, die bei einer guten Therapie immer eintreten: Bewußtseinserweiterung, Annahme des eigenen Versagens, besseres Selbstverständnis, vertiefte Demut und Offenheit, größere innere Sicherheit im Sinne von Identitätsfindung und daraus resultierend die Bereitschaft, auch andere besser zu verstehen; an die Stelle von Aggressivität trat Toleranz, Brüderlichkeit trat an die Stelle von Herrschsucht, der Geist der Freiheit wehte und das Gespräch mit dem Bruder begann zu blühen. – Eine Gnade, dies alles miterlebt zu haben, als Psychotherapeut sogar in einer besonderen Form, denn damals sah ich viele Menschen, die Welten vom Christentum entfernt waren, sich auf die Wanderschaft begeben, um Christus kennenzulernen. Nach dem Ratschluß Gottes wird dieser Aufbruch für immer verbunden bleiben mit dem Namen eines Mannes, bei dessen Nennung noch heute ein Leuchten in den Augen ungezählter Menschen festzustellen ist, Johannes XXIII.

Nun kann ich aber einen betrüblichen Zusatz nicht verschweigen: Wir konnten diesen Höhepunkt der Aufdeckung und des Zu-uns-Findens nicht halten; wir sind dabei, sehr viel von dem, war wir damals gewonnen haben, wieder zu verlieren. Auch hier wieder ist der Vergleich mit einem psychotherapeutischen Prozeß berechtigt: Der Patient hat unter dramatischen Umständen aus seinem Unbewußten eine schreckliche Wahrheit ins Bewußtsein geschleudert (etwa, daß er seinen Vater haßt und ihm den Tod wünscht) und man meint, daß er diese Entdeckung nie mehr in seinem Leben vergessen kann. Aber schon nach wenigen Stunden mag es geschehen, daß er sich an das damals Gesagte nicht mehr erinnern kann, der Prozeß der Wiederverdrängung setzt ein; zu unangenehm, zu belastend ist die Wahrheit, als daß man der Versuchung widerstehen könnte, sie wieder loszuwerden. Genau in diesem Stadium befinden wir uns nun in der postkonziliären Entwicklung. Wir werden wieder verschlossener, selbstgefälliger, intoleranter, üben wieder Macht aus, richten wieder. Man muß schon wieder fürchten, dieses und jenes zu sagen, Verbote und Maßregelungen werden ausgesprochen, der Geist der Kollegialität schwindet. Mit anderen Worten: Wir befinden uns in einer kritischen, aber auch sehr entscheidenden Situation.

Als Christ kann man in dieser Situation nicht schweigen, ich kann es schon gar nicht. *Kurt Tucholsky,* sicher kein Mann, der einer besonderen Sympathie für das Christentum verdächtig ist, notierte angesichts der Pariser Gedenktafel für die Karmeliterinnen, die während der französischen Revolution ihrer Idee getreu in den Tod gegangen sind:
Welche ungeheure Kraft könnte von diesem katholischen Christentum ausgehen, wenn es sich auf die Evangelien besänne. Besinnen wir uns und verwirklichen wir das Wort von *Theodor Fontane,* an der Wende zu unserem Jahrhundert gesprochen:
Der große Zug der Zeit ist Abfall. Aber man hat es geradezu satt, die Welt sehnt sich wieder, sie dürstet nach Wiederherstellung des Idealen, jeder kann es jeden Tag hören und es ist ernst gemeint. Seht, der Wind dreht sich, die alten Götter leben noch. Unsinn: Das Christentum ist nicht tot, es steckt uns unvertilgbar im Geblüt und wir haben uns nur darauf zu besinnen. Jeder der sich prüft, wird einen Rest davon in sich entdecken, und diese Reste müssen Keime zu neuem Leben werden.

Verzeichnis der wissenschaftlichen Arbeiten

1. Religion und Individualpsychologie. Intern. Ztschr. f. Individualpsychologie, 18. Jg., H. 4. 1949.
2. Über ein epileptisches Syndrom, aufgetreten nach Schockbehandlung. Wr. Ztschr. f. Nervenheilk. u. deren Grenzgeb. Bd. 3, H. 1, 1950.
3. Der Wertbegriff in der Individualpsychologie. Intern. Ztschr. f. Individualpsychologie, 19. Jg., H. 3, 1950.
4. Seelsorge und Neurose (zusammen mit van Lun). Individualpsychologie Bd. 20, H. 3, 1951.
5. Praktische Selbstmordprophylaxe. Wr. Archiv f. Psychologie, Psychiatrie u. Neurol. Bd. 2, 1951.
6. Ein Beitrag zur Frage der vererbten Selbstmordneigung. Wr. Ztschr. f. Nervenheilk. u. deren Grenzgeb. Bd. 5, H. 1, 1952.
7. Die sogenannte Soldatenbraut. Über eine besondere Form weiblicher Gefährdung in unserer Zeit (zusammen mit H. Hoff). Wr. Archiv f. Psychologie, Psychiatrie u. Neurol. Bd. 2, H. 3, 1952.
8. Erfahrungen bei Behandlung der Angst mit Myocain (zusammen mit H. Leupold-Löwenthal). Wr. med. Wschr. 102. Jg., Nr. 48, 1952.
9. Ein Fall von eingebildeter Gravidität. Wr. Ztschr. f. Nervenheilk. u. deren Grenzgeb. Bd. 8, H. 1–2, 1953.
10. Puerperalpsychosen zweier Schwestern (zusammen mit W. Soms). Wr. Ztschr. f. Nervenheilk. u. deren Grenzgeb. Bd. 7, H. 1, 1953.
11. Der Selbstmord (Buch). Wr. Beiträge zur Neurologie und Psychiatrie. Wilhelm Maudrich, Wien 1953.
12. Zur Problematik des Unbewußten vom Standpunkt der Individualpsychologie (zusammen mit W. Spiel). Psyche, 6. Jg., H. 6, 1952/53.
13. Zur Selbstmordtendenz bei Kindern (zusammen mit W. Spiel und M. Stepan). Wr. Ztschr. f. Nervenheilk. Bd. 5, H. 4, 1952.
14. Die Tiefenpsychologie hilft dem Seelsorger (zusammen mit van Lun; Buch). Herder, Wien 1953.
15. Zur Frage der Anerkennung des Selbstmordes als Dienstbeschädigung (zusammen mit G. Wallentin). Wr. med. Wschr. 103. Jg., Nr. 29/30, 1953.
16. Selbstmord und seine Verhütung. Mitteilg. d. Österr. San. Verwaltung 55. Jg., H. 3, 1954.
17. Die psychosomatische Medizin und der arbeitende Mensch (mit H. Hoff). Wr. Archiv f. Psychologie, Psychiatrie und Neurologie Bd. 4, H. 3, 1954.
18. Die Bedeutung der pädagogischen Situation für die geistige Volksge-

sundheit in Österreich (zusammen mit Prof. Buytendijk und Prof. Kriekemans). Uitgeveij het spectrum, Utrecht 1954.
19. Untersuchungen über kindliche Selbstmordversuche (zusammen mit W. Spiel u. M. Stopan). Praxis der Kinderpsychologie, 4. Jg., H. 7, 1955.
20. Die Funktion des Psychiaters in den Anstalten für jugendliche Kriminelle (zusammen mit W. Spiel). Aus dem Bericht des III. Internationalen Kongreß für Heilpädagogik, 1955.
21. Eine weibliche Alkoholhysterie (zusammen mit H. Schinko). Wr. Ztschr. für Nervenheilk. und deren Grenzgeb. Bd. 12, H. 2, 1955.
22. Versuch der Kompensation in einer Neurose (zusammen mit W. Solms). Wr. Ztschr. für Nervenheilk. u. d. Grenzgeb. Bd. 12, H. 2, 1955.
23. Zur Psychodynamik sexuell-metabolischer Wahnvorstellungen zweier Schizophrener. Wr. Ztschr. für Nervenheilk. u. deren Grenzgeb. Bd. 11, H. 3-4, 1955.
24. Probleme des alternden Menschen. Mitt. d. Österr. San.-Verwaltung, 57. Jg., H. 5, 1956.
25. Selbstmordprophylaxe und ärztliches Recht. Österr. Ärztezeitg., 11. Jg., Nr. 14, 1956.
26. Individualpsychologie und universalistische Betrachtungsweise. Wr. Archiv f. Psychologie, Psychiatrie u. Neurologie Bd. 6, H. 2, 1956.
27. Behandlung eines Hirnödems nach Erhängen (zusammen mit K. Pateisky). Wr. med. Wschr. 106. Jg., Nr. 40, 1956.
28. Die Zeit und ihre Neurose (zusammen mit H. Hoff und P. Berner; Buch). Schriftenreihe der Österr. Unesco-Kommission, 1956.
29. Der Selbstmordversuch, seine Behandlung und Prophylaxe (zusammen mit H. Hoff). Wr. Ztschr. für Nervenheilk. u. deren Grenzgeb. Bd. 12, H. 3, 1956.
30. L'influenza del nostro tempo sulle malattie psicosomatiche (zusammen mit H. Hoff). Della Clinica Neuropsichiatrica dell' Universita di Vienna, 1956.
31. Anfänge der Psychopathie (zusammen mit H. Hoff). Medizinische Klinik, 51. Jg., Nr. 11, 1956.
32. Zur Therapie psychosomatischer Erkrankungen (zusammen mit H. Hoff). Ztschr. für Psychosomatische Medizin, 4. Jg., H. 1, 1957.
33. Zum Problem des Selbstmordversuches im Rausch (zusammen mit H. Rotter). Wr. Ztschr. für Nervenheilk. u. deren Grenzgeb. Bd. 13, H. 4, 1957.
34. Einige Gesichtspunkte zur Therapie psychosomatischer Erkrankungen. Der praktische Arzt, 11. Jg., Nr. 166, 1957.
35. Über Prüfungsneurosen (zusammen mit H. Hoff). Wr. klin. Wschr., 69. Jg., Nr. 27, 1957.
36. Psychotherapie und Seelsorge (Versuch einer individualpsychologischen Abgrenzung). Adler-Festschrift, 1957.

37. Zur Frage der Angst vor dem Elektroschock (zusammen mit I. Cermak). Wr. klin. Wschr., 70. Jg., Nr. 22, 1958.
38. Der Aufbau einer psychosomatischen Station. Wr. Ztschr. für Nervenheilk. u. deren Grenzgeb. Bd. 15, H. 1–4, 1958.
39. Zur Psychohygiene der Schwangerschaft. Vorträge des niederösterr. Sanitätskurses, 1958.
40. Psychische Erkrankungen als Hindernis vital indizierter ärztlicher Eingriffe (zusammen mit H. Schinko). Wr. klin. Wschr., 71. Jg., Nr. 14, 1959.
41. Zum Problem der Anorexis nervosa (zusammen mit I. Cermak). Wr. Ztschr. für Nervenheilk. u. deren Grenzgeb. Bd. 17, H. 2, 1959.
42. A modern psychosomatic view of the theory of organ inferiority by Alfred Adler (zusammen mit H. Hoff). Fortschr. d. Psychosomatischen Medizin. S. Karger, Basel 1959.
43. Einführung in die Grundprobleme der Neurose (Buch). Herder, Wien 1959.
44. Zur Psychosomatik des Kindesalters (zusammen mit H. Hoff). Wr. klin. Wschr., 71. Jg., Nr. 49, 1959.
45. Über Selbstmordversuche von Jugendlichen. Internat. Journal für prophylakt. Medizin und Sozialhygiene, 3. Jg., H. 2, 1959.
46. Akute Psychose mit Thalliumvergiftung (zusammen mit H. Schinko und L. Fekas). Internat. Journal für prophylakt. Medizin und Sozialhygiene, 4. Jg., H. 1, 1960.
47. Zur Frage der Therapie psychosomatischer Erkrankungen in der Praxis (zusammen mit H. Hoff). Wr. med. Wschr., 110. Jg., Nr. 7, 1960.
48. Die Therapie der Selbstmordtendenz. Therapeutische Fortschritte in der Neurologie und Psychiatrie. Urban & Schwarzenberg, Wien 1960.
49. Die Therapie der Psychopathie (zusammen mit W. Solms und W. Spiel). Therapeutische Fortschritte in der Neurologie und Psychiatrie. Urban & Schwarzenberg, Wien 1960.
50. Therapieversuche beim akuten exogenen Reaktionstyp (zusammen mit H. Gastager). Therapeutische Fortschritte in der Neurologie und Psychiatrie. Urban & Schwarzenberg, Wien 1960.
51. Psychotische Reaktion nach kosmetischer Operation. Wr. Ztschr. für Nervenheilk. u. deren Grenzgeb. Bd. 12, H. 1, 1960.
52. Religiöse Probleme in der Psychotherapie. Vorträge veranstaltet vom Büro für geistige Gesundheit, Utrecht 1960.
53. Das Problem der Einweisung in Bundeserziehungsanstalten, dargestellt am Material der Bundeserziehungsanstalt Wiener Neudorf. Int. Journal f. prophylakt. Medizin u. Sozialhygiene, 5. Jg., Nr. 2, 1961.
54. Zur Begriffsbestimmung der Psychosomatik. Wr. med. Wschr., 111. Jg., Nr. 38, 1961.

55. Depression als Symptom intrakranieller Tumoren (zusammen mit H. Schinko). Wr. med. Wschr., 111. Jg., Nr. 38, 1961.
56. Neue Untersuchungen zum Selbstmordproblem (Buch). Hollinek, Wien 1961.
57. Über die Bedeutung der Sprache für die psychische Hygiene (zusammen mit H. Hoff). Akt. Probl. Phoniat. Logopäd. Vol. 2. Karger, Basel/New York 1961, 55–66.
58. Psychische Hygiene und Wohlfahrtsstaat. Wissenschaft und Weltbild, 1961.
59. Die seelischen Gefahren der Abtreibung, Probleme um die psychiatrische Indikationsstellung zur vorzeitigen Beendigung der Schwangerschaft. Religion, Wissenschaft, Kultur, 13. Jg., H. 3–4, 1962.
60. Die Angst des Reichen und des Satten (zusammen mit H. Hoff). Monatskurse für die ärztl. Fortbildung, 12. Jg., Nr. 11, 1962.
61. Der psychische Hintergrund funktioneller Herz-Kreislaufstörungen. Monatskurse f. d. ärztl. Fortbildung, 13. Jg., Nr. 7, 1963.
62. The Problem of Neurosis: Dynamic and Theological Dimensions. Medical arts u. sciences, 1963.
63. Erfahrungen und Ergebnisse der Vergiftungsstation der Psychiatrisch-Neurologischen Universitätsklinik Wien (Frauenabteilung) in den Jahren 1953 bis 1962 (zusammen mit G. Hoffmann und W. Wanderer). Wr. klin. Wschr., 75. Jg., Nr. 50, 1963.
64. Hauterkrankungen unter psychosomatischem Aspekt (zusammen mit H. Hoff). Acta neurovegetativa Bd. 24, H. 1–4, 1963.
65. Zur Psychosomatik der Allergie. Wr. klin. Wschr., 75. Jg., Nr. 33–34, 1963.
66. Die sogenannten Soldatenbräute – 10 Jahre später. Eine Nachuntersuchung klinisch behandelter jugendlicher Psychopathinnen. Wr. med. Wschr., 113. Jg., Nr. 1, 1963.
67. Die vermutlichen Ursachen der Massierung von Selbstmordhandlungen. Bearbeitet im Österr. Statistischen Zentralamt, Wien 1963.
68. Einige Bemerkungen zur Theorie und Praxis der Psychosomatik (zusammen mit I. Cermak). Muskel und Psyche, Symp., Wien 1963.
69. Möglichkeiten der Selbstmordprophylaxe unter besonderer Berücksichtigung der Lebensmüdenfürsorge in Wien. Österr. Ärztezeitg., 19. Jg., H. 13, 1964.
70. Erfahrungen auf einer zentralen Entgiftungsstation (zusammen mit G. Hoffmann). 6. Psychiatertagung des Landschaftsverbandes Rheinland. 623. Wissenschaftl. Versammlung des Rhein. Vereines für Psychiatrie, 14./15. 10. 1964 im Rhein. Landeskrankenhaus Süchteln.
71. Aktuelle Probleme der psychosomatischen Medizin (zusammen mit H. Hoff; Buch). Jolis Lenz & Co. München 1964.

72. Erfahrungen mit dem neuen Antidepressivum Nortriptylin. Wr. med. Wschr. 115. Jg., Nr. 8, 1965.
73. Die psychische Struktur des Selbstmörders. Moderne Krankenpflege Nr. 3 und 4, 1965.
74. Die Psychologie des Alterns (zusammen mit H. Hoff). Handbuch der praktischen Geriatrie. Bd. 1, 1965.
75. Erfahrungen und Ergebnisse der Vergiftungsstation der Wiener Psychiatrisch-Neurologischen Universitätsklinik (unter besonderer Berücksichtigung der Therapie der Schlafmittelvergiftungen; zusammen mit G. Guth, G. Hoffmann und K. Kryspin-Exner). Österr. Ärztezeitung, 20. Jg., H. 10, 1965.
76. Indikation zu ärztlichem Eingreifen bei Selbstmorddrohung und Selbstmordversuch. Wr. med. Wschr., 115. Jg. Nr. 45–46, 1965.
77. Die Ergebnisse des III. Internat. Kongresses für Selbstmordprophylaxe. Zeitschrift für Präventivmedizin, Jg. 1965, H. 6.
78. Sigmund Freud. Neue Österr. Biographie ab 1815 Bd. 16, Große Österreicher. Amalthea, 1965.
79. Religiöse Probleme in der Psychotherapie vom individualpsychologischen Standpunkt. Psychotherapie und religiöse Erfahrung. Ein Tagungsbericht. Ernst Klett, Stuttgart 1966.
80. Psychiatrische Probleme des alten Menschen (zusammen mit H. Hoff). Deutsches Zentralblatt für Krankenpflege, 10. Jg., H. 5, 1966.
81. Möglichkeiten der Selbstmordverhütung. Deutsche Ztschr. f. d. gesamte Gerichtliche Medizin Bd. 57, Hf. 1–2, 1966.
82. Neurovegetatives System und psychosomatische Medizin (zusammen mit H. Hoff). Ztschr. f. Haut- u. Geschlechtskrankheiten, 20. Jg., Bd. 41, H. 3, 1966.
83. Zur Problematik der Selbstmordhandlungen von Eheleuten. Schriftenreihe zur Theorie und Praxis der medizinischen Psychologie Bd. 9. Hippokrates Verlag, Stuttgart 1966.
84. La prevention du suicide un problème mondial. Extrait de L'Hygiene mentale Nr. 3, 1966.
85. Der Patient und seine Krankheit. 10. Intern. IMA-Seminar, Obertraun 1966.
86. Verändert die moderne Therapie mit Antidepressiva die Gesichtspunkte der Selbstmordprophylaxe? „Das ärztliche Gespräch". Vorträge eines Tropon-Symposiums, Köln 1966.
87. Psychiatrische Alterskrankheiten (zusammen mit H. Hoff). Handbuch der praktischen Geriatrie Bd. 2, 1967.
88. Gegenwärtige Problematik der Prüfungsneurosen in Wien (zusammen mit H. Hoff). Wr. klin. Wschr., 79. Jg., Nr. 9, 1967.
89. Der gegenwärtige Stand der Selbstmordprophylaxe in Wien. „Der Nervenarzt", 38. Jg., H. 3, 1967.

90. Psychiatrisch-klinische und biochemische Veränderungen bei chronischem Stimulantienmißbrauch (zusammen mit E. Bründelmayer, G. Hoffmann und W. Sluga). Fortschritte der Neurologie und Psychiatrie u. ihrer Grenzgebiete, 35. Jg., H. 3, 1967.
91. Lebensschwierigkeiten und praesuicidale Einengung. Wr. Ztschr. für Nervenheilk. u. deren Grenzgeb. Bd. 25, H. 2–4, 1967.
92. Die Psyche des unheilbar Kranken in Abhängigkeit vom Lebensalter (zusammen mit H. Hoff). Scriptum geriatricum, 1967.
93. Die Tiefenpsychologie – ein Prüfstein des Glaubens. Festschrift. „Wissenschaft im Dienste des Glaubens", 1967.
94. Der Wiener Weg zur Selbstmordprophylaxe. Euromed, 8. Jg., H. 1, 1968.
95. Individualpsychologie. Theolog. Lexikon Sacramentum mundi, 1968.
96. Der alte Mensch im Konflikt mit der modernen Umgebung (zusammen mit H. Hoff). Triangel 8, 317, 1968.
97. Die positiven Aspekte des Alters (zusammen mit H. Hoff). Scriptum geriatricum, 1968.
98. Die Hemicranie, ihre Pathogenese und Therapie (zusammen mit H. Hoff u. H. Tschabitscher). Österr. Ärztezeitg., 23. Jg., H. 5, 1968.
99. Suicide Prevention in Vienna. H. L. P. Resnik, Suicidal Behaviours. Little-Brown u. Co., 1968.
100. Fortschritte in der Selbstmordverhütung. Fortschritte der Medizin, 87. Jg., Nr. 7, 1969.
101. Psychotherapie. Theolog. Lexikon Sacramentum mundi, 1969.
102. Psychohygiene. Theolog. Lexikon Sacramentum mundi, 1969.
103. Klinikerfahrungen in der psychosomatischen Medizin. Wr. klin. Wschr., 81. Jg., Nr. 20, 1969.
104. Selbstmordverhütung (zusammen mit Bernspang, Farberow, Kielholz, Pöldinger, Quatember u. Stengel; Buch). Hans Huberz, Bern-Stuttgart 1969.
105. Der suicidgefährdete Patient. Ärzt. Praxis, 21. Jg., Nr. 100, 1969.
106. Selbstmord. Beitrag zum Handwörterbuch der Kriminologie. Walter de Gruyter, Berlin 1969.
107. In memoriam Hans Hoff. Wissenschaft und Weltbild, 22. Jg., 1969.
108. Laktationspsychosen, psychosomatisch-psychologische Aspekte. Österr. Ärztezeitung, 25. Jg., H. 6, 1970.
109. Tiefenpsychologie heute. Wissenschaft und Weltbild, 23. Jg., 1970.
110. Psychosomatik und Familienberatung. Familienkonflikte und Familienberatung. Butson und Bercker, 1970.
111. Selbstmord als suggestives Phänomen. Ärztliche Praxis, 22. Jg., Nr. 87, 1970.
112. Suicide Prevention as a Contribution to the Reevaluation of Human Life. Lex et Scientia Vol. 7, Nr. 1 (Jan.–Mar.), 1970.

113. Special Aspects of the Doctor/Patient Relationship regarding hospitalized Patients suffering from Psychosomatik Illness (zusammen mit I. Cermak). Psychotherapy and Psychosomatics Bd. 18, S. Karger, Basel/New York 1970.
114. Klinische Erfahrungen mit dem neuen Psychoaktivator Deanxit (zusammen mit I. Cermak). Schweiz. Rundschau med. Nr. 23, 1971.
115. Das Problem der Provozierbarkeit von Selbstmorden. In: Probleme der Provokation depressiver Psychosen. Internationales Symposium, Graz 1971.
116. Der suizidgefährdete Patient. Bull. Soc. sci. med. Luxembg. Bd. 108, 1971.
117. Angst und Suizid. Schweizer Archiv f. Neurologie, Neurochirurgie und Psychiatrie Bd. 110, 1972.
118. Psychosomatische Erkrankungen: Pathogenese und Erscheinungsbilder; Die Rolle der modernen Umwelt bei ihrer Entstehung. In: IMA-Kongreßhefte 16, Internat. Seminar. 1972.
119. Der gegenwärtige Stand der Selbstmordprophylaxe. Deutsches Ärzteblatt-Ärztl. Mittlg., 69. Jg., H. 22, Köln 1972.
120. Möglichkeiten der ärztlichen Selbstmordverhütung. Ztschr. f. Allgemeinmedizin, Der Landarzt, 48. Jg., H. 15, 1972.
121. Möglichkeiten der ärztlichen Selbstmordprophylaxe. Therapiewoche 22, 28, 2199, Karlsruhe 1972.
122. Selbstmordprophylaxe. Ärztl. Praxis, 24. Jg.. Werk-Verlag Dr. E. Banaschewski, Nr. 85, München-Gräfelfing 1972.
123. Selbstschädigung durch Neurose. Psychotherapeutische Wege zur Selbstverwirklichung. Herder, Wien 1973.
124. Präsuizidales Syndrom und Gesellschaftsstruktur (zusammen mit G. Sonneck), In: Zur Systematik, Provokation und Therapie depressiver Psychosen. Hollinek, Wien 1973.
125. Psychosomatik als Problem internistisch-psychiatrischer Zusammenarbeit (zusammen mit H. Pietschmann). Ars medici, 63. Jg. H. 5, Lüdin, Liestal 1973.
126. Der selbstmordgefährdete Mensch und seine Umwelt. Wissenschaft und Weltbild, 26. Jg., H. 3, 1973.
127. The Presuicidal Syndrome. Psychiatria Fennica, 1973.
128. Grundlagen der modernen Selbstmordverhütung. Psychiatria Fennica, 1973.
129. The Importance of Teaching Psychosomatic Medicine as Part of Medical Training. Psychother. Osychosom. Bd. 22, 1973, 73–79.
130. Osnovi Savremene Profilaske Samoubistva. Rad. Inst. z. Prouzuvanje Alkoholizma i Drugih Narkomanija u Zagrebu, Sv. 4, Zagreb 1973.
131. Eheberatung als prophylaktische Familientherapie. In: Die Familie als Patient, Internat. Symposium, Graz 1973.

132. Psychohygiene mit Peter Altenberg. Stmk. Landesdruckerei, Graz 1974.
133. Selbstmord – Appell an die anderen (Buch). Kaiser, München 1974.
134. Selbstmordverhütung. Medizinische Monatsschrift, 28. Jg., H. 3, Stuttgart 1974.
135. Schülerselbstmord – ein SOS-Ruf an die Gesellschaft. In: Erziehung und Unterricht, H. 4, Jugend & Volk, Wien 1974.
136. Spezifika der Psychosomatik im Alter. In: Psychosomatik des Leistungsabfalls in der 2. Lebenshälfte. Hofmann-La Roche, Basel 1974.
137. Tiefenpsychologie und Glaube. Ein überwundener Gegensatz. In: Gott Mensch Universum, Styria, Graz/Wien/Köln 1974.
138. Die Rolle der Entgiftungszentren im Rahmen der Selbstmordprophylaxe. In: H. P. Tombergs (Hsg.), Poison Control/Entgiftungsprobleme. Steinkopf, Darmstadt 1974.
139. Selbstmordverhütung. Wege zum Menschen, 26. Jg., H. 5–6, Vandenhoeck & Ruprecht, Göttingen 1974.
140. Zur Problematik des schizophrenen Selbstmordes, diskutiert an einem besonderen Fall (zusammen mit G. Sonneck). In: Psychiatrica clin. Bd. 7, 1974, 101–119.
141. Psychosomatische Aspekte der Krebserkrankung. In: Krebsbehandlung als interdisziplinäre Aufgabe. Springer, Berlin/Heidelberg/New York 1975.
142. Sterben und Tod als Problem des medizinischen Unterrichtes. Dynamische Psychiatrie, 8. Jg., H. 3, Nr. 32, 1975.
143. Religion und Tiefenpsychologie. Linzer philosoph.-theolog. Reihe Bd. 5, Oberösterr. Landes-Verlag, Linz 1975.
144. Psychosomatik – Eine Klinik stellt sich vor. AWM, 27. Jg., H. 6, 1975.
145. Thesen zum Gespräch Psychiatrie. Pastoraltheologie und ihre Konsequenzen für Ausbildung und Pastoral (zusammen mit A. Kirchmayr). Diakonia, 7. Jg., Grünewald u. Herder, 1976.
146. Selbstmord – Schicksal oder Herausforderung? GSG, Spektrum Bd. 1, Dortmund 1976.
147. Selbstmordverhütung – eine allgemein verpflichtende Aufgabe. In: Sucht und Suizid. Lambertus, Freiburg 1976.
148. Suizid und Euthanasie. In: Grenzerfahrung Tod. Styria 1976.
149. Zur Psychopathologie des Sterbewillens (zusammen mit G. Sonneck). In: Suizid und Euthanasie. F.Enke, Stuttgart 1976.
150. Alfred Adler (1870–1937). Österr. Biographien Bd. 19, 1976.
151. The Presuicidal Syndrome. Suicide and Lifethreatening Behaviour Vol. 1976.
152. Selbstmordgefahr bei jungen Menschen – pastorale Möglichkeiten zu ihrer Bekämpfung. Diakonia, 8. Jg., H. 1, Herder, 1977.

153. Plädoyer für eine kreative und kritische Begegnung und Kooperation von Theologie und Tiefenpsychologie (zusammen mit A. Kirchmayr). In: Prophetische Diakonie, Herder, Wien 1977.
154. Technik der Krisenintervention (zusammen mit G. Sonneck). Psychiatria clinika Vol. 10, H. 1–3, 1977.
155. Selbstwert contra Selbstmord. Ärztliche Praxis, 29. Jg, H. 91, 1977.
156. Ein Österreicher namens Alfred Adler (Hrsg. zusammen mit G. Brandl; Buch). Darin der Beitrag: War Alfred Adlers Existenz notwendig? Österr. Bundesverlag, 1977.
157. Konzepte der psychosomatischen Medizin., Wr. klin. Wschr., 89. Jg., H. 21, 1977.
158. Situationsbewältigung durch Fragen. Das Prinzip im Lernprozeß (Hrsg. gemeinsam mit G. Grandl; Buch). Darin der Beitrag: Die Einengung überwinden lernen. Herder, Wien 1977.
159. Zur Identitätsfindung der Individualpsychologie. In: 13. Internat. Kongreß für Ind. Psychologie. Ernst Reinhart, München/Basel 1978.
160. Das Leben wegwerfen? Reflexionen über Selbstmord (Buch). Herder, Wien 1978.
161. Wie verwirklichen wir Psychosomatik? Bericht über das 1. Symposium der Österr. Gesellschaft für klinische psychosomatische Medizin. AMW, 30. Jg., H. 12, 1978.
162. Rückblick und Ausblick auf das Problem der Selbstmordverhütung. Informationen der Psychiatr. Klinik Wil, Nr. 2 u. 3, 1978.
163. 7-Punkte-Katalog über das Problem der Selbstmordverhütung bei Kindern und Jugendlichen. Unterrichtsministerium gibt Wissenschaftlern das Wort. Publikation des Unterrichtsministeriums, 1978.
164. Grenzen zwischen Kriminalität und seelisch-geistiger Erkrankung. Arbeitsgemeinschaft der Gefangenenseelsorge, 1978.
165. Neurosen unter dem Kreuz. In: Was kostet der Glaube? (Hrsg. v. Peter Karner). Wiener Predigten 7, 1978.
166. Der „Wiener Weg" als Modell der Selbstmordverhütung. Caritas, 79, Jg., Nr. 3, 1978.
167. Das seelische Befinden selbstmordgefährdeter Jugendlicher. Fortschritte der Medizin, 97. Jg., Nr. 2, 1979.
168. Leben – Friedhof begrabener Wünsche? In: Woran wir leiden. Tyrolia, 1979.
169. Das Böse in unserer Gesellschaft. In: Die Macht der Bösen. Patmos, Düsseldorf 1979.
170. Präsuizidales Syndrom und dynamische Psychiatrie. Dynamische Psychiatrie, 12. Jg., H. 1, 1979.
171. Der krebskranke Patient in der häuslichen Gemeinschaft. Informationen über Themen der Onkologie. K. Karrer, Lderle Arzneimittel, 1979.

172. Wechsel und Beziehung zwischen psychosomatischen Erkrankungen und Depression aus individualpsychologischer Sicht (zusammen mit P. Gahtmann). Dynamische Psychiatrie, 12. Jg. H. 3, 1979.
173. Die Kirche als Verstärker und Heiler von Schuld. In: Actio catholica Bd. 4, 1979.
174. Die beängstigende Zunahme der Selbstmordgefährdung bei Jugendlichen. Forum Regensburg, 19. Jg., Juli–Sept., 1979.
175. Warum nehmen sich junge Menschen das Leben? Zeitschrift für Individualpsychologie, 5. Jg., H. 1, 1980.
176. Aktuelle Probleme der Selbstmordverhütung. Vereinigung für Seelsorger in psychiatrischen Krankenhäusern der Niederlande, 1980.
177. The Presuicidal Syndrome. In: Regard to a Modern Antisuicidal Therapy. Ars medici, 70. Jg., H. 3, 1980.
178. Die Besonderheiten des präsuizidalen Syndroms bei Jugendlichen. Der Kinderarzt Bd. 4, 1980.
179. Der Beitrag Alfred Adlers zur Praxis und Theorie der Erziehung (gemeinsam mit A. Brandl). Die Psychologie des 20. Jahrhunderts. Kindler, 1980.
180. Die Zukunft unserer Kinder in der Sicht der Psychohygiene. In: Unsere Zukunft. Ist sie lebenswert? Veritas, 1980.
181. Die psychosomatische Grundhaltung des Arztes. In: Pädiatrie und Pädologie, Supp. 6. Springer, 1980.
182. Psychosomatische Medizin und Arbeitsklima. Management-Forum Bd. 2, H. 2, Facultas, 1980.
183. Die Bedeutung von Friedrich Torbergs Schüler Gerber für die moderne Selbstmordverhütung. Das Pult Nr. 57, 1980.
184. Psychiatrie: An ihren Folgen sollt ihr sie erkennen. Sexualmedizin Bd. 12, 1980.
185. Leiden als neurotisches Elend. In: Christlicher Glaube in moderner Gesellschaft Bd. 10, Herder, 1980.
186. Mensch-Sein – in der Kirche nicht gefragt? In: Pro und Kontra Jesu Hochzeit. Böhlau, 1980.
187. Suicide: Prevention and the Value of Human Life. In: Suicide the philosophical Issues (Ed. M. Papst Battin and David Mayo). St. Martins Press, N. Y. 1980.
188. „Winterreise" und Todestrieb. In: Psychologie und Psychopathologie der Hoffnungen und des Glaubens (Hrsg. v. W. Pöldinger u. W. Wittgenstein), Huber, 1981.
189. Die Beurteilung des Suizidrisikos: In: Schweizerische Ärztezeitung Bd. 62, H. 15, 1981.
190. Ein Herkules ohne Keule. In: Studien zu Anton Wildgans. Beilage zu: Morgen Nr. 17, 1981.
191. Begegnung zwischen Tiefenpsychologie und Glaube. Vortrag aus Anlaß des Papstbesuches 1980. Aktuelle Akademie, Köln 1981.

192. Über die Selbstmordtendenz bei Jugendlichen – Möglichkeiten zu ihrer Verhütung. In: Schluß, Selbstmord bei Jugendlichen. BAJ, Münster 1981.
193. Psychoneurotische Strukturen bei Betäubungsmittelabhängigen – Die Motivation zur Sucht und die Motivation zur Therapie – Aspekte der Selbstmordprophylaxe. In: Bericht über die überregionale Fortbildungstagung, Okt. 1980, Eppingen bei Heilbronn 1981.
194. Selbstmord. In: Die Psychologie des 20. Jahrhunderts. Kindler, Zürich 1981.
195. Die subjektive Wirklichkeit des Patienten. Antrittsvorlesung. Fakultas, Wien 1982.
196. Das Selbstmordproblem bei Schnitzler. Literatur und Kritik. 1982.
197. Gott – abgeschoben ins Unbewußte. Gott ist tot – ist Gott tot? Über unsere Verantwortung für eine „entgötterte" Welt. In: Publik-Forum, 11. Jg., Nr. 2, 1982.
198. Bemerkungen zur Beziehung zwischen Schizophrenie und Suizid. In: Der Schizophrene außerhalb der Klinik. Hans Huber, Bern 1982.
199. Einige Bemerkungen zur Verbesserung der Lehrerausbildung. In: Aspekte der Lehrerfortbildung in Österreich. ÖBG, Wien 1982.
200. Das Problem der Todesbwältigung am Beispiel Gustav Mahlers. Vortrag gehalten innerhalb des Internat. Brucknerfestes am 16. 9. 81. Linzer Veranstaltungsges., Linz 1982.
201. Sex und Selbstmord. In: Sexualmedizin Bd. 11, 1982, 424–427, 490–495.
202. Der Friede im Lichte der Tiefenpsychologie, dargestellt an Beispielen aus der Oper. Vortrag gehalten 11. 9. 82 im Brucknerhaus Linz, 1982.
203. Ein Recht auf Sterben? (Problematik des Selbstmordes). In: Christliche Verantwortung in der Welt der Gegenwart. Anton Pustet, Salzburg, 1982.
204. Die Übertragung in individualpsychologischer Sicht. In: Das weite Land der Individualpsychologie. Literas, Wien 1983.
205. Psychologische Führung des Tumorpatienten und seiner Familie. Der praktische Arzt, 37. Jg., Feb., 1983, 206–211.
206. Psychosomatik. Medizinische Psychologie. In : Medizinische Psychologie, Wien 1983. Brüder Hollinek.
207. Nicht am Leben vorbeileben. Radius, 28. Jg., H. 2 (Mai), 1983.
208. Einfühlung. Der Kranke ist mehr, als die Summe seiner Organe. Signal, 2. Jg., H. 2, 1983.
209. Einfühlung. Krebsbehandlung ist mehr als Organmedizin – Teil 2. Signal, 2. Jg., H. 3, 1983.
210. Von der Krankheit zum kranken Menschen. In: Wie krank ist unsere Medizin? Salzburger Humanismusgespräche. Styria, Graz/Wien/Köln 1983.

211. 12 Jahre Erfahrungen mit einem aktivierenden Antidepressivum. Österreichische Ärztezeitung, 38. Jg., H. 17, 1983.
212. Suicide Prevention – Retrospective and Outlook (on the Occasion of the Ten-Year Anniversary of the German Society for Suicide Prevention). Crisis Vol. 4 No. 1, 1983.
213. Selbstmord und Geschlecht. In: Müssen Männer wirklich kürzer leben? Bundesministerium für soziale Verwaltung, 1983.
214. Die psychische Situation des Krebskranken (zusammen mit H. P. Bilek). Österreichische Ärztezeitung, 38. Jg., H. 21, 1983.
215. Von Paradies zur Wirklichkeit. In: Der Traum vom Paradies. Herder, Wien/Freiburg/Basel 1983.
216. Wer ist mein Nächster? In: Actio Catholica, H. 4, 1983.
217. Der fehlgeleitete Patient (zusammen mit U. Kropiunigg; Buch). Facultas, Wien 1983.
218. Die Darstellung der Depression in der Oper. Zyklothymie, Excerpta Medica. Amsterdam/Geneva/Hong Kong/Oxford/Princeton/Tokyo 1983.